FINANCEMENT ET INVESTISSEMENT IMMOBILIER

3e édition

Études de cas et commentaires

Dans la même collection
(extraits)

Albouy M., *Finance – investissement, financement, acquisitions*, 3e éd.

Bourbonnais R., *Exercices pédagogiques d'économétrie*, 3e éd.

Charles A., et Redor É., *Le financement des entreprises – Questions de cours, QCM et exercices corrigés*

Colasse B., Chantiri R., *Introduction à la comptabilité - questions et applications corrigées*, 3e éd.

Gastineau A., *600 exercices corrigés de mathématiques pour l'économie et la gestion*, 3e éd.

Gervais M., *Contrôle de gestion – Cas et applications*, 2e éd.

Leutenegger M.-A., *Gestion de portefeuille et théorie des marchés financiers*, 3e éd.

Topsacalian P., *Ingénierie financière*

Simon Y. et Roy S., *Finance internationale et gestion des risques – Questions et exercices corrigés*, 7e éd.

Vallin P., *Problématiques de la logistique – Questions et réponses*

Collection EXERCICES & CAS

N° 42

Ludovic Charpentier

FINANCEMENT ET INVESTISSEMENT IMMOBILIER

3e édition

Études de cas et commentaires

ECONOMICA
49, rue Héricart, 75015 Paris

Table des matières

Préambule

Le présent ouvrage traite des financements et des investissements immobilier dans le cadre des montages hypothécaires structurés *non-recourse* ou « sans recours », c'est-à-dire sans autres garanties pour le prêteur que celles liées à l'actif financé. Il se présente sous la forme d'une vingtaine d'études de cas corrigées et commentées. Il vise à procurer une information de référence à tous ceux qui sont impliqués dans le montage, la gestion ou le contrôle de ces opérations, que ce soit en qualité de prêteur ou d'emprunteur.

Cet ouvrage peut également constituer une première approche du financement des autres classes d'actifs : financements de projets, d'infrastructures, d'avions, de navires ou d'acquisitions de sociétés en LBO. En effet, les techniques et problématiques financières exposées ici constituent le socle méthodologique commun à tous ces financements d'actifs. C'est dans cette optique qu'une attention particulière a été apportée à l'analyse des rapports de force spécifiques qui s'établissent entre la banque et l'investisseur dans les montages *non-recourse*.

L'initiative d'écrire ce livre est partie du constat suivant : si le financement de l'immobilier des particuliers est à l'origine d'une abondante littérature, le financement de l'immobilier des investisseurs institutionnels et des promoteurs n'a en revanche fait l'objet que d'un nombre très limité d'ouvrages. La principale raison est que cette activité, qui représente en France un encours global de plusieurs dizaines de milliards d'euros, a néanmoins gardé un caractère essentiellement artisanal caractérisé par des contrats négociés sur mesure en fonction de chaque opération. L'une des conséquences de ce caractère artisanal est que la transmission du savoir s'est jusqu'à présent effectuée sur le modèle de l'apprentissage en privilégiant une approche individuelle et la confrontation à des situations réelles.

L'objectif de ce livre est de formaliser ce savoir-faire empirique et de le replacer dans un contexte plus général en explicitant les concepts économiques, juridiques et financiers d'où il tire son origine. La structure adoptée dans l'ouvrage combine ainsi les aspects de pure technique financière et les considérations plus générales.

– Chaque étude de cas, présentée sous la forme d'un énoncé suivi de son corrigé, développe un aspect particulier de la structuration juridique et financière. Dans cette 3e édition, les études de cas ont été regroupées autour des six thématiques suivantes : généralités et concepts de base ; financement des investisseurs immobiliers ; financement des promoteurs et des marchands de biens ; gestion de la banque ; situations critiques ; point de vue de l'investisseur.

– Une partie intitulée « Commentaire » a été ajoutée à la fin de chaque étude de cas. Elle complète les indications techniques des corrigés et ouvre de nouvelles perspectives de réflexion incluant les principaux enjeux et ressorts de la relation entre l'investisseur immobilier et sa banque, les stratégies possibles de l'un et de l'autre (arbitrages entre marchés, gestion des risques, etc.) et les problématiques particulières liées à certains types d'actifs (hôtellerie, cliniques, logistique).

– Une table de correspondance thématique située en fin de manuel ainsi que la liste de tous les commentaires permettent au lecteur d'accéder directement au sujet qu'il souhaite approfondir.

– Un lexique de termes anglais couramment utilisés complète l'ensemble.

La lecture de cet ouvrage pourra donc être différente selon le degré de connaissance du lecteur et la nature de sa recherche : linéaire en suivant la progression des études de cas successives, dont le degré de structuration s'accroît au fur et à mesure de l'avancement dans l'ouvrage ; ou spécifique à une thématique précise en se référant uniquement aux études de cas visées dans la table de correspondance. Elle pourra aussi être purement orientée vers la technique financière, en se concentrant uniquement sur les énoncés et corrigés des études de cas, ou bien plus théorique en étendant la lecture à la partie « Commentaire ».

Enfin, il convient de noter que les concepts et les techniques de structuration présentés ici résultent d'un choix personnel de l'auteur, avec tout ce que cela peut comporter d'arbitraire. L'objectif n'a pas été de viser à l'exhaustivité mais plutôt de se concentrer sur les techniques les plus pérennes, notamment celles ayant passé l'épreuve d'un cycle immobilier complet. Dans ce contexte, l'année 2022 a marqué la fin du cycle qui s'était ouvert en 2007-2008 avec la crise financière et les politiques accommodantes des banques centrales. Le niveau historiquement bas des taux d'intérêt et des taux de rendement pendant la décennie 2010-2020 a fait la fortune des promoteurs et des investisseurs. Le retour de l'inflation et la hausse des taux d'intérêt en 2022 a initié une phase de correction des marchés immobiliers alors que, dans le même temps, les usages évoluaient sous l'impact de la digitalisation de l'économie. Pourtant, ces changements ne sont pas de nature à remettre en cause les fondements de la technique du financement *non-recourse*. C'est à réflexion entre évolution du marché et pérennité de la technique que le lecteur est invité à partager dans la dernière partie de l'ouvrage, intitulée « Prospective ».

Remerciements

L'auteur tient à remercier pour leur confiance et leur soutien Denis Burckel, responsable du parcours « Management de l'Immobilier » de la mention Finance de l'Université Paris-Dauphine/PSL (Paris Sciences & Lettres), et Laurent Batsch, professeur émérite de finance d'entreprise à l'Université Paris-Dauphine/PSL.

Il remercie également Pierre Gervasi, Mahdi Mokrane, Anne-Laure Vannier et Hubert de Vaulgrenant qui ont accepté de relire le manuscrit de la première édition de cet ouvrage.

Introduction

Nous allons développer dans les études de cas qui suivent les concepts et techniques mis en œuvre dans les financements immobiliers structurés. Mais avant d'entrer dans le vif du sujet, il convient de rappeler quelques caractéristiques propres à l'ensemble des financements *non-recourse*.

Ces financements sont les héritiers des prêts maritimes également appelés « prêts à la grosse aventure » ou *nautika* dont l'origine remonte à la Grèce Antique. Ils sont apparus avec les débuts du commerce maritime et la nécessité pour les armateurs de financer les cargaisons des navires et partager les risques d'acheminement.

Dès cette époque, les grands principes du financement *non-recourse* étaient établis tels que nous les connaissons aujourd'hui : la nature essentiellement transactionnelle de cette activité, la répartition des risques entre l'armateur et l'investisseur financier (le prêteur), la notion de sûreté sur la cargaison et/ou le navire au bénéfice du prêteur, la rédaction d'un contrat[1] définissant la route maritime à suivre et la répartition des pertes en cas de fortune de mer.

À l'heure actuelle, un financement structuré *non-recourse* peut être caractérisé par les éléments suivants que l'on retrouve quelle que soit la classe d'actif financée :

– l'investisseur et le prêteur (la banque) apportent chacun un montant de capitaux à l'opération, la responsabilité financière de l'investisseur étant cantonnée aux capitaux qu'il a apportés ;

– l'espérance de gain du prêteur est limitée à la perception des intérêts tandis que celle de l'investisseur est beaucoup plus élevée grâce à la plus-value qui peut être réalisée en cas de vente de l'actif ; en contrepartie de cette asymétrie des profits, le prêteur dispose d'un droit de priorité sur l'actif au travers des sûretés et d'une allocation prioritaire sur ses produits, tout paiement à l'investisseur restant en principe subordonné au remboursement du prêteur ;

– un contrat de financement définit avec le plus de précision possible les règles du jeu acceptées par les deux parties : il comprend les clauses usuelles de tout prêt (durée de l'opération, taux d'intérêt, amortissement du crédit, etc.), des engagements financiers (covenants financiers, règles d'amortissement en cas de cession partielle, etc.) et des clauses plus générales, comme la gestion de l'actif en « bon père de famille » pendant la durée du crédit ou l'obligation d'assurance de certains aléas auprès de tierces parties ;

---

1. Dès l'origine, les prêts font l'objet d'actes écrits conclus en présence de témoins.

– le prêteur et l'investisseur ont en théorie la possibilité de chacun céder leurs intérêts dans l'opération à des tiers pendant la durée de vie du crédit mais ce droit peut être limité contractuellement de part et d'autre : chaque partie a en effet intérêt à obtenir le plus de liberté possible pour elle-même quant à la cessibilité de ses intérêts propres et le moins de liberté possible pour l'autre partie ;

– l'analyse financière de la viabilité du projet est essentiellement fondée sur la capacité de l'actif à générer des cash-flows qui permettront d'assurer le service de la dette et le paiement de dividendes à l'investisseur ;

– une fois le prêt mis à disposition par la banque et l'actif acquis par l'investisseur, les moyens d'action de chaque partie envers l'autre restent intégralement définis par le contrat[1] ;

– par conséquent, il est essentiel pour le prêteur d'avoir analysé en détail les ressorts et les enjeux de l'opération avant la signature du contrat et d'avoir notamment conduit un ensemble de vérifications commerciales, juridiques, techniques et financières (la *due diligence*) en toute indépendance de l'investisseur.

Les études de cas proposées ci-après entrent dans le détail de l'ingénierie du financement immobilier au moyen d'exemples inspirés de situations réelles.

1. La seule exception est la survenance d'un cas de défaut de l'une ou l'autre des parties, auquel cas le droit local peut parfois prévaloir sur le contrat dans certaines juridictions.

Chapitre 1

Généralités : taux d'intérêt, ratios financiers, sûretés

« L'argent dans une bourse entre agréablement ;
mais le terme venu que nous devons le rendre,
c'est lorsque les douleurs commencent à nous prendre »

Molière

Cas n° 1
Revenu locatif et ratios financiers

Énonce

Un investisseur immobilier acquiert un immeuble de bureaux de 5 000 m^2 pour un montant de 25 millions d'euros tous frais d'acquisition compris. L'immeuble est loué à plusieurs locataires se répartissant de la façon suivante :

– 72 % de la surface est louée sur la base d'un loyer annuel de 500 €/m^2 à un locataire offrant une bonne solvabilité ;

– 8 % de la surface est louée sur la base du même loyer annuel de 500 €/m^2 mais à un locataire de solvabilité médiocre ;

– les 20 % restants sont vacants.

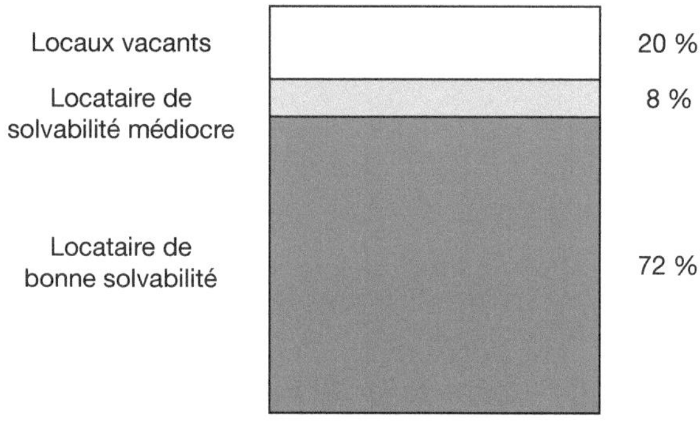

1. Calculez le revenu locatif annuel généré par cet immeuble en début d'opération ainsi que le rendement annuel effectif sur la base duquel l'investisseur a acheté l'immeuble.

L'investisseur demande à sa banque un prêt de 20 millions d'euros d'une durée de 6 ans. Les intérêts sont calculés au taux EURIBOR[1] augmenté d'une marge de 150 bp (*basis points*[1] ou points de base) l'an. L'amortissement du prêt est de 500 000 € par an.

*2. Sur la base d'un taux EURIBOR[1] égal à 3,50 % l'an, calculez les ratios d'ICR (*Interest Coverage Ratio[1]*) et de DSCR (*Debt Service

1. Se reporter à la partie « Commentaire » à la fin de cette étude de cas et/ou au lexique en fin de manuel.

Coverage Ratio[1]*) pendant la première année. On supposera que l'amortissement est payé le dernier jour de l'année et que, par conséquent, les intérêts de la première année sont calculés sur le montant initial du prêt.*

3. Calculez le taux maximal que l'indice EURIBOR[1] *ne doit pas dépasser pour que l'investisseur puisse payer ses intérêts et son amortissement la première année.*

4. Si la banque considère qu'il est très probable que le locataire de solvabilité médiocre ne paye pas son loyer, quel est le niveau maximum de strike[1] *(strike hors marge bancaire) du cap qu'elle demandera à l'investisseur pour cette première année ?*

Corrigé

1. Calculez le revenu locatif annuel généré par cet immeuble en début d'opération ainsi que le rendement annuel effectif sur la base duquel l'investisseur a acheté l'immeuble.

Revenu locatif annuel généré par le locataire de bonne solvabilité (RL1) :
RL1 = 5 000 [Surface] × 72 % × 500 [Loyer/m^2] = 1 800 000 € soit 1,8 M€ par an

Revenu locatif généré par le locataire de solvabilité médiocre (RL2) :
RL2 = 5 000 [Surface] × 8 % × 500 [Loyer/m^2] = 200 000 € soit 0,2 M€ par an

Revenu locatif annuel total de **2,0 M€**.

Le rendement annuel effectif généré par cet immeuble à l'acquisition est donc de :
Rendement = 2,0 M€ [Revenu locatif total]/25 M€ [Investissement total]

Rendement = **8 %** l'an

On distinguera le rendement effectif au moment de l'acquisition du rendement escompté par l'acquéreur sur la durée de l'opération. Le rendement escompté peut être plus élevé dans notre cas de figure si l'acquéreur suppose qu'il va louer la partie vacante de l'immeuble.

2. Sur la base d'un taux EURIBOR égal à 3,50 % l'an, calculez les ratios d'ICR (Interest Coverage Ratio) et de DSCR (Debt Service

1. Se reporter à la partie « Commentaire » à la fin de cette étude de cas et/ou au lexique en fin de manuel.

Coverage Ratio) pendant la première année. On supposera que l'amortissement est payé le dernier jour de l'année et que, par conséquent, les intérêts de la première année sont calculés sur le montant initial du prêt.

Calcul du ratio d'ICR

Montant de la charge d'intérêt pendant la première année :

Intérêts = 20 M€ [Montant de la dette] × (3,50 % + 1,50 %) [Taux d'intérêt annuel marge comprise]

Notons que le montant de dette retenu pour servir de base au calcul des intérêts sur l'ensemble de la première année est bien le montant initial du prêt. En effet, le premier remboursement en principal du prêt n'intervient que le dernier jour de la première année. On a donc :
Intérêts = 1 M€

Le ratio d'ICR s'en déduit en rapportant le revenu locatif total à la charge d'intérêt :
ICR = 2 M€ [Revenu locatif total]/1 M€ [Montant des intérêts] = **200 %**

Les ratios d'ICR et de DSCR sont habituellement exprimés en pourcentage. Il s'agit ici de l'ICR pour la première année. Ce ratio a tendance à s'améliorer au fil du temps – c'est-à-dire à être plus élevé – par l'effet conjugué :
– de l'indexation des loyers, conduisant généralement à leur progression d'une année sur l'autre,
– et de la diminution de la charge d'intérêt car, l'année suivante, une partie du montant en principal a été remboursée ce qui diminue d'autant l'assiette de calcul des intérêts,
– tout ceci sous réserve que le taux EURIBOR servant à calculer les intérêts ne varie pas significativement au cours du temps.

Calcul du ratio de DSCR

Montant du service de la dette pendant la première année :
Service de la dette = Montant des intérêts + Remboursement du principal de la dette
Service de la dette = 1 M€ + 0,5 M€ = **1,5 M€**

Le ratio de DSCR s'en déduit en rapportant le revenu locatif total au montant nécessaire pour le service de la dette :
DSCR = 2 M€ [Revenu locatif total]/1,5 M€ [Service de la dette] = **133 %**

3. Calculez le taux maximal que l'indice EURIBOR ne doit pas dépasser pour que l'investisseur puisse payer ses intérêts et son amortissement la première année.

Le taux maximal recherché correspond à un revenu locatif couvrant tout juste les intérêts et l'amortissement de la dette, c'est-à-dire à un DSCR égal à 100 %. Il suffit de résoudre l'équation suivante où EURIBOR joue le rôle de l'inconnue :

2 M€ [Revenu locatif total] = 0,5 M€ [Amortissement de la dette] + (20 M€ [Montant de la dette] × (EURIBOR + 1,50 %) [Taux d'intérêt])

D'où EURIBOR + 1,50 % = 7,50 %

EURIBOR = **6** % l'an

Si le taux EURIBOR devient supérieur à 6 %, le loyer reçu par l'emprunteur ne sera plus suffisant pour couvrir intégralement le service de la dette en intérêts et principal. En conséquence, si une couverture de taux est demandée par la banque, celle-ci ne devra pas dépasser un taux de 6 % pour la branche à taux fixe du *swap* ou pour le prix d'exercice (*strike*) du *cap*.

4. Si la banque considère qu'il est très probable que le locataire de solvabilité médiocre ne paye pas son loyer, quel est le niveau maximum de strike (strike hors marge bancaire) du cap qu'elle demandera à l'investisseur pour cette première année ?

C'est une variante de la question précédente, en ne tenant pas compte des revenus locatifs provenant du locataire de solvabilité médiocre dans le calcul du DSCR. On ne retient donc que le revenu locatif RL1 (locataire solvable) tout en gardant la même méthodologie que précédemment. L'équation à résoudre est la suivante :

1,8 M€ [Revenu locatif RL1] = 0,5 M€ [Amortissement de la dette] + (20 M€ [Montant de la dette] × (EURIBOR + 1,50 %) [Taux d'intérêt])

D'où EURIBOR + 1,50 % = 6,50 %

EURIBOR = **5** % l'an

Si le taux d'intérêt EURIBOR augmente au-delà de 5 % l'an et que le second locataire fait simultanément défaut, l'emprunteur ne pourra plus servir l'intégralité de la dette. En conséquence la couverture de taux que la banque demandera au client, si elle ne tient pas compte du revenu généré par le second locataire, devra avoir un prix d'exercice (*strike*) de 5 % maximum.

Le cumul de plusieurs risques (risque d'augmentation des taux d'intérêt et risque de défaut d'un locataire) oblige à prendre une couverture de taux plus efficace (c'est-à-dire avec un *strike* plus faible) qu'à la question précédente. La contrepartie d'une couverture de taux plus efficace est qu'elle est plus coûteuse à souscrire, c'est-à-dire que la prime de souscription du *cap* est plus élevée.

Commentaire

Cette étude de cas illustre une problématique classique du financement des investisseurs immobiliers avec deux concepts communément utilisés :

– l'appréciation de la capacité de la structure emprunteuse à honorer ses échéances de dette en fonction de la qualité des locataires qui génèrent le revenu locatif ;

– l'ajustement du niveau de la couverture de taux requis par la banque en fonction des autres caractéristiques de l'opération.

Elle nous permet en outre de développer ci-après les notions suivantes :

– quelques rappels sur le taux EURIBOR et plus généralement sur le concept de taux variable ;

– le calcul du rendement d'un actif immobilier ;

– les ratios et covenants financiers d'ICR et de DSCR.

1. Taux d'intérêt : quelques rappels sur l'EURIBOR et sur le concept de taux variable

Dans l'étude de cas ci-dessus, l'échéance sur laquelle le taux EURIBOR est calculé a été volontairement omise afin de simplifier l'énoncé. Dans une rédaction complète, il aurait fallu préciser EURIBOR 1 mois (E1M), EURIBOR 3 mois (E3M) ou EURIBOR 6 mois (E6M), etc.

On rappelle que les taux d'intérêt, quelle que soit leur maturité, sont convertis et exprimés en référence annuelle (« taux de x % l'an »). Par exemple, un taux EURIBOR 3 mois de 6 % l'an correspond en réalité à un taux voisin de 1,5 % sur la période de 3 mois considérée. Nous disons ici « voisin » car une simple division par 4 du taux annuel pour obtenir le taux trimestriel correspond à un calcul simplifié. Il faut en effet tenir compte de la capitalisation des intérêts perçus d'un trimestre sur l'autre, du fait que les trimestres civils n'ont pas tous la même durée et de la convention qui exprime les taux monétaires en base 360, c'est-à-dire avec un dénominateur de 360 jours par an.

Plus généralement, le taux EURIBOR est souvent assimilé à un taux variable par opposition aux taux exprimés en valeur absolue (3 %, 4,56 %, etc.). Cette assimilation est excessive, le concept de taux fixe ou de taux variable étant intrinsèquement lié à la maturité du prêt. En effet, un taux EURIBOR 6 mois sera de facto un taux fixe dans le cas d'un prêt d'une durée de 6 mois.

Inversement un taux se définit comme un taux variable dès lors qu'il est fixé plus d'une fois sur la durée du prêt et que les niveaux futurs de ce taux sont inconnus au début de l'opération. Par exemple, un prêt d'une durée de 5 ans assorti d'un taux d'intérêt à

EURIBOR 6 mois fixé chaque début de semestre verra son taux fixé au total 12 fois pendant sa durée et à des conditions qui correspondront à la valeur de marché de l'EURIBOR 6 mois au début de chaque semestre. C'est donc bien un prêt à taux variable dans ce contexte.

2. Rendement d'un actif immobilier

Quelques précisions concernant le calcul du rendement de l'actif immobilier retenu dans cette étude de cas.

Tout d'abord, afin de simplifier l'étude de cas, il n'a pas été tenu compte des charges de l'immeuble et des impôts supportés par le propriétaire. Si l'on intégrait ces coûts dans le calcul, il faudrait faire la distinction entre le rendement locatif net, après déduction des impôts et charges non récupérables auprès des locataires, et le rendement locatif brut, avant ces déductions. On utiliserait le rendement locatif net dans les calculs car il correspond au cash-flow véritablement disponible pour le service de la dette.

Par ailleurs, il a été supposé que l'investissement initial de 25 millions d'euros comprenait non seulement le prix versé au vendeur mais aussi les autres coûts liés à l'acquisition (droits de mutation immobilière, émoluments du notaire, honoraires des avocats et des experts mandatés dans le cadre de la *due diligence* d'acquisition, commission de montage de la banque, etc.). Si le montant de 25 millions d'euros ne correspondait qu'au prix de vente, il conviendrait de distinguer le taux de capitalisation net vendeur (sans tenir compte des autres coûts supportés par l'acquéreur) du taux de rendement acquéreur (qui intègre bien ces coûts dans le montant total de l'investissement). Le taux de rendement acquéreur est inférieur au taux de capitalisation net vendeur car il est basé sur un dénominateur plus grand.

Enfin, le rendement de 8 % calculé dans cette étude de cas n'intègre que le loyer effectivement généré par l'actif au moment de l'acquisition. Il ne valorise pas les surfaces vacantes. Dans la réalité, le vendeur et l'acheteur auront probablement discuté de la valeur vénale des surfaces vacantes en leur assignant un loyer de marché ainsi qu'un taux de capitalisation spécifique, plus élevé pour les surfaces vacantes que pour le reste de l'immeuble afin de tenir compte de l'éventuelle difficulté à louer ces surfaces.

De même, des taux de capitalisation différenciés auront pu être appliqués entre les différentes surfaces louées afin de tenir compte de l'écart de solvabilité entre les deux locataires. Le taux de capitalisation sera ainsi plus élevé pour le locataire de solvabilité médiocre afin de refléter le risque de faillite en cours de bail.

3. Ratios et covenants financiers d'ICR et de DSCR : usage et méthodes de calcul

L'ICR et le DSCR sont des ratios communément utilisés en financement immobilier. On se reportera au lexique en fin de manuel pour leurs définitions.

Définition générale des termes « ratio » et « covenant »

Il faut tout d'abord distinguer la notion de ratio de celle de covenant car ces deux notions sont souvent englobées à tort dans le terme générique de « covenant » lorsque l'on parle par exemple abusivement du « calcul du covenant d'ICR ».

Ainsi, de la même façon que l'on peut parler d'une mesure de température, le ratio exprime l'état d'une grandeur à un instant donné (la mesure). Et de même que l'on peut parler d'une consigne de température, le covenant correspond à une règle contractuelle fixée d'un commun accord entre la banque et l'emprunteur au moment de la négociation du prêt. Le covenant interdira à un ratio de dépasser un certain seuil (la consigne), à la hausse ou à la baisse selon la nature économique du ratio. Si le covenant n'est pas respecté, l'emprunteur sera en défaut au titre du contrat de financement.

Par exemple, les covenants d'ICR et de DSCR correspondent à des limites à ne pas franchir à la baisse, faute de quoi le revenu locatif pourrait se rapprocher d'une zone de danger dans laquelle il deviendrait insuffisant pour servir la dette. Les seuils classiques de covenant d'ICR se situent entre 140 % et 250 % tandis que les seuils usuels de covenant de DSCR se situent entre 110 % et 160 %. Ces niveaux généralement rencontrés restent indicatifs, chaque covenant étant adapté à la nature de l'immeuble et au flux locatif qu'il génère ainsi qu'aux conditions générales de marché. Par exemple, dans un contexte de taux d'intérêt faibles, les banques auront tendance à demander des seuils de covenant plus élevés, que les emprunteurs seront d'ailleurs prêts à accepter. De façon ultime, les niveaux effectifs des covenants seront le fruit de la négociation de la documentation du prêt entre la banque et l'emprunteur.

Méthodologie de calcul des ratios

Les ratios d'ICR et de DSCR se calculent sur des durées déterminées par le contrat de financement et en général sur des périodes passées : par exemple, le loyer perçu sur les 3 derniers mois sera rapporté à la charge d'intérêt constatée sur ces mêmes 3 derniers mois. Mais ils peuvent aussi être calculés sur des périodes immédiatement futures : par exemple, dans le cas où le loyer est calculé et payé d'avance et où le taux d'intérêt est un taux connu en début de période – comme avec l'EURIBOR 3 mois pour le trimestre à venir –, tous les éléments nécessaires au calcul du ratio sont disponibles dès le début du trimestre. Les ratios peuvent donc être calculés dès ce moment-là.

Il est également possible de rencontrer des ratios projetés sur des périodes plus lointaines, par exemple sur 15 mois glissants en incluant le trimestre passé et les 4 trimestres futurs. On qualifiera ces ratios de *look-forward*. Pour ce type de ratios, il conviendra d'établir des hypothèses sur les loyers futurs, en intégrant une probabilité de non-renouvellement de baux lorsqu'ils arrivent à échéance ou à la fin de leur période ferme. Il faudra aussi faire des hypothèses sur la charge future d'intérêt en définissant un taux d'intérêt prévisionnel lorsque celui-ci est variable. Par exemple, on supposera pour le calcul que (i) chacun des locataires va effectivement payer son loyer, (ii) l'indexation permettra d'obtenir une croissance du revenu locatif de 2 % par an – en utilisant par exemple le taux prévisionnel de l'inflation – et (iii) le taux d'intérêt retenu sera de 4 % – en retenant par exemple le taux de *swap* sur la maturité considérée. Il va de soi que la pertinence de tels ratios sera plus grande si le prêt est à taux fixe car les hypothèses ne concerneront alors que le revenu locatif, par nature plus prédictible qu'un taux d'intérêt. Une analyse détaillée du concept de ratio *look-forward* est disponible dans l'étude de cas n° 7 qui porte spécifiquement sur cette notion.

Il est aussi possible de mettre en place des covenants dont le seuil de déclenchement évolue dans le temps : par exemple, un covenant d'ICR pourra être fixé à 140 % la première année du prêt, puis à 145 % la deuxième année, à 150 % la troisième année et ainsi de suite. Cette progression reflète le fait que le ratio d'ICR doit normalement s'améliorer mécaniquement au fil du temps, par le double effet de l'indexation des loyers et de la diminution de la charge d'intérêt au fur et à mesure du remboursement du principal du prêt. Ce resserrement progressif du covenant permet aussi à la banque de continuer à maintenir un contrôle strict sur les cash-flows générés par l'emprunteur. Cependant, cela peut se traduire par des cas de défaut inopinés si l'indice des loyers connaît une baisse ou si le prêt n'a pas été assorti d'une couverture de taux adéquate et que les taux d'intérêt augmentent.

Covenants particuliers

Enfin, le non-respect d'un covenant ne déclenche pas nécessairement un défaut au titre d'un contrat de prêt.

Il existe en effet des covenants à double détente, pour lesquels le franchissement d'un premier niveau va déclencher uniquement une modification dans l'allocation des flux tandis que le second niveau restera réservé au cas de défaut. Par exemple, un covenant de DSCR pourra être structuré avec un double seuil à 125 % et 105 %.

Le franchissement à la baisse du premier seuil de 125 % déclenchera l'allocation automatique au service de la dette de tout le cash-flow disponible, un amortissement complémentaire étant alors pratiqué. Le défaut ne sera effectivement prononcé que si le seuil de 105 % est franchi à la baisse.

Les covenants comportent aussi systématiquement une clause de réajustement permettant à l'emprunteur de remédier au cas défaut en apportant des fonds propres supplémentaires. Cette clause est offerte pendant une période de quelques jours (appelée *cure period*) après l'apparition du défaut.

Les concepts de *cure period* et de covenant à double détente (*cf. supra*) sont développés plus en détail dans l'étude de cas n° 19.

4. Ratios financiers d'ICR et de DSCR : redondance ou complémentarité ?

La question peut se poser de l'utilité d'insérer un covenant d'ICR dans une documentation de prêt lorsque celle-ci contient déjà un covenant de DSCR.

En effet, le DSCR privilégie une approche systématique puisqu'il s'agit de vérifier que le revenu locatif couvre avec une certaine marge de sécurité – la partie du ratio qui excède les 100 % – les obligations de paiement de la dette sur une période donnée. En quoi le covenant d'ICR serait-il utile puisqu'il ne porte que sur une partie du service de la dette, les intérêts, alors que l'emprunteur est également redevable de l'amortissement du principal ?

En outre, dans le cas d'un prêt amortissable *in fine* – c'est-à-dire sans aucun amortissement intermédiaire avant le remboursement de l'intégralité du prêt à l'échéance finale – les concepts de DSCR et d'ICR se confondent puisqu'il n'y a pas d'amortissement du principal de la dette.

On peut donc s'interroger sur l'utilité de définir un concept d'ICR distinct de celui du DSCR puisque :

– dans le cas d'un prêt amortissable, le DSCR permet de vérifier la couverture de la totalité du service de la dette alors que l'ICR ne répond qu'à la question partielle des intérêts ;

– dans un prêt amortissable *in fine*, l'ICR est équivalent à un DSCR.

En réalité, la notion d'ICR conserve une véritable utilité indépendamment de celle de DSCR : l'ICR reste important pour la banque car il permet de s'assurer que l'emprunteur n'est pas dans une situation critique au point que même les intérêts ne seraient pas couverts.

En effet, si le rééchelonnement du plan d'amortissement d'un prêt peut parfois être envisagé sous certaines conditions, le défaut sur le paiement des intérêts est en revanche beaucoup plus problématique pour la banque. Il sera révélateur de problèmes sur l'actif qui sont généralement plus profonds et plus durables. Cela milite donc pour un suivi du ratio d'ICR indépendamment et en complément du ratio de DSCR.

Par ailleurs, le seuil du covenant d'ICR étant généralement placé à un niveau plus haut que celui du DSCR – par exemple, 150 % pour l'ICR contre 110 % pour le DSCR – ce covenant peut se révéler le plus sensible des deux, notamment si l'amortissement du prêt n'est pas linéaire.

Nous retrouverons à nouveau ces différentes problématiques dans les études de cas n° 17 à 20 relatives aux situations critiques.

Cas n° 2
Ratios financiers et couverture de taux

Énoncé

Vous êtes un banquier spécialisé dans les financements immobiliers et l'un de vos clients investisseurs envisage d'acquérir un portefeuille constitué par les « murs » (les immeubles) d'une chaîne de 20 cliniques. L'ensemble de ces immeubles ont été bien entretenus et les charges immobilières ainsi que les travaux futurs seront tous à la charge du locataire.

L'exploitation de ces 20 cliniques représente un chiffre d'affaires total hors taxes de 800 millions d'euros. Le loyer négocié entre l'investisseur et la chaîne de cliniques est équivalent à 7 % du chiffre d'affaires.

La valorisation de ces murs s'effectue sur la base d'un taux de capitalisation de 8 %. Il est envisagé de financer cette opération en faisant appel à une dette correspondant à un ratio de *Loan To Value*[1] de 80 %. Cette dette est rémunérée au taux EURIBOR[2] augmenté d'une marge de 125 bp (*basis points* ou points de base). On suppose que l'EURIBOR est égal à 3,00 % l'an. Cette dette s'amortit chaque année d'un montant fixe de 21 millions d'euros en fin d'année.

1. Calculez, pour la première année, la charge d'intérêt, le montant du service total de la dette et le cash-flow disponible pour l'investisseur.

2. Déduisez en l'ICR (Interest Coverage Ratio[1]) et le DSCR (Debt Service Coverage Ratio[1]) pour la première année.

3. Quel est le taux de l'EURIBOR pour que l'ICR soit égal à 100 % ?

4. Quel est le taux de l'EURIBOR pour que le DSCR soit égal à 100 % ?

5. Sur ces bases, quelle stratégie de couverture de taux pourriez-vous demander à l'emprunteur en condition de l'octroi du financement ?

---

1. Se reporter au lexique en fin de manuel et/ou à la partie « Commentaire » à la fin de cette étude de cas.
2. Voir partie « Commentaire » à la fin de l'étude de cas n° 1.

6. Calculez l'encours résiduel de la dette à 5 ans et le ratio de LTV (Loan To Value[1]) correspondant, en supposant que la valeur du portefeuille reste inchangée.

7. Calculez maintenant le ratio de LTV à 5 ans, en supposant que la valeur du portefeuille a progressé de 10 % sur l'ensemble de cette période.

Corrigé

1. Calculez, pour la première année, la charge d'intérêt, le montant du service total de la dette et le cash-flow disponible pour l'investisseur.

Calculons tout d'abord les principaux indicateurs de cette opération : le montant du loyer annuel, la valeur des immeubles et le montant de la dette bancaire permettant de financer l'acquisition.

Loyer = 800 M€ [Chiffre d'affaires hors taxes] × 7 % [% que représente le loyer dans le CA]

Loyer = **56 M€** par an

Le pourcentage du chiffre d'affaires hors taxes (7 % ici) consacré au paiement des loyers est communément appelé taux d'effort, cette terminologie étant principalement utilisée dans l'immobilier de commerce mais aussi dans l'immobilier d'exploitation comme ici.

Valeur des immeubles = 56 M€ [Loyer] / 8 % [Taux de capitalisation]

Valeur des immeubles = **700 M€**

Dette = 700 M€ [Valeur des immeubles] × 80 % [Ratio de LTV]

Dette = **560 M€**

On en déduit le montant des intérêts pour la première année :
Intérêts = 560 M€ [Montant de la dette] × (3 % + 1,25 %) [Taux d'intérêt marge comprise]

Intérêts = **23,8 M€**

Puis le montant total du service de la dette :
Service de la dette = Intérêts + Amortissement du principal = 23,8 M€ + 21 M€ = **44,8 M€**

Et enfin le montant du cash-flow disponible pour l'investisseur :
Cash-flow disponible = 56 M€ [Loyer] – 44,8 M€ [Service de la dette]

Cash-flow disponible = **11,2 M€**

1. Se reporter au lexique en fin de manuel et/ou à la partie « Commentaire » à la fin de cette étude de cas.

2. Déduisez en l'ICR (Interest Coverage Ratio) et le DSCR (Debt Service Coverage Ratio) pour la première année.

Calcul de ces deux ratios à partir des résultats obtenus à la question précédente :

ICR = 56 M€ [Loyer] / 23,8 M€ [Intérêts] = **235 %**

DSCR = 56 M€ [Loyer] / 44,8 M€ [Service de la dette] = **125 %**

3. Quel est le taux de l'EURIBOR pour que l'ICR soit égal à 100 % ?

Cela signifie que le loyer doit être égal à la charge d'intérêt. On résout l'équation suivante avec EURIBOR comme inconnue :

56 M€ [Loyer] = 560 M€ [Montant de la dette] × (EURIBOR + 1,25 %) [Taux d'intérêt marge comprise]

D'où EURIBOR + 1,25 % = 10 %

EURIBOR = **8,75 %** l'an

4. Quel est le taux de l'EURIBOR pour que le DSCR soit égal à 100 % ?

Cela signifie que le loyer doit être égal au service total de la dette, intérêts et amortissement du principal compris. On applique la même méthode que dans la précédente question en intégrant l'amortissement de la dette dans l'équation :

56 M€ [Loyer] = 21 M€ [Amortissement de la dette] + (560 M€ [Montant de la dette] × (EURIBOR + 1,25 %) [Taux d'intérêt marge comprise])

D'où EURIBOR + 1,25 % = 6,25 %

EURIBOR = **5 %** l'an

Le taux maximal admissible de l'EURIBOR pour que l'emprunteur puisse continuer à assurer l'intégralité du service de la dette en intérêts et principal (DSCR égal à 100 %) est de 5 % l'an. Il est bien évidemment plus faible que celui qui correspond à la contrainte d'assurer uniquement le paiement des intérêts (EURIBOR de 8,75 % l'an pour un ICR égal à 100 %).

5. Sur ces bases, quelle stratégie de couverture de taux pourriez-vous demander à l'emprunteur en condition de l'octroi du financement ?

La banque pourra, par exemple, subordonner l'octroi de son financement à la souscription par l'emprunteur d'un *swap* dont le taux fixe – ou à un *cap* dont le *strike* – devra être inférieur ou égal à 5 % sur l'ensemble de la durée du prêt. Cela permettra de sécuriser l'ensemble du service de la dette, même si l'EURIBOR augmente fortement pendant la durée du prêt. Le *swap* ou le *cap* aura un montant notionnel dont le profil d'amortissement suivra celui du prêt. On se reportera au commentaire de cette étude de cas pour plus de détails sur le concept de montant notionnel.

Le choix entre le *cap* et le *swap* sera laissé à la libre appréciation de l'emprunteur, à condition que, dans le premier cas, il assure sur ses fonds propres le paiement de la prime de *cap* et que, dans le second cas, la Banque de Couverture accepte le risque de contrepartie lié au *swap* (*cf.* partie « Commentaire »).

Au-delà de cette stratégie basique, des stratégies de couverture plus élaborées ou plus risquées peuvent être discutées entre la banque et l'emprunteur (*cf.* partie « Commentaire »).

Par exemple, l'emprunteur pourra proposer de souscrire un *cap* dont le *strike* sera compris entre 5 % et 8,75 %. Le choix d'un *cap* offrira à l'emprunteur la possibilité de bénéficier de taux bas si l'EURIBOR reste à un niveau modéré pendant toute la durée du prêt. Le niveau élevé du *strike* (au-delà de 5 %) limitera le montant de la prime de souscription de *cap* tout en assurant au minimum le service des intérêts (*strike* inférieur à 8,75 %). En contrepartie, la banque pourra demander à l'emprunteur de constituer dès le début de l'opération un compte de réserve nanti à son profit et doté d'une provision permettant de couvrir l'impasse de trésorerie si l'EURIBOR dépasse 5 %. Le service de la dette pourra donc être intégralement assuré quel que soit le niveau de l'EURIBOR.

6. Calculez l'encours résiduel de la dette à 5 ans et le ratio de LTV (Loan To Value) correspondant, en supposant que la valeur du portefeuille reste inchangée.

Encours résiduel de la dette à 5 ans :
Encours résiduel à 5 ans = 560 M€ [Montant initial] – (21 M€ [Amortissement annuel] × 5 [Nombre d'années])
Encours résiduel à 5 ans = **455 M€**

LTV à 5 ans = 455 M€ [Encours résiduel à 5 ans] / 700 M€ [Valeur initiale des immeubles]
LTV à 5 ans = **65 %**

7. Calculez maintenant le ratio de LTV à 5 ans, en supposant que la valeur du portefeuille a progressé de 10 % sur l'ensemble de cette période.

LTV à 5 ans = 455 M€ [Encours résiduel à 5 ans] / 770 M€ [Valeur initiale augmentée de 10 %]
LTV à 5 ans = **59 %**

On met ici en évidence l'amélioration mécanique du ratio de LTV suite à l'augmentation de la valeur des immeubles, que ce soit par l'effet de l'indexation des loyers ou de l'inflation (sauf en période de crise immobilière entraînant une baisse des valeurs).

Commentaire

Cette étude de cas est l'occasion de présenter plus en détail la notion de ratio de LTV et de compléter le commentaire du cas n° 1 concernant les ratios d'ICR et de DSCR. Par ailleurs, un développement est consacré aux différents mécanismes de couverture de taux. Enfin, s'agissant de la typologie particulière d'actifs immobiliers que constituent les cliniques, une analyse a été insérée dans le commentaire de l'étude de cas n° 9, en prolongement de celle du financement hôtelier.

1. Ratio et covenant de LTV

Le ratio de LTV occupe une place tout aussi importante que les ratios d'ICR et de DSCR dans les financements immobiliers.

Contrairement aux ratios d'ICR et de DSCR qui portent sur la surveillance des flux générés par l'immeuble, le ratio de LTV permet de surveiller le stock, à savoir la valeur de marché de l'immeuble et la qualité de couverture de l'encours de dette par cette valeur de marché. Cela répond à un double objectif pour la banque : d'une part, vérifier qu'en cas de vente forcée de l'immeuble, le produit de cession permettra de rembourser intégralement la dette ; d'autre part, s'assurer que l'investisseur a toujours un intérêt économique à rester dans l'opération, en d'autres termes qu'il a encore quelque chose à perdre si le prêt devient immédiatement exigible.

Les biais méthodologiques

La surveillance permise par le ratio de LTV n'est cependant pas exempte de lacunes : comme nous allons le voir, plusieurs éléments peuvent générer des écarts importants entre le niveau du ratio de LTV et la couverture effective de la dette par la valeur de marché de l'actif en cas de mise en jeu des sûretés.

En premier lieu, à la différence des ratios d'ICR et de DSCR qui peuvent faire l'objet de projections relativement fiables dans le futur, le ratio de LTV est attaché au présent ou au passé, puisqu'il utilise la valeur de l'immeuble estimée par un expert à un instant donné. Un ratio de LTV projeté dans le futur n'a donc pas beaucoup de sens.

En outre, le marché immobilier peut enregistrer d'importantes variations entre le moment où le défaut est constaté et le moment où les sûretés sont effectivement mises en jeu. L'écart de valeur peut être d'autant plus marqué que la mise en œuvre des sûretés et la revente de l'immeuble peuvent s'étaler sur plusieurs années dans le cas d'une procédure judiciaire.

Par ailleurs, la valorisation de l'immeuble est par principe, comme toute expertise d'un actif en valeur, entachée d'une marge d'erreur puisqu'elle n'est que le reflet de l'avis d'un expert qui – tout professionnel qu'il soit – ne remplace pas la vente effective de l'immeuble.

En conséquence, les banques sont amenées à prendre des marges de sécurité lorsqu'elles définissent le niveau de levier initial et le seuil de déclenchement du covenant de LTV. Ces marges de sécurité sont d'autant plus grandes qu'elles doivent aussi intégrer les coûts de procédure en cas d'adjudication judiciaire de l'immeuble. Il est généralement admis qu'un levier de l'ordre de 60 % à 65 % reflétant une marge de précaution de 35 % à 40 % reste acceptable dans une période de liquidité bancaire moyenne pour un immeuble bien situé, de bon standing, loué aux conditions de marché à des locataires offrant une bonne qualité de crédit et sur la base de baux fermes d'une durée adéquate par rapport à la maturité du prêt (immeuble dit « Core »). Cependant, dans la pratique, les niveaux de levier constatés dans le marché peuvent connaître d'importantes variations en fonction des périodes : jusqu'à plus de 80 % en période de surabondance de la liquidité ou au maximum 50 % à 60 % en période de liquidité restreinte.

Le seuil de déclenchement du covenant

Concernant la fixation du seuil de déclenchement du covenant de LTV, c'est essentiellement une question de négociation entre l'emprunteur et la banque en fonction des caractéristiques de l'immeuble et du financement. De façon générale, les banques préfèrent « tenir la bride serrée » en privilégiant des seuils de déclenchement qui ne soient pas trop éloignés du niveau initial du ratio de LTV. Les seuils de covenant de LTV communément admis sont situés entre 5 % et 10 % au-delà du niveau initial du ratio de LTV. Par exemple, pour un financement sur la base d'un ratio de LTV initial de 60 %, le covenant de LTV pourra être fixé à un seuil de 65 % ou 70 %. Son activation sera déclenchée lorsque le seuil est franchi à la hausse. Cela dit, un covenant trop proche du niveau initial de LTV pourra se déclencher de façon intempestive, à l'image d'une alarme réglée avec une sensibilité trop forte. Cela obligera alors la banque à examiner la situation financière de l'emprunteur à chaque déclenchement, sans que cela soit véritablement nécessaire d'un point de vue économique.

Ce seuil de déclenchement pourra être fixé à un niveau variant dans le temps. C'est même très fréquent pour les covenants de LTV dans la mesure où la valeur de l'actif est censée croître dans le temps tandis que le plan d'amortissement de la dette permet mécaniquement de réduire le dénominateur du ratio. On pourra ainsi avoir un covenant fixé à 60 % les deux premières années, puis à 57,5 % les deux années suivantes, à 55 % en années 5 et 6 et ainsi de suite jusqu'à l'échéance du prêt.

Il faut par ailleurs noter qu'il existe une corrélation entre le ratio d'ICR et celui de LTV, au travers du taux d'intérêt et du taux de capitalisation de l'actif. On a l'équation suivante :

ICR = Loyer / Intérêts = (Valeur de l'actif × Taux de capitalisation) / (Montant de la dette × Taux d'intérêt)

Donc ICR = (Valeur de l'actif / Montant de la dette) × (Taux de capitalisation / Taux d'intérêt)

D'où ICR = (1 / LTV) × (Taux de capitalisation / Taux d'intérêt)

Ainsi, dans l'hypothèse où le taux d'intérêt (marge comprise) de la dette serait équivalent au taux de capitalisation de l'actif, une dette calibrée sur la base d'un ratio de LTV de 66 % ferait ressortir un ratio d'ICR de 150 %, ces deux niveaux étant couramment rencontrés dans le marché. La question se pose alors de savoir lequel de ces deux niveaux est le plus contraignant lorsqu'il s'agit de déterminer l'effet de levier adéquat en fonction du contexte de marché. Lorsque le niveau des taux d'intérêt s'éloigne sensiblement de celui des taux de capitalisation immobiliers[1], le facteur limitant de l'effet de levier se déporte sur l'un ou l'autre de ces ratios : en période de taux d'intérêt nettement plus faibles que les taux de capitalisation immobiliers, le facteur limitant de l'effet de levier sera le ratio de LTV car le ratio d'ICR ne sera plus considéré comme un indicateur discriminant de la prise de risque ; à l'inverse, en période de taux d'intérêt sensiblement plus élevés que les taux de capitalisation immobiliers, c'est l'analyse du ratio d'ICR qui sera prépondérante, celui de LTV restant de facto dans des zones à faible risque.

La question de la valorisation de l'actif

Tous les ratios de LTV ne sont pas équivalents car ils peuvent obéir à des méthodologies différentes de valorisation de l'immeuble : traditionnellement, les banques hypothécaires allemandes utilisent des experts internes tandis que les établissements anglo-saxons ont systématiquement recours à des cabinets d'expertise externes. Par ailleurs, il existe un grand nombre de normes de valorisation, allant de la *Mortgage Lending Value* pour les banques allemandes à l'*Open Market Value* pour les autres, sans parler des différentes normes qui existent sur le marché pour la prise en compte et la pondération des surfaces des immeubles.

Les pratiques de la plupart des acteurs du financement immobilier ont cependant progressivement convergé vers un nombre plus restreint de normes. La plus communément retenue aujourd'hui est l'estimation par un cabinet d'évaluation externe de l'*Open Market*

1. Cela peut arriver en dépit d'une corrélation notable entre ces taux.

Value en utilisant la méthodologie du *Red Book* de la *Royal Institution of Chartered Surveyors* (*RICS*).

De même, la plupart des contrats de financement prévoient désormais la possibilité pour l'emprunteur de mandater un expert contradictoire s'il estime que le premier expert – traditionnellement mandaté par la banque – est trop conservateur dans sa valorisation. En dernier ressort, la banque et l'emprunteur pourront avoir recours à un troisième expert, désigné par un tiers, à qui il sera demandé de rendre un arbitrage en cas de forte différence d'évaluation entre les deux premiers experts.

Des analyses plus spécifiques concernant les ratios et covenants de LTV sont développées dans les études de cas suivantes, notamment à propos des structurations de dette senior-junior et des covenants à déclenchement progressif.

2. Choix d'une couverture de taux

Le choix d'une stratégie de couverture de taux s'organise autour des quatre éléments suivants :

– le **montant couvert** (montant « notionnel » de l'instrument de couverture de taux), qui pourra être inférieur au montant total de la dette si la décision est prise de rester exposé au risque de taux sur une partie du financement ; le montant couvert doit aussi tenir compte du plan de remboursement du principal de la dette : en général, le plan d'amortissement du notionnel de l'instrument de couverture réplique exactement celui du prêt ;

– la **nature de la couverture**, bilatérale sous forme de *swap* (conversion à taux fixe), optionnelle sous forme de *cap* (garantie de taux plafond) ou hybride sous forme de *collar* (produit synthétique correspondant à l'agrégation d'un *cap* et d'un *floor*) ;

– la **durée de couverture** : dans l'idéal, la même que celle de la dette. Il est cependant fréquent que la durée de couverture soit inférieure à la maturité de la dette en raison du coût trop important qu'aurait alors la couverture pour l'emprunteur. En effet, le coût des couvertures de taux croît fortement avec leur maturité et peut se révéler prohibitif sur les longues maturités des financements immobiliers. Dans ce cas, la maturité de la couverture sera plus courte que celle du prêt et la documentation du prêt comportera un engagement de l'emprunteur de renouveler la couverture de taux en tant que de besoin. Par opposition à ce qui précède, dans quelques cas particuliers, la banque peut demander que la couverture de taux aille au-delà de la maturité du prêt lorsqu'il s'agit d'un financement immobilier à court ou moyen terme. C'est notamment le cas lorsque le remboursement du prêt s'effectue par la vente de l'actif et qu'il existe un risque important sur le timing ou la réalisation effective de cette vente. Cette surcouverture permet de sécuriser le taux auquel l'emprunteur aurait à refinancer la dette dans le cas où la vente n'aurait pas été réalisée avant l'échéance du prêt. Le plus souvent, cette sur-couverture s'effectue au travers d'un produit optionnel (*cap* ou *swaption*) afin d'éviter d'exposer la banque à un risque de contrepartie sur le souscripteur ;

– le **niveau de la couverture**, en particulier pour les produits optionnels, qui détermine le seuil (seuil d'exercice ou *strike*) à partir duquel l'emprunteur sera protégé contre la hausse des taux d'intérêt. Pour les produits bilatéraux standards comme les *swaps* de taux, la détermination du niveau de la couverture reflète simplement le taux fixe disponible sur le marché au moment de la souscription. Cependant, certains produits structurés (*swaps* désactivants, etc.) peuvent correspondre à des taux fixes différents du taux de *swap* de marché. Ils donnent alors lieu à une compensation sous forme financière (soulte payée ou reçue) ou sous forme d'un élément complémentaire de couverture donnée ou reçue (par exemple, activation ou désactivation de la couverture au-delà d'un certain seuil).

Rappelons enfin que, si la banque peut effectivement fixer des critères de couverture de taux comme conditions de l'octroi de son financement (par exemple, un montant notionnel minimal, une durée minimale et un niveau maximal de taux de *swap* ou de *strike* de *cap*), le choix définitif de la stratégie de couverture revient à l'emprunteur. Libre à lui de renoncer au financement s'il juge les critères de la banque trop sévères. Tout conseil en matière de stratégie de taux que pourrait donner la banque qui finance l'opération risquerait à terme de se retourner contre elle en cas de défaut de l'emprunteur et de démarche contentieuse. L'emprunteur pourrait alors invoquer un défaut de conseil ou l'immixtion dans sa gestion.

D'un point de vue plus technique, le fonctionnement simplifié des produits de couverture de taux est donné dans les commentaires qui suivent.

3. Couverture par *cap*

La souscription d'un *cap* par l'emprunteur lui permet de bénéficier d'un taux variable tout en étant protégé contre le risque de hausse du taux d'intérêt. Cette protection s'active dès que le taux variable de référence devient supérieur à un niveau déterminé à l'avance, le *strike* (ou prix d'exercice) du *cap*.

Pour illustrer le fonctionnement en termes de flux (*cf.* diagramme ci-dessous), l'emprunteur a contracté un prêt avec la « Banque de Financement » à laquelle il verse périodiquement les intérêts à taux variable. Il a parallèlement conclu un contrat de *cap* avec la « Banque de Couverture » qui est la plupart du temps la même banque que la Banque de Financement, mais pas toujours (*cf. infra*).

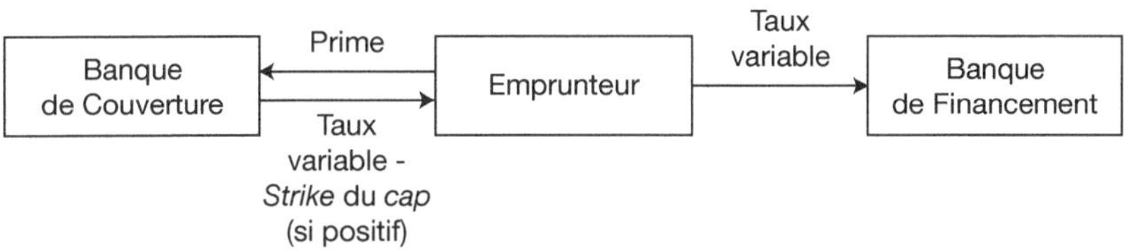

À chaque période d'intérêt, il reçoit de la Banque de Couverture l'écart entre le taux variable et le *strike* lorsque cet écart est positif (écart = taux variable – *strike* du *cap*). Si le taux variable est inférieur ou égal au *strike*, l'emprunteur ne reçoit rien de la part de la Banque de Couverture et ne lui paie rien non plus. Au final, l'emprunteur s'acquitte donc d'un taux variable dans la limite d'un taux maximal égal au *strike* du *cap*. Bien entendu, cette protection – dont le fonctionnement peut être assimilé à celui d'un mécanisme d'assurance – a donné lieu au paiement préalable d'une prime par l'emprunteur lorsque celui-ci a souscrit le *cap*.

En poursuivant l'analogie avec l'assurance, de la même façon qu'une assurance automobile est d'autant plus efficace que l'étendue de la garantie est importante, la couverture du risque de taux la plus efficace correspondra au *cap* dont le *strike* est le plus bas. Ce point est illustré dans les questions 4 et 5 de la présente étude de cas. Et toujours dans cette analogie, la prime de *cap* à payer par le souscripteur sera d'autant plus élevée que le *strike* est bas, de la même façon que la prime d'assurance augmente lorsque l'étendue de la garantie augmente.

La Banque de Couverture peut être différente de la Banque de Financement, par exemple lorsque le prêt fait l'objet d'une syndication auprès de plusieurs banques après sa mise en place. La Banque de Financement correspond alors à un *pool* (syndicat) de plusieurs banques tandis que le contrat de couverture reste traditionnellement souscrit uniquement avec la banque ayant initialement octroyé le prêt. Il n'y a dans ce cas, d'un point de vue purement juridique, pas identité entre Banque de Financement et Banque de Couverture.

Un autre cas de figure classique consiste à avoir au sein d'une banque une entité juridique spécifique qui contracte les différents produits de marché, notamment les produits dérivés de taux, tandis que les opérations de financement restent directement conclues sur le bilan de la banque. La Banque de Financement et la Banque de Couverture seront donc juridiquement distinctes bien qu'appartenant au même groupe bancaire.

On trouvera ci-dessous une visualisation de l'impact économique du *cap* pour l'emprunteur. On y voit l'écrêtage du taux variable au-delà du *strike* résultant du paiement par la Banque de Couverture des différentiels positifs entre taux variable et *strike* (signes « + » dans le schéma). La partie grisée du schéma correspond au taux d'intérêt synthétique finalement payé par l'emprunteur en agrégeant le taux variable payé au titre du prêt et les éventuels différentiels de taux d'intérêt perçus au titre du *cap*.

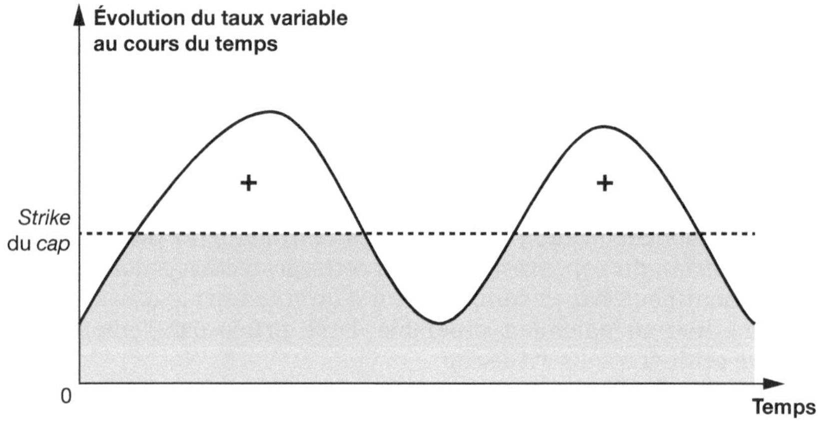

4. Couverture par *swap*

La conclusion d'un contrat de *swap* permet à l'emprunteur de transformer une charge d'intérêt à taux variable en charge d'intérêt à taux fixe.

Pour illustrer le fonctionnement en termes de flux (*cf.* diagramme ci-dessous), l'emprunteur a contracté un prêt avec la Banque de Financement à laquelle il verse périodiquement les intérêts à taux variable. Il a parallèlement conclu un contrat de *swap* avec la Banque de Couverture qui est la plupart du temps la même banque que la Banque de Financement, mais pas systématiquement (*cf. supra* : couverture par *cap*).

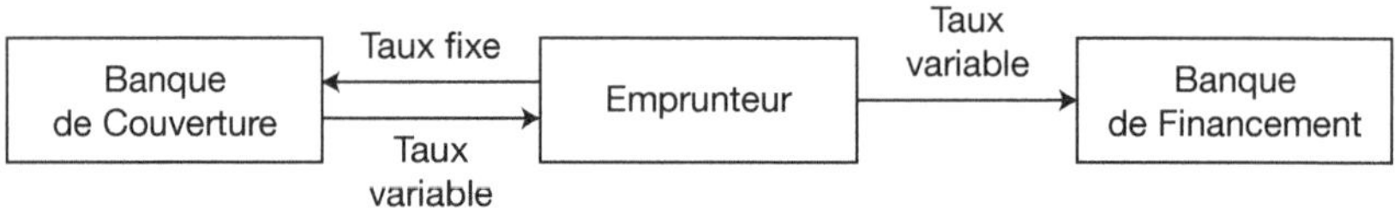

À l'occasion de chaque nouvelle période d'intérêt, l'emprunteur verse à la Banque de Couverture un montant correspondant aux intérêts à taux fixe et reçoit d'elle un montant correspondant aux intérêts à taux variable, montant qui lui permet de s'acquitter de sa charge d'intérêts à taux variable auprès de la Banque de Financement. Au final et en net, l'emprunteur s'acquitte donc d'un taux fixe, pour autant que le montant et la durée du contrat de *swap* soient les mêmes que ceux du contrat de prêt.

Dans la pratique, afin de limiter les flux effectivement échangés entre l'emprunteur et la Banque de Couverture, ce n'est pas l'intégralité des montants à taux fixe ou à taux variable qui sont échangés dans le cadre du contrat de *swap* mais uniquement les différentiels de montants d'intérêts. L'emprunteur verse à la Banque de Couverture le différentiel d'intérêts (signes « – » dans le schéma ci-dessous) lorsque le taux variable est inférieur au taux fixe pour la période d'intérêt considérée. Inversement, la Banque de Couverture verse à l'emprunteur le différentiel d'intérêts (signes « + » dans le schéma ci-dessous) si le taux variable devient supérieur au taux fixe pour la période d'intérêt considérée. Le résultat économique est équivalent à un échange portant sur les montants d'intérêts totaux. La partie grisée du schéma correspond au taux d'intérêt synthétique qui est au final et en net supporté par l'emprunteur en agrégeant le taux variable payé au titre du prêt et les différentiels de taux d'intérêt reçus ou payés au titre du *swap*.

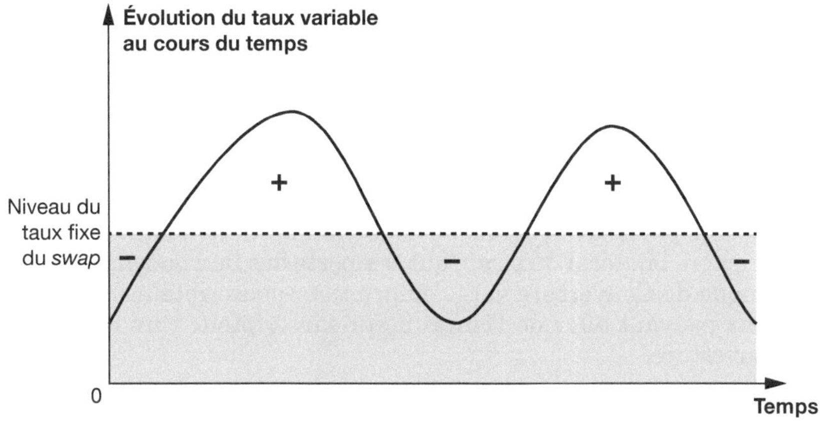

La principale problématique pour le souscripteur du *swap*, à partir du moment où il a choisi d'avoir recours à cet instrument de couverture, consiste à déterminer le montant qui sera couvert (montant notionnel du *swap*) et la durée de la couverture. Le taux fixe auquel le *swap* sera conclu résultera directement de la maturité de la couverture car il reflétera les conditions de marché du moment, c'est-à-dire la forme de la courbe des taux au moment de la souscription (voir détail dans le commentaire de l'étude de cas n° 3).

De façon générale, le taux fixe du *swap* sera supérieur au taux variable et sera d'autant plus élevé que sa maturité sera lointaine : par exemple, un *swap* à 5 ans pourra faire ressortir un taux fixe à 3 % tandis que le *swap* à 10 ans cotera 4 %. L'emprunteur devra donc arbitrer entre son aversion au risque – se couvrir sur la durée la plus importante – et sa recherche du profit – se couvrir a minima afin de bénéficier du taux le moins cher. Le rôle de la Banque de Financement sera de fixer ses propres exigences lors de la négociation du contrat de prêt en définissant dans quelles limites de montant et de durée elle est prête à accepter que l'emprunteur reste exposé à un risque de taux.

Certaines banques (banques hypothécaires allemandes, banques régionales françaises) peuvent directement proposer un taux fixe à l'emprunteur dans le cadre de leurs contrats de prêt. Cela est possible si la banque dispose elle-même d'une ressource stable à taux fixe ou à taux très faible : obligations hypothécaires allemandes (*Pfandbriefe*) faisant l'objet d'un indice calculé sur 5 ans, mobilisation des dépôts des clients pour les banques françaises. Il reste néanmoins possible pour une banque ne disposant pas de ces ressources d'offrir un taux fixe synthétique à l'emprunteur, en réalisant un *swap* interne entre sa salle des marchés et son département des financements immobiliers, ce dernier facturant ensuite l'emprunteur directement à taux fixe.

Pour conclure sur le *swap*, nous nous intéresserons au principal de ses inconvénients et aux conséquences pour la banque : il s'agit de la question du dénouement du *swap* avant son échéance et des problématiques de risque de contrepartie pour la banque. En effet, le dénouement d'un *swap* avant son échéance occasionne presque toujours un coût pour l'emprunteur-souscripteur, à la différence de l'annulation d'un *cap* qui se traduit le plus souvent par le remboursement d'une partie de la prime au souscripteur. Cette distinction tient au caractère bilatéral du *swap*, qui comporte des flux pouvant aller de la Banque de Couverture vers l'emprunteur-souscripteur mais aussi des flux pouvant aller de l'emprunteur-souscripteur vers la Banque de Couverture.

Dans le cas où le contrat de *swap* est dénoué avant son échéance, il convient de calculer le montant des flux futurs que la Banque de Couverture ou l'emprunteur-souscripteur du *swap* était en droit d'attendre de l'autre partie avant l'annulation du *swap*. Ce calcul s'effectue en se référant aux conditions de marché au moment du dénouement. S'il se trouve que les flux futurs devaient être payés par l'emprunteur à l'emprunteur-souscripteur du *swap* (c'est par exemple le cas si les taux de marché sur la période restant à courir sont inférieurs au taux fixe du *swap*), l'emprunteur devra alors verser la valeur actualisée de ces flux prévisionnels à la Banque de Couverture. Le montant ainsi calculé s'appelle la « soulte » de débouclage. Dans le cas inverse, la soulte devra être acquittée par la Banque de Couverture.

Généralement, sauf variation importante des taux d'intérêt, la soulte de débouclage anticipé du *swap* est à la charge de l'emprunteur-souscripteur du *swap*. En effet, le calcul de la soulte de débouclage, qui intervient habituellement après quelques années de vie du prêt, sera effectué sur la base de la période restant à courir. Comme la courbe des taux suit le plus souvent une fonction croissante des taux selon leur maturité, la maturité plus faible de la période restant à courir se traduira par un taux d'intérêt moins élevé que le taux du *swap* établi sur la base de la durée initiale.

Par exemple, si l'on souhaite déboucler après 3 ans de déroulement un *swap* 5 ans à taux fixe de 4 %, il faudra regarder quel est le taux fixe de marché du *swap* à 2 ans (la durée restant à courir) au moment du débouclage. Si la courbe des taux est orientée selon un profil de taux croissant et si les taux n'ont pas trop varié pendant les 3 premières années du *swap*, le taux fixe à 2 ans s'établira probablement aux alentours de 3 %. Cela signifie que l'emprunteur aura un différentiel de 1 % à régler pendant les deux années qui viennent au titre de son contrat de *swap* si celui-ci devait se poursuivre jusqu'à son échéance. La soulte à payer par l'emprunteur pour le débouclage anticipé correspondra donc à la valeur actualisée de ces différentiels de 1 % qui auraient dû être payés en cas de poursuite du *swap*. Le raisonnement se fait dans l'autre sens si entre temps les taux d'intérêt ont augmenté à tel point que le *swap* 2 ans correspond à un taux fixe plus élevé aujourd'hui que celui du *swap* 5 ans conclu il y a 3 ans.

Ces questions de débouclage anticipé sont fréquemment rencontrées par les investisseurs immobiliers, notamment lorsqu'ils revendent un immeuble avant le terme initialement prévu. Elles mettent en évidence le risque de contrepartie que génère le *swap* pour la Banque de Couverture. En effet, si l'emprunteur devient insolvable en cours d'opération, il ne sera plus en mesure de payer non seulement les intérêts au titre du contrat de prêt mais aussi les différentiels d'intérêt (entre taux fixe et taux variable) au titre du contrat de *swap*. Certes, le montant en question est bien moins élevé que celui du montant en principal du prêt. Mais il est imprédictible puisqu'il dépend des conditions de marché constatées au moment du débouclage forcé du *swap*. En raison de cette exposition au risque de contrepartie, un contrat de *swap* nécessite un accord de crédit de la Banque de Couverture sur l'emprunteur-souscripteur. Il s'agit d'une différence importante avec le *cap*, dont la souscription par l'emprunteur n'expose pas la Banque de Couverture à ce risque et s'assimile plutôt à la vente d'un produit financier par la Banque de Couverture. Cette problématique est développée dans le commentaire de l'étude de cas n° 13.

5. Couverture par *collar* / tunnel

La conclusion d'un *collar* (ou tunnel) permet à l'emprunteur d'encadrer un taux variable entre une borne haute et une borne basse en définissant une bande passante au sein de laquelle le taux peut varier pendant la durée du *collar*.

Un *collar* correspond à la juxtaposition d'un *cap* (garantie de taux plafond) souscrit par l'emprunteur auprès de la Banque de Couverture et d'un *floor* (garantie de taux plancher) souscrit par la Banque de Couverture auprès de l'emprunteur.

Pour illustrer le fonctionnement en termes de flux (*cf.* diagramme ci-dessous), l'emprunteur a contracté un prêt avec la Banque de Financement à laquelle il verse périodiquement les intérêts à taux variable. Il a parallèlement conclu un *collar* avec la Banque de Couverture qui est la plupart du temps la même banque que la Banque de Financement.

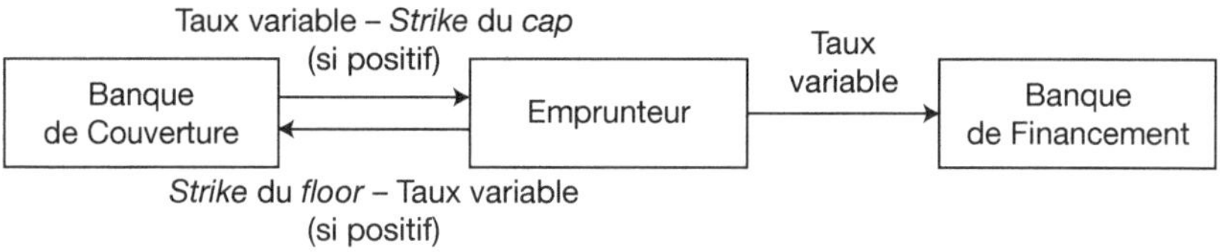

S'agissant de la partie *cap* du *collar*, l'emprunteur reçoit de la Banque de Couverture l'écart entre le taux variable et le *strike* du *cap* lorsque cet écart est positif (écart = taux variable – *strike* du *cap*). Et concernant la partie *floor* du *collar*, l'emprunteur verse à la Banque de Couverture l'écart entre le *strike* du *floor* et le taux variable lorsque celui-ci est positif (écart = *strike* du *floor* – taux variable). Pour que cette mécanique fonctionne correctement, il va de soi que le *strike* du *cap* doit être supérieur au *strike* du *floor*.

Au final, l'emprunteur s'acquitte donc d'un taux variable au sein d'une bande passante définie par le *strike* du *cap* et le *strike* du *floor*. Il est protégé contre une variation à la hausse (au-delà du *strike* du *cap*) du taux d'intérêt variable mais ne profite pas intégralement de la baisse éventuelle du taux d'intérêt variable, si celui-ci passe en deçà du *strike* du *floor*.

On trouvera ci-dessous une visualisation de l'impact économique du *collar* pour l'emprunteur. On y voit l'écrêtage du taux variable au-delà du *strike* du *cap*, résultant du paiement par la Banque de Couverture des différentiels positifs entre taux variable et *strike* du *cap* (signes « + » dans le schéma), mais aussi un écrêtage à la baisse en deçà du *strike* du *floor*, résultant du paiement par l'emprunteur à la Banque de Couverture des différentiels négatifs entre taux variable et *strike* du *floor* (signes « – » dans le schéma). La partie grisée correspond au taux d'intérêt synthétique supporté par l'emprunteur.

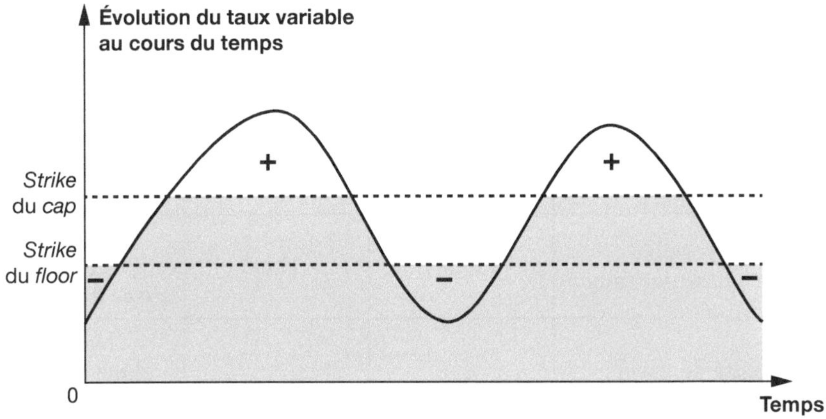

Le schéma ci-dessus permet également de visualiser qu'un *collar* pour lequel le *strike* du *cap* et celui du *floor* seraient identiques (bande passante limitée à une simple ligne) ne serait rien d'autre qu'un *swap*. Cela illustre le fait qu'un *collar*, comme un *swap*, expose la Banque de Couverture à un risque de contrepartie sur l'emprunteur puisque l'emprunteur est potentiellement amené à verser des différentiels d'intérêts à la Banque de Couverture si le taux variable devient inférieur au *strike* du *floor*.

Pour conclure sur ce produit, il convient de développer quelques aspects liés à la prime qu'il faut payer pour souscrire un *collar*. Cette prime correspond à la différence entre la prime dont l'emprunteur doit s'acquitter au titre de la souscription du *cap* et celle qu'il doit recevoir de la Banque de Couverture au titre de la vente du *floor*, puisque c'est bien l'emprunteur qui joue le rôle d'assureur pour la Banque de Couverture dans le cadre du *floor*.

À l'origine, le *collar* a été très souvent proposé par les banques comme un outil de couverture à prime nulle, puisqu'en positionnant de façon adéquate le *strike* du *cap* et celui du *floor*, la prime du *floor* peut devenir équivalente à celle du *cap*. De même, en ayant initialement fixé le *strike* du *cap* (et donc sa prime à un instant donné), il est possible de définir le *strike* du *floor* permettant d'obtenir une prime de *collar* nulle en fonction des conditions de marché du moment. Mais il reste possible de faire varier à loisir la position et l'écartement de sa bande passante afin de refléter au mieux la stratégie de taux que l'emprunteur souhaitera suivre et le niveau de risque de taux auquel il souhaitera rester exposé. Dans ce cas, le *collar* ne sera pas nécessairement à prime nulle.

6. Tableau de synthèse des couvertures de taux

	Cap	**Swap**	**Collar**
Protection contre la hausse des taux	Oui (à partir du *strike*)	Oui	Oui (à partir du *strike* du *cap*)
Bénéfice possible d'une baisse des taux	Oui	Non	Oui (jusqu'au *strike* du *floor*)
Nécessité de payer une prime à l'entrée	Oui	Non	Non (dans le cas d'un *collar* à prime nulle)
Risque d'un débours pour l'emprunteur en cas de débouclage anticipé	Non	Oui	Oui (en raison du *floor*)
Autorisation de la Banque de Couverture pour risque de contrepartie	Non	Oui	Oui (en raison du *floor*)

Nous ajouterons un dernier commentaire concernant le risque de contrepartie associé aux produits de couverture de taux : s'il est traditionnel de l'analyser dans le sens de l'exposition de la Banque de Couverture à un risque de contrepartie sur l'emprunteur-souscripteur de la couverture, il est aussi intéressant de l'analyser sous l'angle inverse de l'exposition de l'emprunteur au risque de contrepartie sur sa Banque de Couverture.

Ce second risque existe pour tous les produits de couverture puisque, par définition, la couverture consiste pour l'emprunteur à obtenir une source supplémentaire de revenus venant compenser l'augmentation des charges financières si les taux d'intérêt augmentent. Une faillite de la Banque de Couverture expose donc l'emprunteur à la disparition de sa couverture de taux, ce qui peut provoquer un cas de défaut vis-à-vis de la Banque de Financement. Ce cas de figure n'est pas que théorique dans un contexte de fragilité de certains établissements bancaires comme cela a été mis en évidence par certaines opérations emblématiques (Cœur Défense) lors de la crise financière de 2007.

Cas n° 3
Choix entre deux propositions de financement

Énonce

Souhaitant financer un investissement de 100 millions d'euros correspondant à un immeuble loué à un locataire de très bonne solvabilité dans le cadre d'un bail de 12 ans fermes et générant un rendement net annuel de 8 %, un investisseur a reçu deux propositions de financement émanant de deux banques différentes.

Banque A :

– montant du prêt : 80 millions d'euros,
– maturité de 3 ans sans amortissement (remboursement *in fine*),
– taux d'intérêt à EURIBOR[1] + marge de 150 bp,
– EURIBOR faisant l'objet d'un *swap*[2] à un taux fixe de 4,50 % l'an.

Banque B :

– montant du prêt : 75 millions d'euros,
– maturité de 5 ans sans amortissement (remboursement *in fine*),
– taux d'intérêt à EURIBOR + marge de 120 bp,
– EURIBOR faisant l'objet d'un *swap* à un taux fixe de 5,30 % l'an.

1. Pourquoi le swap de la Banque B est-il à un taux plus élevé que celui de la Banque A ?

2. Pourquoi la marge de la Banque B est-elle plus faible que celle de la Banque A malgré une durée de financement plus longue ?

3. Calculez le rendement sur fonds propres pour l'investisseur dans le cas du financement par la Banque A.

---

1. Voir partie « Commentaire » à la fin de l'étude de cas n° 1.
2. Se reporter au lexique en fin de manuel et/ou à la partie « Commentaire » à la fin de cette étude de cas.

4. Calculez le rendement sur fonds propres pour l'investisseur dans le cas du financement par la Banque B.

5. Quelles raisons aurait un investisseur de retenir la proposition de la Banque A ou celle de la Banque B ?

Corrigé

1. Pourquoi le swap de la Banque B est-il à un taux plus élevé que celui de la Banque A ?

Le *swap* proposé par la Banque A sur une maturité de 3 ans est à un taux de 4,50 % l'an tandis que le *swap* proposé par la Banque B sur une maturité de 5 ans est à un taux de 5,30 % l'an.

Les taux des *swaps* correspondent à des taux de marché qui sont normalement – à quelques points de base près – les mêmes pour toutes les banques. Le seul élément de variation correspond à la marge d'intermédiation que la banque peut prendre par rapport au taux de *swap* coté par le marché. Habituellement, cette marge s'établit entre 5 et 10 points de base de marge annuelle. Ces variations ne sont donc pas suffisantes pour expliquer l'écart de 80 bp entre les cotations de *swap* émanant des deux banques dans notre exemple.

Si l'on considère en outre que les deux cotations ont été obtenues par les deux banques au même moment, le seul élément de différenciation qui subsiste est la maturité des *swaps*, en l'occurrence 3 ans pour la Banque A et 5 ans pour la Banque B. Cet écart de taux correspond à la forme de la courbe des taux en régime normal (*cf.* partie « Commentaire » ci-après). Cela reflète le fait que le loyer de l'argent (le taux d'intérêt) croît habituellement avec la maturité de l'emprunt car le risque de non-remboursement s'accroît avec la durée du prêt. Par exemple, on paiera un taux d'intérêt de 2 % l'an pour emprunter sur une période d'un an et un taux d'intérêt de 2,5 % l'an pour emprunter sur une période de deux ans.

Les taux de *swap* constituent ainsi l'un des meilleurs indicateurs pour tracer une courbe des taux. Le taux du *swap* à 5 ans est habituellement plus élevé que celui du *swap* à 3 ans.

2. Pourquoi la marge de la Banque B est-elle plus faible que celle de la Banque A malgré une durée de financement plus longue ?

Si l'on considère que la marge bancaire est fixée à un niveau de marché pour chacune des deux propositions, l'écart de marge n'est alors que la résultante des paramètres qui varient selon les propositions, à savoir l'effet de levier et la maturité. Il convient donc de déterminer lequel de ces deux paramètres a une influence déterminante et pourquoi.

Le paramètre déterminant pourrait être la maturité : de la même façon que le taux de *swap* augmente avec la maturité, la marge pourrait faire de même, puisque le remboursement d'une dette de maturité lointaine est plus incertain que celui d'une dette de maturité proche. En fait, il n'en est rien ici ou plus précisément l'autre paramètre, en l'occurrence l'effet de levier, a un tel effet discriminant qu'il vient contrebalancer l'effet de la maturité.

Plus précisément, le caractère non discriminant du critère de maturité tient à la durée ferme du bail et à la qualité de crédit du locataire : avec un locataire de très bonne qualité et un bail ferme de 12 ans, nous disposons d'une bonne visibilité sur les cash-flows futurs générés par l'immeuble. Nous pouvons ainsi considérer que ces flux sont quasi certains pendant la durée du prêt. Par ailleurs, à l'échéance du prêt, les banques ne feront pas de distinction significative entre une durée de bail résiduelle de 9 ans à l'échéance du prêt A et une durée de 7 ans à l'échéance du prêt B. La maturité du prêt n'est donc pas un élément de différenciation essentiel des deux propositions.

En revanche, la question de l'effet de levier et en particulier de la quotité de financement (proportion de l'investissement total financé par la dette) est cruciale, avec un *Loan To Cost* de 80 % pour la proposition A et de 75 % pour la proposition B. En transposant ce ratio à l'analyse des fonds propres, l'investisseur met 20 % de fonds propres dans la proposition A alors qu'il en met un quart en plus dans la proposition B avec 25 % de fonds propres. C'est cet indicateur qui permet le mieux de mesurer l'implication effective de l'investisseur dans l'opération. Une marge moins élevée vient donc rémunérer le financement bancaire d'une opération pour laquelle l'investisseur alloue plus de fonds propres et la banque prend un risque initial plus faible par m^2.

3. Calculez le rendement sur fonds propres pour l'investisseur dans le cas du financement par la Banque A.

Le rendement sur fonds propres se calcule en rapportant le revenu net, après déduction des frais financiers, au montant des capitaux propres investis.

Revenu locatif = 100 M€ [Montant total de l'investissement] × 8 % [Rendement de l'actif]

Revenu locatif = **8 M€** par an

Revenu net des frais financiers Dette A = 8 M€ – 80 M€ [Montant de la Dette A] × (4,50 % + 1,50 %) [Taux d'intérêt *swapé* + marge de la Dette A]

Revenu net des frais financiers Dette A = 8 M€ – 4,8 M€ = **3,2 M€** par an

Montant des capitaux propres investis Dette A = 100 M€ [Montant total de l'investissement] – 80 M€ [Montant de la Dette A]

Montant des capitaux propres investis Dette A = **20 M€**

Rendement sur fonds propres Dette A = 3,2 M€ [Revenu net des frais financiers Dette A] / 20 M€ [Montant des capitaux propres investis Dette A]

Rendement sur fonds propres Dette A = **16 %** l'an

4. Calculez le rendement sur fonds propres pour l'investisseur dans le cas du financement par la Banque B.

Même méthodologie que pour la question précédente.

Revenu net des frais financiers Dette B = 8 M€ – 75 M€ [Montant de la Dette B] × (5,30 % + 1,20 %) [Taux d'intérêt *swapé* + marge de la Dette B]

Revenu net des frais financiers Dette B = 8 M€ – 4,875 M€ = **3,125 M€** par an

Montant des capitaux propres investis Dette B = 100 M€ [Montant total de l'investissement] – 75 M€ [Montant de la Dette B]

Montant des capitaux propres investis Dette B = **25 M€**

Rendement sur fonds propres Dette B = 3,125 M€ [Revenu net des frais financiers Dette B] / 25 M€ [Montant des capitaux propres investis Dette B]

Rendement sur fonds propres Dette B = **12,5 %** l'an

Le financement A offre donc une meilleure perspective de rentabilité des fonds propres pour l'investisseur.

5. Quelles raisons aurait un investisseur de retenir la proposition de la Banque A ou celle de la Banque B ?

La réponse à la question précédente nous incite à choisir la proposition de la Banque A car c'est celle qui permet d'obtenir la rentabilité sur fonds propres la plus élevée. Mais le raisonnement ne doit pas s'arrêter à cette simple considération. D'autres éléments peuvent être intégrés à la prise de décision, comme par exemple le montant de capitaux propres dont dispose l'investisseur ou l'horizon de sa stratégie d'investissement.

Le montant des fonds propres disponibles joue un rôle important. Il est tout à fait possible que l'investisseur ne soit pas autorisé à investir plus de 20 millions d'euros de fonds propres par opération, auquel cas le levier de 75 % ne sera pas suffisant. Le choix se portera donc sur la proposition de la Banque A indépendamment des considérations de rentabilité.

Mais d'autres contraintes peuvent amener un investisseur à préférer le montage de la Banque B, bien que celui de la Banque A permette une allocation moindre de fonds propres et une rentabilité plus élevée. Ce sera le cas si l'investisseur souhaite s'engager pour une durée de 5 ans sur cette opération et ne souhaite pas être exposé à un risque de refinancement en cours de portage. Il sera tenté de décliner la proposition de la Banque A qui fait peser sur lui un risque de refinancement à l'échéance des 3 ans.

Enfin, si l'investisseur souhaite négocier avec sa banque une couverture de taux sous forme de *cap* et non de *swap*, la différence entre les marges bancaires pourra jouer un rôle plus important dans la prise de décision. En effet, dans le cas proposé, l'écart de taux des prêts est dû à la fois à l'écart des marges et à l'écart de taux des *swaps* en raison de la différence de maturités. Dans une couverture par *cap*, l'impact de la marge bancaire ressortirait de façon plus voyante.

Commentaire

L'étude de cas n° 3 est simple mais a le mérite de porter un éclairage sur la question de la courbe des taux. Elle est aussi révélatrice des éléments essentiels de la prise de décision d'un investisseur en matière de choix de financement.

1. La courbe des taux

De nombreux manuels de finance traitent de façon détaillée des concepts liés à la courbe des taux et à sa forme. Nous nous limiterons donc à un bref rappel de sa définition et de ses caractéristiques.

On peut définir la courbe des taux comme la courbe qui, à un instant donné, pour un niveau de risque donné et dans une devise donnée, donne le niveau des taux d'intérêt de marché par rapport aux différentes maturités.

La forme classique de la courbe des taux s'établit comme suit :

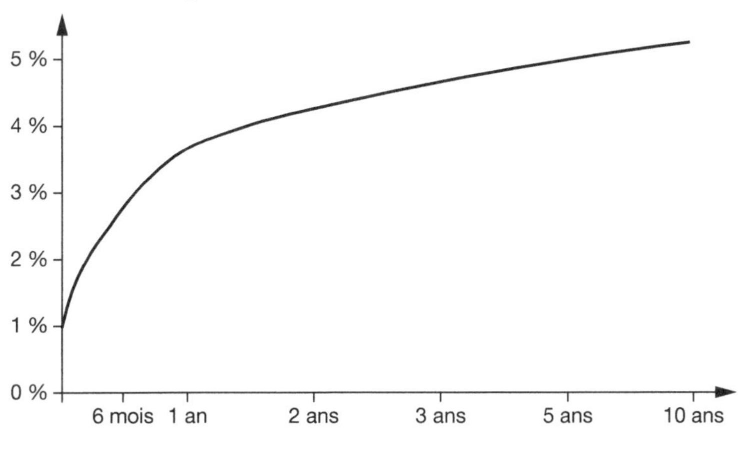

Afin de bien comprendre le concept, il faut s'arrêter un instant sur les différents éléments de sa définition.

– « **À un instant donné** » – Les néophytes font fréquemment la confusion suivante : ils pensent que l'échelle de temps en abscisse correspond au temps qui passe et que la courbe reflète l'évolution d'un taux d'intérêt au fil du temps. Il n'en est rien : la courbe des taux correspond à une photographie instantanée des différents taux d'intérêt répartis en fonction de leur maturité. Pour tracer une courbe des taux, il faut observer sur le marché au même moment l'ensemble des taux d'intérêt pour les différentes maturités. Par exemple, on observe jeudi 15 septembre 2011 à 10 h 20 que le taux d'intérêt est de 2 % pour un emprunt d'une durée de 1 an, de 2,5 % pour un emprunt à 3 ans, de 3 % pour un emprunt à 5 ans et de 5 % pour un emprunt à 10 ans (chiffres purement indicatifs). Ces données nous permettent de tracer une courbe des taux avec les taux d'intérêt en ordonnée et leurs maturités en abscisse. Il faut également comprendre que la forme de la courbe des taux sera différente le même jour à 10 h 25, le taux d'intérêt à 1 an ayant pu passer de 2 % à 1,90 % et celui à 5 ans de 3 % à 2,90 %. La courbe des taux évolue à chaque instant en fonction des variations de marché sur l'ensemble du spectre des maturités qu'elle couvre (*cf.* graphe ci-dessous).

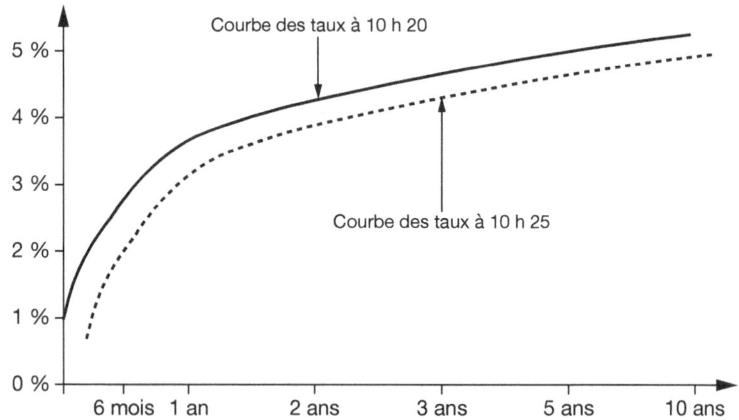

– « **Pour un niveau de risque donné** » – Le taux d'intérêt comprend à la fois un élément lié au niveau des taux sur le marché pour des actifs de risque minimal (taux de *swap* et emprunts d'États) que l'on qualifie – un peu abusivement – de « taux sans risque » et un élément lié à la nature de la contrepartie qui va emprunter, ce que l'on appelle communément la « prime de risque ». Par exemple, sur la même maturité de 7 ans, une entreprise empruntera à 5,25 % tandis que l'emprunt d'État de même maturité cotera 4,75 %. La prime de risque de l'entreprise est donc de 50 bp sur la maturité 7 ans (*cf.* graphe ci-dessous). Afin de travailler sur une base commune et unique, la courbe des taux correspond conventionnellement aux « taux sans risque ».

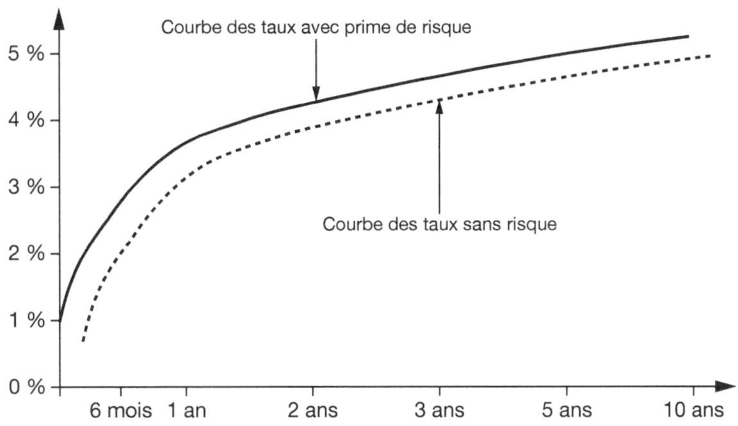

– « **Dans une devise donnée** » – La courbe des taux en dollars n'est pas la même que celle des taux en euros car chacune d'elles dépend de la politique monétaire suivie et des anticipations des marchés en termes de croissance et d'inflation. Il y aura donc des écarts entre les différentes courbes prises au même instant (*cf.* graphe ci-dessous).

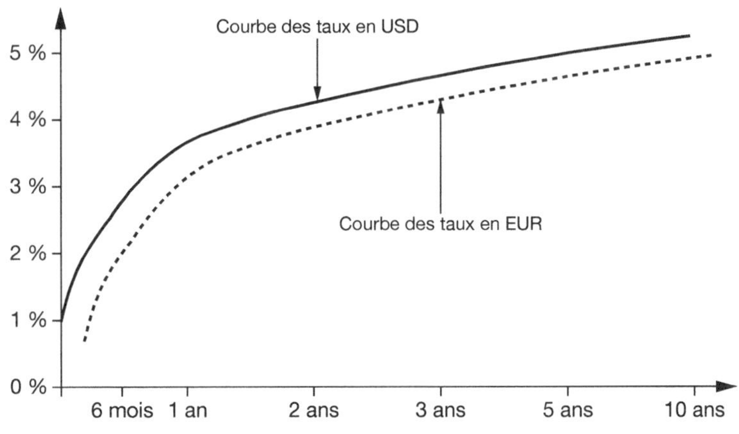

Au final, la courbe des taux dans sa forme habituelle (*cf.* ensemble des graphes ci-dessus) correspond à une fonction globalement croissante du taux d'intérêt par rapport à la maturité. Cela reflète la préférence naturelle des investisseurs pour la liquidité et donc pour des produits à court terme plutôt qu'à long terme. Cela tient aussi au fait qu'un créancier va demander un taux d'intérêt plus élevé pour une maturité plus lointaine car l'incertitude sur la capacité du débiteur est d'autant plus forte que le terme est éloigné. Par exemple, on prêtera à 1,5 % l'an à une maturité de 1 an et à 3 % l'an à une maturité de 5 ans parce que la probabilité que le débiteur connaisse un jour des difficultés financières est plus élevée sur une durée de 5 ans que sur une durée de 1 an.

Cependant, dans certaines périodes particulières, la partie à court terme de la courbe des taux s'inverse pour suivre une pente décroissante comme dans le graphique ci-dessous.

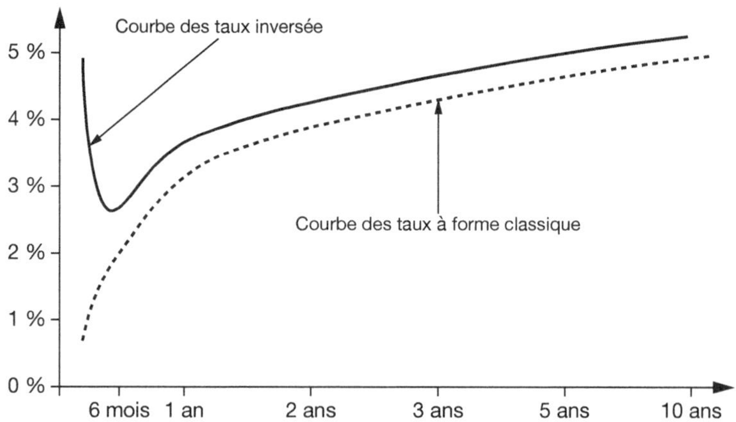

Une courbe des taux inversée peut refléter des anticipations par le marché d'une récession à long terme, ce qui se traduit par des taux à long terme plus faibles que les taux à court terme. Elle peut aussi provenir d'une intervention de la banque centrale sur la partie la plus courte de la courbe en asséchant la liquidité afin de juguler l'inflation, ou tout simplement d'une crise de liquidité que la banque centrale n'arrive pas à empêcher.

En conclusion, la courbe des taux joue un rôle essentiel dans l'évolution du marché immobilier car la plupart des acteurs ont recours à l'endettement pour financer leurs opérations de promotion ou d'investissement. Le coût de la dette ayant un impact immédiat sur la rentabilité de leur opération, la forme de la courbe des taux sera déterminante pour la définition de leur stratégie de couverture.

2. Le choix d'un financement

Le choix du financement bancaire est une étape importante dans la réalisation d'un investissement immobilier. Ce choix est d'ailleurs révélateur de la stratégie suivie par l'investisseur au plan de la rentabilité visée et du degré d'acceptation du risque.

Deux grandes catégories de critères de choix peuvent être distinguées : les critères de premier ordre, qui concernent essentiellement des paramètres ayant un impact direct sur la rentabilité pour l'investisseur ou sur le risque de l'opération ; les critères de second ordre, qui concernent plutôt des paramètres activés uniquement en cas de déroulement de l'opération en dehors du business plan initialement prévu.

Les critères de premier ordre

Les principaux critères de premier ordre, qui vont permettre d'effectuer un premier tri entre les banques consultées, sont :

– **l'effet de levier** : c'est le principal critère dans la mesure où il touche aux problématiques d'allocation d'actif puisqu'il détermine le montant de fonds propres que l'investisseur va consacrer à l'opération. Mais l'effet de levier a aussi un impact immédiat sur la rentabilité des capitaux propres : sous réserve que le taux d'intérêt de la dette soit bien inférieur à la rentabilité nette de l'immeuble, tout pourcentage de dette supplémentaire accroît mécaniquement la rentabilité des fonds propres alloués à l'opération. Enfin, l'effet de levier demandé par l'investisseur va révéler la nature de sa stratégie : les investisseurs opportunistes à la recherche d'un rendement élevé et prêts à accepter un risque significatif souhaiteront bénéficier d'un effet de levier le plus élevé possible ; les investisseurs averses au risque et prêts à accepter des rentabilités moindres ne placeront pas l'effet de levier dans leurs priorités ;

– la **durée du financement** : c'est un élément important de la prise de décision qui concerne à la fois le rendement et le risque. La durée du financement impacte le rendement car, comme nous l'avons vu précédemment, une dette de maturité lointaine sera plus coûteuse qu'une dette à court ou moyen terme. Mais le principal enjeu de la durée de financement est l'horizon de la stratégie d'investissement. Cet horizon est inversement proportionnel à l'appétence de l'investisseur pour le risque, avec une segmentation des investisseurs entre les opportunistes à la recherche de durées courtes de financement (généralement entre 3 ans et 5 ans) et les conservateurs qui rechercheront des maturités plus longues (entre 5 ans et 10 ans) ;

– le **profil d'amortissement** : à la différence du financement de l'immobilier des particuliers, pour lequel le montant en principal est intégralement amorti sur la durée du prêt, le financement des investisseurs est réalisé sur des maturités trop courtes pour que cela soit possible. Par conséquent, l'essentiel du remboursement de la dette s'effectue par la revente de l'actif ou par le biais du refinancement par un nouveau prêt. Toutefois, les banques demandent généralement qu'une partie du revenu locatif soit consacrée à l'amortissement du prêt, ce qui permet de diminuer le risque bancaire au fil du temps. Cela correspond aussi à une répartition du cash-flow excédentaire entre les différentes sources de financement, dette et fonds propres.

L'emprunteur souhaitera de son côté minimiser le montant de l'amortissement du prêt afin d'accélérer la remontée de cash venant rémunérer ses fonds propres, ce qui en maximise leur taux de rendement interne. La banque, en revanche, préférera capter la majeure partie du flux afin de diminuer son risque. La négociation de la clause d'amortissement entre la banque et l'emprunteur aura un impact sur les conditions bancaires : un crédit sans amortissement (c'est-à-dire remboursable *in fine*) bénéficiera d'une marge bancaire plus importante qu'un crédit qui s'amortit, tout simplement parce que le risque de refinancement à terme est plus élevé ;

– les **conditions financières** : ce terme englobe l'ensemble des commissions et des marges sur intérêt demandées par la banque. Les conditions financières ont un impact immédiat sur la rentabilité des fonds propres. Tout investisseur, quel que soit son degré d'aversion au risque, y prêtera une attention particulière. La principale difficulté qu'il rencontrera sera la comparabilité des offres entre les différentes banques, chacune ayant sa propre façon d'exprimer ses conditions financières, notamment pour tout ce qui touche aux commissions. Il y a alors deux méthodes pour un investisseur de rendre les offres comparables : la première consiste à fournir un formulaire à remplir par chaque banque selon le même modèle ; la seconde consiste à calculer le taux de rendement interne de l'investissement en fonds propres en modélisant chaque proposition financière. Cette seconde méthode est la plus courante mais c'est aussi celle qui demande le plus de travail à l'investisseur.

Les critères de second ordre

Les paramètres de premier ordre ayant servi à réaliser un premier tri des banques consultées, les critères de second ordre permettent ensuite de départager les banques sélectionnées. Ces seconds critères concernent plutôt les conditions s'appliquant en cas de dérapage de l'opération par rapport au scénario initial. Ils englobent notamment :

– les **covenants** : la question principale pour l'emprunteur est de savoir de quelle marge de manœuvre il dispose si l'opération dérape avant que soit provoqué un cas de défaut. Il recherchera donc les covenants les plus souples possibles, tout en restant attentif aux contreparties demandées par la banque pour lui faire bénéficier de cette souplesse (effet de levier, conditions financières) ;

– les **pénalités de remboursement anticipé** : cet élément est habituellement l'un des plus faciles à négocier avec la banque car il ne correspond pas à la rétribution d'un risque ou d'un coût. Mais il faut faire la distinction entre (i) le coût de débouclage d'un financement à taux fixe ou d'un financement à taux variable en cours de période d'intérêt, qui représente effectivement un coût pour la banque et sera donc difficilement négociable, et (ii) les pénalités de remboursement anticipé proprement dites, qui visent à garantir à la banque une rémunération plancher si le prêt a une durée moins longue que prévu. Après négociations, ces pénalités sont souvent limitées au cas d'un remboursement dans la première ou les deux premières années du prêt – voire intégralement remises – dans la mesure où la commission de montage perçue par la banque dès la mise en place du financement peut jouer le rôle de plancher de rémunération. Cela dit, les pénalités de remboursement anticipé sont un élément important pour l'emprunteur car elles peuvent être à l'origine d'un surcoût significatif en cas de refinancement par une autre banque. Elles agissent comme une barrière à l'entrée du refinancement en cas de mise en concurrence ;

– les **sûretés** : les dispositifs de sûretés étant relativement standards et ne variant que marginalement entre les établissements bancaires, la négociation de la nature des sûretés est généralement limitée à quelques points mineurs. Toutefois, certaines sûretés peuvent être coûteuses à mettre en place et, le coût étant au final supporté par l'emprunteur, ce dernier aura tout intérêt à négocier des sûretés à coût minimal, ce qui peut parfois signifier à efficacité moindre pour la banque ;

– les **conditions de la banque en matière de couverture de taux** : une banque laissant une grande liberté à l'emprunteur dans la définition de sa stratégie de taux sera bien évidemment préférée à celle qui est restrictive dans ce domaine. Cela dit, les intérêts de la banque et de l'emprunteur restent généralement alignés dans ce domaine, sauf à ce que l'emprunteur souhaite délibérément être exposé à un taux variable afin de bénéficier d'un niveau de taux plus faible pour maximiser son profit ;

– les engagements de l'emprunteur en termes de **gestion et de reporting** : on retrouve sous cette dénomination générale l'ensemble des engagements pris par l'emprunteur vis-à-vis de sa banque pour gérer l'immeuble au mieux de l'intérêt commun (notion de gestion « en bon père de famille ») et pour rendre compte fidèlement et promptement à la banque de tout événement significatif. Ces points posent assez rarement des difficultés lors de la négociation initiale. Cependant, certaines banques peuvent être éliminées de la sélection parce qu'elles imposent un reporting trop fréquent ou trop détaillé, ou bien parce que leurs règles internes les empêchent de faire preuve de flexibilité en cas de survenance d'aléas purement immobiliers.

Les critères non financiers

Pour conclure, il faut rappeler que nous avons volontairement privilégié ici une présentation très normée du processus de choix d'un établissement bancaire. Dans la réalité, ce processus est beaucoup plus souple et certains critères de premier ordre pourront se révéler être des critères de second ordre pour certains investisseurs et inversement.

Par ailleurs, au-delà de la description théorique du processus, plusieurs éléments non financiers et difficilement modélisables restent importants dans le choix de la banque. Le principal de ces éléments est l'appréciation par l'emprunteur de la capacité de la banque à effectivement mettre en place le financement d'un point de vue opérationnel.

En effet, le choix de la banque intervient généralement sur la base d'un résumé des termes et conditions du financement (*Term-Sheet*), le plus souvent après le passage en comité de crédit pour rendre l'offre complètement ferme. Mais la mise en place effective du financement est soumise à la signature de la documentation juridique ainsi qu'à la satisfaction d'un certain nombre de conditions préalables (par exemple, le versement des fonds propres par l'emprunteur). Cette seconde partie du processus peut se révéler fatale à l'opération si, par exemple, le *Term-Sheet* n'a pas été négocié suffisamment en détail et qu'il subsiste d'importants points de désaccord entre l'emprunteur et la banque, non traités en amont faute d'avoir été identifiés. Il est donc essentiel que l'investisseur puisse avoir confiance en la capacité de la banque à honorer son engagement de principe et à faire preuve de souplesse sur les clauses secondaires de la documentation juridique qui n'ont pas été examinées lors de la négociation initiale.

Plus généralement, le choix d'un établissement bancaire pourra obéir à des critères liés à la gestion de la relation globale avec la banque, par exemple si cette banque fournit d'autres services à l'investisseur (financement d'autres actifs, conseil sur opérations de croissance externe, etc.) ou si les décideurs au sein de la banque sont réputés pour leur souplesse et leur bonne compréhension des risques immobiliers.

De nombreux paramètres entrent ainsi en ligne de compte dans le choix de la banque pour financer une acquisition ; mais encore faut-il avoir véritablement le choix, notamment dans les périodes où la liquidité bancaire est difficile à trouver. C'est pour cette raison qu'il est essentiel d'entretenir des relations avec un panel suffisamment diversifié d'établissements bancaires.

Cas n° 4

Financement de l'acquisition d'une société immobilière

Énoncé

Une SARL détient un actif de bureaux acquis il y a plusieurs années. La valeur nette comptable de cet immeuble dans les livres de la société est de 50 millions d'euros. Cet immeuble est financé par une dette bancaire de 35 M€, le solde correspondant au capital social de la SARL.

1. Décrivez les principales sûretés dont bénéficie la banque si le prêt correspond aux standards du marché.

Indépendamment de sa valeur comptable de 50 millions d'euros, l'immeuble a une valeur de marché de 100 millions d'euros. Les actionnaires de la SARL décident de réaliser la cession en vendant non pas l'immeuble mais les parts de la SARL. En outre, l'investisseur qui va acquérir les parts de la SARL va le faire non pas directement, mais au travers d'une SAS.

2. Quelle est la valeur vénale des parts de la SARL ?

L'investisseur décide de mettre en place pour financer son acquisition des parts de la SARL un effet de levier global, toutes dettes bancaires confondues, à hauteur de 60 % de la valeur de marché de l'immeuble. La banque qui finance déjà la SARL ne fait pas jouer la clause de changement de contrôle (clause lui permettant de demander le remboursement immédiat de son prêt en cas de cession de la SARL par ses actionnaires).

3. Quel est le montant de la dette d'acquisition nécessaire au niveau de la SAS et de quelles sûretés la banque peut-elle bénéficier au titre de ce financement ?

Corrigé

1. Décrivez les principales sûretés dont bénéficie la banque si le prêt correspond aux standards du marché.

Le dispositif de sûretés comprendra les principaux éléments suivants si le prêt a été structuré selon les standards usuels :

– sûreté hypothécaire de premier rang sur les immeubles financés, sous forme d'une hypothèque de premier rang ou d'une hypothèque légale spéciale du prêteur de deniers (qui a remplacé le privilège de prêteur de deniers depuis le 1er janvier 2022) ;

– nantissement des parts de la SARL emprunteuse au profit de la banque ;

– cession Dailly des loyers générés par l'immeuble ;

– cession Dailly des éventuels produits de la couverture de taux (si la Banque de Couverture est différente de la Banque de Financement – *cf.* étude de cas n° 2) ;

– nantissement des comptes bancaires de la SARL emprunteuse ;

– cession Dailly ou délégation des indemnités et produits de toutes natures que pourrait percevoir l'emprunteur au titre de la propriété de l'immeuble (indemnités d'assurance, etc.).

2. Quelle est la valeur vénale des parts de la SARL ?

La valeur vénale (« VV ») des parts de la SARL correspond à la valorisation de marché de l'immeuble et non pas à la valeur nette comptable de l'immeuble dans les livres de la SARL. Il suffit donc de remplacer la valeur nette comptable de l'immeuble par sa valeur de marché et de calculer la valeur vénale des parts en déduisant le montant de la dette en place au niveau de la SARL.

VV = 100 M€ [Valeur de marché de l'immeuble] – 35 M€ [Dette en place au niveau de la SARL]

VV = **65 M€**

Une autre façon de calculer ce montant consiste à ajouter à la valeur comptable des parts de la SARL un montant correspondant à la plus-value latente (PVL) qui est la différence entre la valeur de marché de l'immeuble et sa valeur nette comptable.

PVL = 100 M€ [Valeur de marché de l'immeuble] – 50 M€ [Valeur nette comptable de l'immeuble]

PVL = 50 M€

VV = 15 M€ [Valeur comptable des parts de la SARL] + 50 M€ [PVL]

VV = **65 M€**

3. Quel est le montant de la dette d'acquisition nécessaire au niveau de la SAS et de quelles sûretés la banque peut-elle bénéficier au titre de ce financement ?

L'investisseur souhaite mettre en place un effet de levier global, toutes dettes bancaires confondues, égal à 60 % de la valeur de marché de l'immeuble. Cette dernière étant de 100 millions d'euros, il cherche donc un montant total de dette bancaire de 60 millions d'euros.

Comme il y a déjà 35 millions d'euros de dette hypothécaire au niveau de la SARL, le montant de dette à mettre en place au niveau de la SAS (dette d'acquisition) est de 25 millions d'euros.

La dette d'acquisition ne pourra pas bénéficier de sûretés sur l'immeuble. En effet, l'emprunteur au titre de la dette d'acquisition étant la SAS, celle-ci ne compte pas directement l'immeuble au sein de ses actifs car elle ne possède que les parts de la SARL qui, elle, détient l'immeuble. En conséquence, les sûretés pouvant être données par la SAS en garantie du financement d'acquisition de 25 millions d'euros seront les suivantes :

– nantissement au profit de la banque des parts de la SARL ;

– nantissement au profit de la banque du compte d'instruments financiers contenant les actions de la SAS (voir le commentaire de cette étude de cas pour le détail du mode de constitution de cette sûreté) ;

– cession Dailly des éventuels produits de la couverture de taux sur la dette d'acquisition (si la Banque de Couverture est différente de la Banque de Financement – *cf.* étude de cas n° 2) ;

– nantissement des comptes bancaires de la SAS emprunteuse.

Commentaire

Nous abordons ici un chapitre essentiel du financement immobilier, à savoir les sûretés dont peut bénéficier un financement. Comme dans l'ensemble de l'ouvrage, nous traitons du financement immobilier *non-recourse* (sans recours), c'est-à-dire avec une société emprunteuse prenant la forme d'un véhicule *ad hoc* ne bénéficiant pas de la garantie de l'actionnaire investisseur. Cela signifie que le risque s'apprécie essentiellement en fonction de la qualité intrinsèque de l'immeuble et des flux qu'il génère. Après quelques généralités, nous effectuons des rappels importants sur les hypothèques puis sur le nantissement des parts ou actions de l'emprunteur. Nous terminons par un développement sur le financement des acquisitions de sociétés avec les problématiques de *cash-trap*.

1. Les sûretés : généralités

De la même façon que le montant, la durée et les conditions financières du prêt correspondent aux paramètres les plus importants dans le cas d'un financement qui se déroule bien, le dispositif des sûretés représente l'élément essentiel de la gestion d'un éventuel défaut de l'emprunteur. C'est la qualité de ce dispositif qui conditionne le rapport de force entre l'emprunteur et la banque en cas de défaut ainsi que la possibilité pour la banque de recouvrer tout ou partie de sa créance. Pour cette raison, c'est traditionnellement la banque qui porte une plus grande attention que l'emprunteur à la constitution des sûretés, puisque c'est son intérêt propre de s'assurer de la qualité de ce dispositif.

On distingue habituellement deux types de sûretés : les sûretés personnelles et les sûretés réelles. Les sûretés personnelles sont conférées par une personne morale ou par une personne physique et sont mises en jeu par appel de la personne ayant donné la sûreté. C'est par exemple le cas d'un cautionnement personnel et solidaire dans lequel la caution doit honorer les dettes du cautionné dès la mise en jeu du cautionnement. En revanche, une sûreté réelle (du latin *res*, la chose) ne nécessite l'intervention de la personne morale ou physique qu'au moment de sa constitution. La sûreté réelle est ensuite mise en jeu par le créancier directement sur le bien, sans intervention du constituant initial. C'est le cas de l'hypothèque.

Le présent ouvrage est centré sur le financement des opérations *non-recourse*, opérations pour lesquelles la garantie de l'investisseur ou du promoteur est limitée aux fonds propres qu'il a investis dans l'opération. L'accent est donc mis sur les sûretés réelles car elles sont essentielles dans ce type d'opérations, la banque analysant son risque en considérant ses possibilités de recours sur l'actif plutôt que sur l'investisseur. Ces sûretés réelles sont principalement l'hypothèque, le nantissement des actions ou parts de la société emprunteuse et la cession Dailly des loyers. Le dispositif habituel de sûretés (*standard security package*) comporte aussi la cession Dailly des éventuels produits générés par la couverture de taux, le nantissement des comptes bancaires de l'emprunteur et les délégations d'indemnités et produits de toutes natures que pourrait percevoir l'emprunteur en tant que propriétaire de l'immeuble (indemnités d'assurances, bénéfice des lettres de *duty of care* du gestionnaire de l'immeuble, etc.) ou en tant que propriétaire de la société détenant l'immeuble (garantie de passif donnée par le vendeur).

Les sûretés réelles peuvent être classées en deux groupes : le premier groupe correspond aux sûretés qui permettent à la banque d'appréhender l'actif, que ce soit directement par l'hypothèque ou indirectement par le nantissement des actions de la société emprunteuse ; le second groupe correspond aux sûretés qui permettent d'appréhender les flux financiers attachés à l'actif (cession Dailly). Ces deux groupes ont chacun leur utilité et correspondent aux deux grands modes d'appréciation d'une opération immobilière, à savoir l'analyse immobilière par les caractéristiques de l'immeuble et l'analyse financière par les flux que cet actif génère[1]. Nous nous concentrerons néanmoins ici sur le premier groupe, qui correspond aux sûretés les plus importantes dans le dispositif standard.

2. L'hypothèque

Une hypothèque est une sûreté permettant au créancier bénéficiaire d'obtenir le remboursement du prêt par l'utilisation du produit de la vente de l'immeuble en priorité par rapport aux autres créanciers (« droit de préférence »). Les créanciers non-hypothécaires sont appelés créanciers chirographaires.

La seule exception à cette priorité du créancier hypothécaire concerne :

– les éventuels salariés de l'emprunteur, qui bénéficient d'un super-privilège mais limité à quelques mois de salaire et uniquement si les biens mobiliers de l'emprunteur ne sont pas suffisants pour couvrir cette créance ;

– les créanciers dits « de l'article 40 » (pour mémoire désormais article L 621-32) qui sont ceux ayant apporté des fonds à l'emprunteur après l'ouverture de la procédure de redressement judiciaire.

Même si les montants en jeu au titre des salariés restent conditionnés à la couverture imparfaite par les biens meubles, il est usuel pour les banques qui financent les opérations immobilières de s'assurer que les structures emprunteuses n'emploient pas de personnel.

Par ailleurs, s'agissant des biens immobiliers, on notera que le Trésor public et la Sécurité sociale ne bénéficient pas d'un super-privilège par rapport aux créanciers hypothécaires comme c'est le cas sur les biens meubles. Ce super-privilège n'existe que pour les revenus de l'immeuble et non pas pour le produit de sa cession.

L'hypothèque permet aussi au créancier hypothécaire d'être informé de toute vente de l'immeuble et de la conditionner au remboursement de sa créance, à défaut de quoi l'acquéreur de l'immeuble serait tenu de rembourser le créancier inscrit. Ce mécanisme, qui correspond à la mise en œuvre du « droit de suite » du créancier hypothécaire, est permis par l'intervention de deux acteurs essentiels dans le processus : le notaire et le conservateur des hypothèques. Le notaire a pour mission de constituer les hypothèques ou d'en donner mainlevée. Le conservateur des hypothèques a pour rôle de tenir un

1. Ces deux modes d'analyse ne sont pas exclusifs mais complémentaires l'un de l'autre pour apprécier correctement une opération.

registre des hypothèques successivement constituées et libérées sur les immeubles en question. La responsabilité du notaire est engagée s'il laisse une vente se réaliser sans que le créancier hypothécaire ait été remboursé. Au plan financier, cette responsabilité est mutualisée auprès de l'ensemble des notaires de France au moyen d'un mécanisme de garantie collective.

L'hypothèque a également la particularité de pouvoir supporter des créanciers de rangs différents selon la mécanique suivante : les créances de l'ensemble des créanciers de premier rang seront payées en priorité sur le produit de la vente de l'immeuble. Si le produit de la vente est insuffisant pour couvrir l'ensemble des créances de premier rang, celles-ci se verront toutes infliger la même décote sans préférence pour l'un des créanciers en particulier (on dit que les créanciers sont *pari passu*). S'il y a en revanche un reliquat après le désintéressement de l'ensemble des créanciers de premier rang, celui-ci sera partagé entre les créanciers de second rang selon la même méthode, et ainsi de suite pour les rangs suivants jusqu'à épuisement du produit de cession. Cette mécanique permet de gérer de façon relativement simple des dettes de séniorités différentes (se reporter aux études de cas n° 6 et n° 16).

Rappelons à cette occasion que la seule sûreté hypothécaire véritablement efficace correspond à une hypothèque ayant fait l'objet d'une inscription et d'une publication au registre des hypothèques, de sorte qu'elle est opposable aux tiers. On classe dans cette même famille l'hypothèque légale spéciale du prêteur de deniers (qui remplace le Privilège de Prêteur de Deniers depuis 2022), équivalent à une inscription hypothécaire de 1er rang et bénéficiant d'une exonération de la taxe de publicité foncière dans la mesure où elle est inscrite concomitamment à un changement de propriété de l'immeuble[1].

Pour terminer, nous évoquerons ci-après quelques cas particuliers de montages hypothécaires à efficacité plus aléatoire. Il s'agit de l'hypothèque formalisée non inscrite et de la promesse d'hypothèque.

– L'hypothèque formalisée non inscrite est une hypothèque que l'emprunteur a effectivement consentie mais pour laquelle la formalité d'enregistrement et de publication n'a pas encore été accomplie par le créancier, ce dernier se réservant la possibilité de l'accomplir à tout moment. Cette sûreté permet d'économiser les frais de publication si l'hypothèque n'est finalement jamais inscrite et donc de générer une économie pour l'emprunteur puisque c'est traditionnellement lui qui supporte les frais de constitution des sûretés. Dans certains cas, le créancier demandera à l'emprunteur de consigner sur un compte séquestre le montant des frais d'inscription pour éviter d'avoir à les avancer lui-même si nécessaire. Le compte séquestre sera libéré à la fin de l'opération si aucune inscription n'a été faite. L'efficacité de

1. N.B. : ce changement de propriété génère lui-même une taxe de publicité foncière.

l'hypothèque non inscrite reste cependant limitée par l'existence de la « période suspecte » qui correspond à la période courant de la date de cessation des paiements de l'emprunteur jusqu'à la date d'ouverture de la procédure de redressement judiciaire. Les actes de gestion passés dans cette période, en ce compris les octrois de sûretés, peuvent être annulés par le juge. En outre, le juge peut étendre cette période à une date antérieure (en remontant à un maximum de 18 mois) s'il considère que les conditions d'une cessation des paiements étaient déjà réunies précédemment. Par conséquent, si le créancier a pour stratégie de n'inscrire effectivement son hypothèque que lorsque l'emprunteur commence à montrer quelques signes de faiblesse, il court le risque que le juge remette en cause la validité de l'inscription hypothécaire au motif que celle-ci s'est déroulée pendant la période suspecte.

– La promesse d'hypothèque n'est pas une sûreté réelle mais une sûreté personnelle puisqu'elle consiste en un engagement de l'emprunteur de donner l'immeuble en hypothèque au créancier à première demande de ce dernier. Dans la pratique, son efficacité reste très limitée car il est peu probable qu'un emprunteur commençant à connaître des difficultés accepte de donner à sa banque une sûreté supplémentaire. En outre, la question de la période suspecte évoquée précédemment se posera dans des termes encore plus forts pour la promesse d'hypothèque que pour l'hypothèque formalisée non inscrite. La promesse d'hypothèque reste tout au plus utile au titre de l'engagement de non-cession de l'immeuble, ce qui permet à la banque de se retourner contre l'emprunteur si celui-ci ne respecte pas cette clause.

Ces deux formes dégradées de l'hypothèque traditionnelle n'ont qu'une efficacité limitée. Cependant, elles pourront être utilisées dans certains montages quand elles ne sont que des sûretés additionnelles aux sûretés principales. Ce sera le cas lorsqu'elles portent sur des actifs ne faisant pas l'objet du financement, ou lorsque le dispositif principal de sûretés personnelles ou réelles garantit déjà l'essentiel du risque de la banque (caution d'actionnaires offrant une très bonne garantie financière, compte séquestre, etc.).

3. Le nantissement des parts ou actions de l'emprunteur

Le nantissement des actions ou parts de l'emprunteur constitue l'autre principale sûreté « de stock[1] » des montages de financements immobiliers structurés. Il permet à la banque de devenir directement propriétaire des actions ou parts de l'emprunteur et par cette occasion des actifs qu'elle possède. Il permet aussi de s'assurer de l'absence de changement d'actionnariat de l'emprunteur, l'identité des investisseurs finaux étant importante pour la banque tant au plan relationnel qu'au plan financier.

1. Par opposition aux sûretés « de flux » comme la cession Dailly des loyers.

Le nantissement d'actions ou de parts est particulièrement intéressant d'un point de vue méthodologique, en particulier sur la façon dont il est constitué. En effet, dans un montage de financement *non-recourse*, c'est uniquement l'emprunteur et non ses actionnaires qui sont les débiteurs de la banque. La banque a donc la possibilité de recevoir en garantie les actifs de l'emprunteur mais pas les actifs de ses actionnaires. Or, les actions de l'emprunteur ne font pas partie des actifs de l'emprunteur mais de ceux de ses actionnaires. En d'autres termes, l'emprunteur ne peut pas donner lui-même ses propres actions en garantie de son emprunt. C'est à ses actionnaires de le faire. Le principe d'un montage *non-recourse* résidant précisément dans l'absence de recours de la banque sur les actionnaires, il faut résoudre cette quadrature du cercle.

Pour ce faire, on utilise le mécanisme du cautionnement réel, à savoir un cautionnement réduit à un objet sans porter sur l'intégralité des biens de la personne qui est caution. Ainsi, pour constituer le nantissement des parts de l'emprunteur, il est demandé aux actionnaires de l'emprunteur de « comparaître » (être partie) à l'acte de prêt en tant que caution réelle de l'emprunteur et de donner en gage à la banque les parts ou actions de l'emprunteur qu'ils possèdent. Le montage ne comportant aucune autre garantie de la part des actionnaires, il peut être qualifié de *non-recourse*.

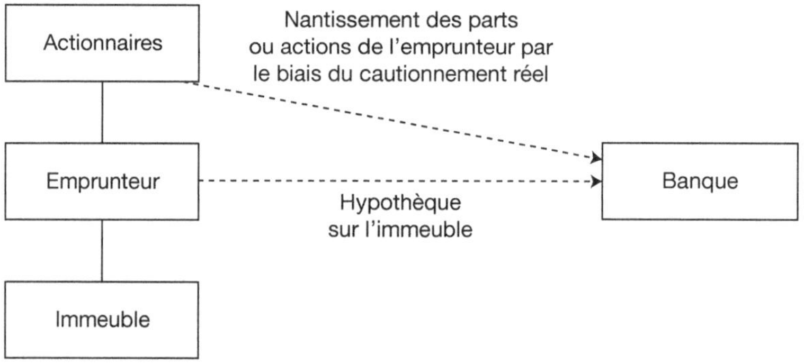

4. Le cas particulier des acquisitions de sociétés

Souvent, les investissements immobiliers ne sont pas directement réalisés par l'acquisition de l'immeuble mais plutôt par le biais de l'acquisition des parts ou des actions de la société détenant l'immeuble. On parle alors de *share deal*.

Origine des share *deals*

La raison de ce type de montage est presque toujours fiscale. En effet, la cession de la société en lieu et place de l'immeuble permet soit d'échapper complètement à la taxation sur les mutations immobilières dans certaines juridictions, soit de réduire l'assiette de cette taxation dans d'autres juridictions. La vente des parts ou actions peut en effet rester plus avantageuse que la vente de l'immeuble car l'assiette des droits de mutation sera la valeur des parts ou actions et non la valeur de l'immeuble. Pour peu que la société cédée soit endettée, cette dette viendra réduire la valeur de l'actif net, c'est-à-dire la valeur des parts. La taxe sur la mutation immobilière, assise sur la valeur des parts, sera alors inférieure à la taxe qui aurait été due si celle-ci avait porté sur l'intégralité de la valeur de l'immeuble.

Mais le principal attrait fiscal des cessions de sociétés réside dans l'optimisation de l'impôt sur les sociétés, en particulier de l'imposition sur la plus-value[1]. L'immeuble n'étant pas cédé par son propriétaire (la société vendue), il n'y a pas lieu de constater une plus-value dans les comptes de la société et donc pas de fait générateur au déclenchement d'un impôt sur la plus-value. L'économie d'impôt pourra être significative pour le cédant s'il détient l'immeuble depuis longtemps[2] ou si la valeur de marché de l'immeuble a connu une forte augmentation en peu de temps. L'économie fiscale est théoriquement au seul bénéfice du cédant mais, dans la pratique, elle est partagée entre cédant et acquéreur au travers d'une réduction de prix. Par exemple, entre une proposition d'acquisition de l'immeuble sur la base d'un prix de 100 millions d'euros et une proposition d'acquisition des parts sociales sur la base d'un prix valorisant l'immeuble à 95 millions d'euros, le cédant choisira cette seconde proposition à la condition qu'elle lui fasse par ailleurs économiser plus de 5 millions d'euros d'impôt sur la plus-value.

Les principaux inconvénients d'une transaction sur les parts sociales plutôt que sur l'immeuble sont pour l'acquéreur. Tout d'abord une transaction sur des parts sociales est toujours plus complexe que sur un immeuble car il faut conduire une analyse juridique, comptable, financière et fiscale de la société cible en plus de l'analyse de l'immeuble. Mais cet élément de surcoût (rémunération des avocats et conseils financiers qui vont réaliser la *due diligence* d'acquisition) peut être évalué en amont et son impact intégré dans le calcul de la proposition de prix faite au vendeur. Par ailleurs, les zones d'incertitudes et de risques qui subsistent après cette *due diligence* peuvent être garanties par le vendeur sous la forme d'une garantie de passif. Ces éléments apparaissent donc gérables, soit par estimation du surcoût qu'ils représentent, soit par maintien d'une partie du risque chez

1. Il y aura certes une plus-value réalisée sur la vente des parts cédées (assise sur la différence entre la valeur de marché des parts et leur valeur dans les comptes de l'actionnaire) mais cette plus-value peut éventuellement échapper à l'impôt si, par exemple, la société cédée est elle-même détenue par une société luxembourgeoise.
2. La partie « Constructions » de la valeur comptable de l'immeuble ayant alors bénéficié d'un amortissement comptable depuis plusieurs années.

le vendeur au travers du mécanisme de la garantie de passif. En réalité, le véritable inconvénient qui subsiste pour l'acquéreur concerne l'absence de réévaluation comptable et fiscale de l'immeuble dans les comptes de la société, avec les deux conséquences suivantes.

La première conséquence est évidente : si le nouvel acquéreur veut à son tour revendre l'immeuble, il sera comme le premier vendeur confronté à cette problématique et devra choisir entre une cession de l'immeuble déclenchant une imposition de la plus-value et une cession des parts sociales faisant ressortir une décote pour tenir compte de l'économie d'impôt. Et il faut garder à l'esprit que le marché des ventes de parts est plus restreint et moins liquide que celui des immeubles en direct car certains investisseurs, pour des raisons réglementaires ou stratégiques, ne sont acquéreurs que d'immeubles en direct et refusent d'acheter des parts sociales.

La seconde conséquence est relative au mode de financement de l'acquéreur : si celui-ci souhaite avoir recours à l'emprunt pour financer son acquisition, la banque préférera que la dette soit logée directement au niveau de la société détenant l'immeuble et non au niveau de la structure d'acquisition. La raison en est que seule une dette contractée au niveau de la structure qui porte l'immeuble peut donner lieu à des sûretés sur l'immeuble. Une attention particulière sera donc portée par l'acquéreur et sa banque à la structure du bilan de la société cible.

Structuration de la dette dans les share deals

Plusieurs cas de figure sont possibles.

1) **Il y a déjà une dette en place au sein de la société détenant l'immeuble** : cette dette pourra être constituée d'emprunts bancaires et de comptes courants d'actionnaire. Le changement d'actionnariat de la société cible déclenchera probablement le remboursement anticipé de cette dette. Et de toute façon, les banques qui financent la dette d'acquisition demanderont qu'elle soit remboursée au créancier initial afin d'éviter que subsiste le droit prioritaire d'un tiers sur l'immeuble. Il suffira de faire refinancer cet emprunt par les banques qui financent l'acquisition de la société. Mais, en général, cela ne sera pas suffisant pour absorber l'ensemble de la dette bancaire dimensionnée pour l'acquisition. Il faudra donc avoir recours, dans la mesure du possible, à la technique exposée au point 2) ci-dessous.

2) **Il n'y a pas de dette en place au sein de la société détenant l'immeuble mais elle est fortement capitalisée** : dans ce cas de figure, on pourra faire usage des techniques couramment employées dans les financements de LBO sous le terme générique de *debt push down*. Citons par exemple le remboursement de comptes courants d'actionnaire et leur remplacement par une dette bancaire,

la réduction de capital ou le versement d'un dividende exceptionnel, tous deux financés par une nouvelle dette au niveau de la société cible.

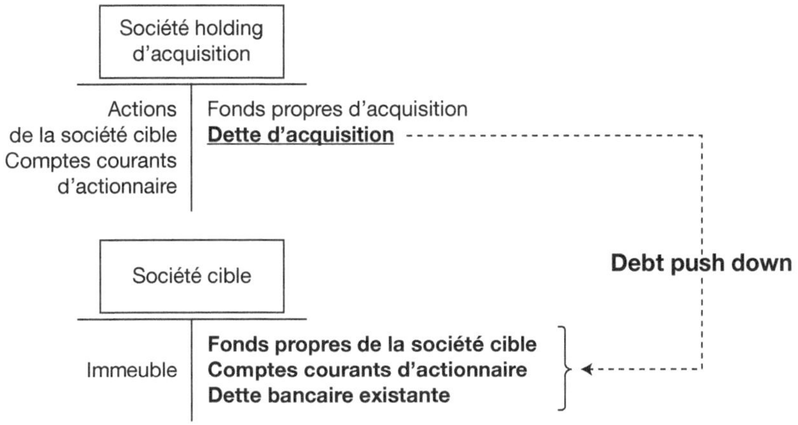

3) **Il n'y a pas de dette en place au sein de la société détenant l'immeuble et elle est faiblement capitalisée** : c'est le cas le plus épineux car il signifie que peu ou pas de dette pourra être logée au sein de la société cible. Il faut alors que l'investisseur et la banque aient traité le problème en amont. L'investisseur aura validé avec la banque que l'absence de sûreté hypothécaire sur l'immeuble pour une partie de la dette ne se traduit pas par un renchérissement des conditions financières du prêt. La banque peut éventuellement l'accepter si elle finance un portefeuille de sociétés et d'actifs et si l'absence de recours direct sur les actifs immobiliers reste très minoritaire au sein du portefeuille. Dans le cas contraire, il restera toujours la possibilité ultime de réévaluer l'actif dans les comptes de la société, en constatant une plus-value qui sera imposée et en refinançant la distribution d'un dividende exceptionnel par de la dette.

Concernant le *debt push down* visé au point n° 2, il y a cependant un inconvénient pour l'investisseur à le mettre en œuvre, notamment lorsqu'il est réalisé par le remboursement des comptes courants d'actionnaire lors de l'acquisition. Si cette opération permet à la banque d'obtenir une sûreté réelle sur l'immeuble, elle obère en revanche la capacité de l'investisseur à faire remonter des capitaux dans le futur. En effet, les comptes courants qui pouvaient éventuellement être mis à contribution pour cette remontée de capitaux sont désormais remplacés par une dette bancaire.

La capacité à distribuer des dividendes est en principe limitée par la constatation d'un résultat comptable positif au niveau de la société qui doit distribuer. La distribution de dividende ne peut se faire que sur la base du montant de résultat net constaté ou le cas échéant en mobilisant le poste « Réserves » au passif de l'entreprise. Si les « Réserves » ont été épuisées, il n'y a pas de possibilité de distribuer des fonds au-delà du montant du résultat net, ce qui bloque d'éventuelles liquidités au sein de la structure qui porte l'immeuble. On appelle cela un *cash trap*.

Or, dans les opérations immobilières, un élément vient de facto constituer un écart entre le résultat net et le cash-flow (net des frais financiers) produit par l'immeuble : il s'agit de l'amortissement comptable de l'immeuble. S'il a un impact positif pour la société puisqu'il vient réduire son résultat comptable et fiscal et par là-même son impôt, l'amortissement comptable vient aussi mécaniquement réduire sa capacité distributive.

La façon la plus simple de résoudre le problème de *cash trap*, c'est d'utiliser cet excédent de cash-flow pour rembourser la dette bancaire qui est directement logée dans la société cible détenant l'immeuble. Mais cette solution n'est pas optimale pour l'investisseur : certes, cette allocation du cash-flow excédentaire à la réduction de la dette contribue à la réduction de l'endettement et à la solidité financière de la structure ; cependant, elle vient aussi diminuer la rentabilité des fonds propres de l'investisseur puisqu'elle diffère dans le temps la remontée de cash qui aurait pu venir les rémunérer. Il faut donc trouver une autre solution, comme celle du mécanisme suivant que l'on appelle parfois « ascenseur à cash-flow ».

Ce montage permet de satisfaire deux contraintes apparemment opposées : d'une part, le souhait de l'investisseur de maximiser les remontées de cash et, d'autre part, le souhait de la banque de bénéficier de la meilleure couverture possible de la dette par des sûretés hypothécaires. Il consiste à rendre la société cible débitrice solidaire de la société mère et à faire en sorte que la dette d'acquisition logée dans la société mère puisse aussi bénéficier de sûretés sur l'immeuble.

Dans le détail, le montage consiste à laisser en place un compte courant d'actionnaire entre la société mère et la société cible. Ce compte courant étant un actif de la société mère, celle-ci peut le donner en garantie sous forme de cession Dailly à la banque qui finance la dette d'acquisition. La cession Dailly est alors notifiée au débiteur final qui n'est autre que la société cible. Cette dernière accepte cette notification et se reconnaît ainsi codébitrice de la dette d'acquisition. La société cible peut alors donner en garantie à la banque qui finance la société mère – dont elle est maintenant codébitrice – une hypothèque sur l'immeuble. On a donc une dette logée au niveau de la société mère qui bénéficie d'une hypothèque sur les actifs de la fille. Le montant couvert par l'hypothèque ne saurait cependant excéder le montant du compte courant d'actionnaire à un instant donné puisque c'est bien cette dette intra-groupe qui est la causalité de la solidarité entre la mère et la fille.

Il est ensuite possible pour l'investisseur de limiter l'effet du *cash trap* en faisant remonter les liquidités par le biais du compte courant, soit au travers des intérêts qu'il génère car le compte courant peut avoir – dans les limites prévues par la loi – un taux d'intérêt supérieur à celui d'une dette bancaire hypothécaire logée dans la société cible, soit au travers d'un remboursement en principal du compte courant. Ce remboursement en principal du compte courant viendra réduire l'assiette de la solidarité entre mère et fille au fil du temps et donc le montant de la couverture hypothécaire de la dette d'acquisition. Mais cette contrainte reste mieux acceptée par les banques que l'absence pure et simple d'hypothèque car la disparition de la sûreté est alors étalée dans le temps.

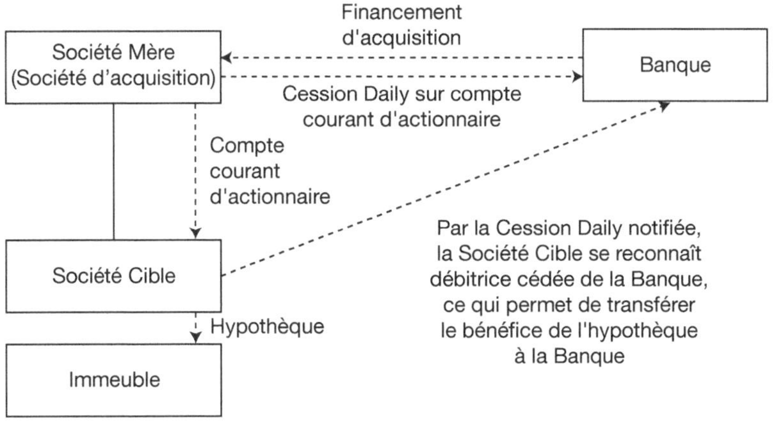

Chapitre 2

Le financement des investisseurs immobiliers

« Ceux qui cultivent sur une terre fertile
ont un grand avantage sur ceux qui l'on défrichée »

Voltaire

Cas n° 5
Diversification du risque et optimisation du levier d'endettement

Énoncé

Vous êtes le responsable des financements immobiliers dans une banque. L'un de vos clients investisseurs envisage d'acquérir un parc logistique de 100 000 m^2. L'ensemble du parc est loué à une seule société dans le cadre d'un bail 3/6/9 faisant ressortir un loyer net de charges de 50 €/m^2.

Le parc immobilier est valorisé par votre expert interne :
– sur la base d'un taux de capitalisation de 8 % dans le cas où il est occupé et loué aux conditions ci-dessus ;
– à hauteur de 64 % de la valeur occupée dans le cas où l'immeuble serait vacant.

Nous sommes au début de l'année 1 du bail. Le client cherche un prêt d'une durée de 3 ans.

1. Quel est le montant maximal de dette résiduelle à l'échéance des 3 ans que vous ne pouvez pas vous permettre de dépasser ? Expliquez pourquoi.

2. En supposant que le montant d'intérêt annuel facturé à l'emprunteur est de 3 millions d'euros et que l'ensemble du revenu locatif est affecté au service de la dette, déduisez-en le montant maximal que vous pouvez envisager de prêter en début d'année 1. Pour simplifier le calcul, on supposera que la charge annuelle d'intérêt de 3 millions d'euros est indépendante de l'amortissement éventuel du prêt.

3. Calculez le ratio de Loan To Value initial correspondant à ce montant.

On suppose maintenant que ces 100 000 m^2 d'entrepôt ne sont pas localisés sur un site unique mais sur 10 sites de 10 000 m^2 chacun, sans toutefois de changement de la valeur métrique (valeur par m^2). Les 10 immeubles sont chacun loués à 5 locataires différents, tous sur la base de baux 3/6/9 commençant le même jour et sur la base du même loyer de 50 €/m^2. Compte tenu du nombre total de locataires

(50), la probabilité de renouvellement à la première échéance triennale est estimée à 64 % en moyenne.

4. Dans ces conditions, calculez à nouveau le montant maximal de dette résiduelle que vous ne pouvez pas dépasser à l'échéance des 3 ans. Expliquez pourquoi.

5. En supposant que la charge annuelle d'intérêt facturée à l'emprunteur est de 4 millions d'euros (compte tenu du montant emprunté plus important) et que l'ensemble du revenu locatif est affecté au service de la dette, déduisez-en le montant maximal que vous ne pouvez pas dépasser en début d'année 1. Pour simplifier le calcul, on supposera que la charge annuelle d'intérêt de 4 millions d'euros est indépendante de l'amortissement éventuel du prêt.

6. Calculez le ratio de Loan To Value *initial correspondant à ce montant. Commentez.*

Corrigé

1. Quel est le montant maximal de dette résiduelle à l'échéance des 3 ans que vous ne pouvez pas vous permettre de dépasser ? Expliquez pourquoi.

Il est impératif que le montant de la dette ne soit pas supérieur à la valeur de l'immeuble dans le cas où le locataire quitterait les lieux en exerçant la faculté de sortie triennale dont il bénéficie au travers de son bail 3/6/9. Le montant maximal de dette résiduelle à l'échéance des 3 ans correspond donc à la valeur de l'immeuble vacant à cette date. On calcule le loyer annuel puis la valeur de l'immeuble occupé et enfin la valeur de l'immeuble vacant sur la base des indications de l'énoncé.

Loyer annuel = 50 [Loyer par m^2] × 100 000 [Surface]
Loyer annuel = 5 M€

Valeur immeuble occupé = 5 M€ [Loyer annuel] / 0,08 [Taux de capitalisation]
Valeur immeuble occupé = 62,5 M€
Valeur immeuble vacant = 64 % × 62,5 M€ [Valeur immeuble occupé]
Valeur immeuble vacant = 40 M€

Montant maximal de dette à 3 ans = **40 M€**

Pour mémoire, la notion de valeur d'immeuble vacant ou VPV (*Vacant Possession Value*) est couramment utilisée dans les financements immobiliers, comme nous le verrons dans le commentaire de cette étude de cas.

2. En supposant que le montant d'intérêt annuel facturé à l'emprunteur est de 3 millions d'euros et que l'ensemble du revenu locatif est affecté au service de la dette, déduisez-en le montant maximal que vous pouvez envisager de prêter en début d'année 1. Pour simplifier le calcul, on supposera que la charge annuelle d'intérêt de 3 millions d'euros est indépendante de l'amortissement éventuel du prêt.

On calcule d'abord le montant du cash-flow excédentaire dégagé par l'immeuble après paiement des intérêts.

Cash-flow excédentaire annuel = 5 M€ [Loyer annuel] – 3 M€ [Charge annuelle d'intérêt]
Cash-flow excédentaire annuel = 2 M€

Afin d'obtenir le montant initial de dette, on part du montant maximal de dette à 3 ans et on remonte le temps en ajoutant le cash-flow excédentaire qui peut être dégagé pendant ces 3 années pour amortir la dette.

Montant Initial de dette = 40 M€ [Montant maximal de dette à 3 ans] + 3 × 2 M€
Montant Initial de dette = **46 M€**

3. Calculez le ratio de Loan To Value initial correspondant à ce montant.

L'immeuble étant occupé, sa valeur vénale est de 62,5 M€.

Pour un montant initial de dette de 46 M€, le ratio de LTV initial se calcule comme suit :

LTV initial = 46 M€ [Dette initiale] / 62,5 M€ [Valeur initiale]
LTV initial = **73,6 %**

4. Dans ces conditions [nouvelle répartition des immeubles et des locataires], calculez à nouveau le montant maximal de dette résiduelle que vous ne pouvez pas dépasser à l'échéance des 3 ans. Expliquez pourquoi.

L'information importante dans le complément d'énoncé est le passage, avec la multiplication des locataires, d'une problématique binaire (soit le locataire quitte l'immeuble, soit il reste) à un arbre de décision à multiples branches (nombre de branches : 2 élevé à la puissance du nombre de locataires). L'énoncé nous indique par ailleurs que la probabilité moyenne de départ à la fin des 3 ans est estimée à 36 % des locataires.

Deux approches sont possibles pour répondre à la question posée.

La première approche, fondée sur la valeur immobilière, consiste à considérer que la valeur maximale admissible à 3 ans sera la moyenne pondérée entre la valeur de l'immeuble occupé projetée à

3 ans (pondérée à 64 %) et la valeur de l'immeuble vacant (pondérée à 36 %).

Montant maximal de dette à 3 ans = 64 % × 62,5 M€ [Valeur immeuble occupé] + 36 % × 40 M€ [Valeur immeuble vacant]
Montant maximal de dette à 3 ans = **54,4 M€**

La seconde approche, fondée sur les cash-flows, consiste à considérer que le portefeuille d'immeuble sera occupé pendant 3 ans supplémentaires (entre la fin de l'année 3 et la fin de l'année 6) avec un taux d'occupation de 64 % et que la dette aura été refinancée au-delà de la maturité initiale de 3 ans. N'ayant pas d'information sur la probabilité de départ à l'issue des 6 ans ni sur la possibilité de conclure de nouveaux baux entre l'année 3 et l'année 6, nous sommes obligés de nous en tenir à une probabilité de départ de l'intégralité des locataires restants à l'échéance des 6 ans. La dette maximale à 6 ans sera donc de 40 M€ (valeur de l'immeuble vacant) et le montant à 3 ans se calcule à rebours en utilisant la même méthodologie qu'à la question 2.

Montant maximal de dette à 3 ans = 40 M€ [Montant maximal de dette à 6 ans] + 3 × (5 M€ × 64 % [Loyer] – 3 M€ [Charge annuelle d'intérêt telle qu'estimée à la question 2])
Montant maximal de dette à 3 ans = **40,6 M€**

Les résultats divergent sensiblement entre les deux approches et il faudra faire un choix de méthodologie ou à défaut opter pour une pondération entre les deux résultats. Ce choix pourra être guidé par la nature des actifs ou des locataires. Par exemple, l'approche immobilière sera privilégiée si les immeubles sont relativement bien placés et la qualité de l'emplacement est prépondérante sur la qualité des locataires ; inversement, l'approche par les cash-flows sera préférée dans le cas où la qualité des flux locatifs est prépondérante sur celle de l'emplacement des immeubles.

Pour la suite de l'étude de cas, nous retiendrons le premier résultat de 54,4 millions d'euros tout en gardant à l'esprit que c'est bien une limite maximale qui correspond à un effet de levier élevé, équivalent à un ratio de LTV de 87 %.

5. En supposant que la charge annuelle d'intérêt facturée à l'emprunteur est de 4 millions d'euros (compte tenu du montant emprunté plus important) et que l'ensemble du revenu locatif est affecté au service de la dette, déduisez-en le montant maximal que vous ne pouvez pas dépasser en début d'année 1. Pour simplifier le calcul, on supposera que la charge annuelle d'intérêt de 4 millions d'euros est indépendante de l'amortissement éventuel du prêt.

Le calcul est similaire à celui effectué pour la question 2. La charge d'intérêt annuelle a été augmentée de 3 millions d'euros à 4 millions d'euros afin de tenir compte de l'effet de levier initial plus élevé qui génère une charge annuelle d'intérêt plus importante.

Montant initial de dette = 54,4 M€ [Montant maximal de dette à 3 ans] + 3 × (5 M€ [Loyer annuel] – 4 M€ [Charge annuelle d'intérêt])

Montant initial de dette = **57,4 M€**

6. Calculez le ratio de Loan To Value initial correspondant à ce montant. Commentez.

Même calcul qu'à la question 3 :

LTV initial = 57,4 M€ [Dette initiale] / 62,5 M€ [Valeur initiale]

LTV initial = **91,8 %**

L'effet de levier est très important mais il faut tenir compte du fait qu'il s'agit d'une valeur maximale ne prenant aucune marge de sécurité par rapport à la valeur de l'immeuble (*cf.* commentaire de l'étude de cas n° 2). Cette approche ne tient pas non plus compte des incertitudes méthodologiques inhérentes à tout calcul de probabilité, en l'occurrence le risque de causalités à corrélation cachée (*cf.* commentaire ci-après).

Cela dit, le ratio de LTV calculé ici reste intéressant car il mesure la valeur qu'il ne faut en aucun cas dépasser sous peine de risquer de se retrouver avec un ratio de LTV supérieur à 100 % à l'échéance des 3 ans.

Commentaire

Cette étude de cas introduit plusieurs concepts usuels en financement immobilier lorsqu'il s'agit d'établir l'effet de levier adéquat à mettre en place :

– d'une part la méthodologie du calcul à rebours de l'effet de levier, consistant à prendre comme point de départ le moment à partir duquel un risque de vacance peut se matérialiser et à remonter ensuite le temps en calculant le montant initial du prêt ;

– d'autre part la notion de diversification du risque dans le financement des portefeuilles immobiliers qui peut permettre d'offrir à l'emprunteur un effet de levier plus important en comparaison d'une situation où le risque serait concentré sur un seul actif et/ou un seul locataire.

Nous développerons ces deux points et terminerons par la présentation d'un historique et de quelques concepts relatifs à l'immobilier logistique.

1. Calcul d'effet de levier

Plusieurs remarques peuvent être faites quant à la méthodologie de calcul retenue.

Tout d'abord, nous avons considéré que le niveau maximal admissible de la dette à l'horizon 3 ans pouvait être calculé en utilisant la valeur de l'actif aujourd'hui.

En outre, nous n'avons pris aucune marge de sécurité en considérant que le montant de dette maximal admissible correspondait directement à cette valeur.

Dans la réalité il faudrait conserver un écart minimum de l'ordre de 20 % entre le montant maximal de dette résiduelle à terme et la valeur actuelle de l'actif. Par exemple, en réponse à la question 1, une valeur de l'immeuble vacant de 40 millions d'euros à 3 ans se traduirait par un montant maximal de dette à terme de 32 millions d'euros environ plutôt que 40 millions d'euros.

Cet écart aurait vocation à amortir (i) les incertitudes inhérentes à toute estimation de valeur d'actif (*cf.* commentaire de l'étude de cas n° 2), ainsi que (ii) les éventuelles variations de la valeur de l'actif entre le début de l'opération et l'échéance des 3 ans – variations qui ne sont pas prises en compte dans le corrigé de l'étude de cas – mais aussi (iii) les éventuels coûts de procédure et retards liés à la mise en jeu des sûretés en cas de défaut de l'emprunteur.

En contrepartie, nous avons pu avoir une approche un peu trop conservatrice sur certains aspects de cette étude de cas. Par exemple, considérer que la valeur à vide est la valeur à retenir à l'horizon de 3 ans dans le cas d'un locataire unique pourrait être excessivement pénalisant car cela attribue de facto une probabilité de 100 % au risque de départ du locataire à cette échéance. Une certaine marge de manœuvre pourrait être autorisée en fonction des anticipations propres de la banque : appréciation positive de la probabilité de maintien du locataire ou de la possibilité de relouer rapidement l'immeuble en fonction de ses caractéristiques et de l'état du marché. C'est cette analyse qui est conduite dans la seconde partie de l'étude de cas, sous l'angle de l'impact de la diversification sur le levier d'endettement.

De même, si l'emprunteur ou l'investisseur était prêt à octroyer certaines garanties supplémentaires (nantissement d'un compte de réserve, recours partiel sur l'investisseur), ces éléments pourraient être pris en compte s'ils permettent de couvrir le service de la dette pendant une certaine période après le départ du locataire.

Enfin, outre la question de l'écart entre la valeur vacante actuelle et celle à 3 ans, il y a un autre biais méthodologique[1] dans le calcul

1. C'est un biais intentionnel à des fins de simplification et que nous avons signalé dans l'énoncé.

à rebours du montant initial car la charge d'intérêt doit varier en fonction du capital restant dû. En effet, lorsque nous calculons un amortissement du capital sur 3 ans, la charge d'intérêt annuelle diminuera légèrement chaque année, libérant du coup une possibilité d'amortissement supplémentaire qui viendra elle-même diminuer la charge d'intérêt. Pour simplifier notre calcul, nous avons supposé que la charge d'intérêt restait invariante sur les 3 ans, ce qui est une approximation acceptable au plan méthodologique compte tenu des autres facteurs variables liés à l'opération (par exemple, les charges de l'immeuble, le taux d'intérêt si l'opération n'est pas couverte, la variation de l'indice d'indexation des loyers).

En conclusion, la détermination d'un montant maximal de dette n'est pas une science exacte et ce montant ne dépend pas uniquement de paramètres mathématiques. L'opinion de la banque sur la pérennité et la volatilité de la valeur de l'actif joue un rôle important, de même que son appréciation du comportement qu'aurait l'investisseur si un apport supplémentaire de capitaux était nécessaire.

Mais au-delà de ces considérations méthodologiques, il faut aussi introduire deux indicateurs couramment utilisés lorsque l'on dimensionne un financement bancaire : le ratio de *Loan to VPV* et la notion de *Debt yield*.

Le ratio de *Loan to VPV* correspond au rapport entre le montant du financement bancaire et la valeur de l'immeuble à vide ou VPV (*Vacant Possession Value*). Il se calcule de la même façon qu'un ratio de LTV à la différence près que l'immeuble est supposé entièrement vacant. Ce ratio sert à estimer la position de la banque dans le cas extrême où l'ensemble des locataires quitteraient l'immeuble à la fin de leur bail ou feraient défaut en même temps. Bien entendu, il faut tenir compte de la situation locative de l'immeuble au moment de l'octroi du financement et ne pas appliquer ce ratio tel quel si l'immeuble est loué pour 9 ans fermes à un locataire de très bonne solvabilité. Ce ratio pourra néanmoins être utile dans d'autres situations, en utilisant la méthodologie de calcul à rebours développée dans cette étude de cas.

La notion de *Debt yield* ou rendement sur dette est quant à elle plus couramment utilisée. Le principe consiste à rapporter le loyer au montant du financement bancaire que l'on envisage d'octroyer. On obtient l'équivalent d'un rendement immobilier, à la différence près que c'est le montant de la dette et non le montant total de l'investissement qui est au dénominateur. Par exemple, pour un investissement de 100 millions d'euros financé à 75 % par de la dette et générant un rendement de 6 %, le *Debt yield* sera de 8 % (6 M€/75 M€).

L'utilité de ce ratio est double : il permet tout d'abord d'avoir une estimation du taux de rendement de marché ne devant pas être dépassé pour que la dette continue à être couverte par la valeur de l'actif. Dans l'exemple précédent, si le taux de rendement de marché de l'actif passe de 6 % à 8,5 %, le montant de la dette sera supérieur à la valeur de marché de l'actif (ratio de LTV supérieur à 100 %). L'autre utilité du *Debt yield* est de connaître instantanément le niveau de taux d'intérêt maximal que l'actif peut supporter avec la dette en place pour pouvoir continuer à payer au moins les intérêts. Dans notre exemple, il faut que le taux d'intérêt, marge comprise, ne dépasse pas 8 % faute de quoi le ratio d'ICR deviendrait inférieur à 100 %. Cela permet de calculer rapidement le niveau de la couverture de taux adéquate pour un endettement donné.

2. Diversification du risque

La problématique développée dans cette étude de cas est un bon exemple – certes relativement simple – de l'apport d'une diversification du risque, tant pour la banque que pour l'investisseur. En extrapolant à des situations plus complexes et plus proches de la réalité immobilière, l'analyse détaillée d'un dossier – avec certaines hypothèses fondées sur les lois de la probabilité ou tirées de l'expérience de l'équipe en charge des financements – permet d'augmenter l'effet de levier sans pour autant déroger aux principes de prudence bancaire. En d'autres termes, l'expérience du banquier lui permet d'apprécier la différence ténue mais réelle entre les zones de levier sécurisées et les zones à risque. C'est précisément cette expérience qui permet d'obtenir le mandat de financement d'une opération lorsque plusieurs banques sont en compétition, en octroyant un léger surcroît d'effet de levier ou une légère diminution de marge bancaire par rapport aux conditions des autres banques.

Il existe cependant un écueil à éviter en matière de probabilité, à savoir celui des causalités en apparence indépendantes mais en réalité corrélées. Imaginons par exemple dans notre étude de cas que les locataires soient effectivement des entreprises différentes mais travaillant toutes dans le même secteur d'activité. Ou que, bien que fabriquant et stockant des produits différents, elles aient toutes le même client. Ou encore qu'un mouvement de consolidation sectoriel s'engage peu de temps après la mise en place du prêt et que la plupart des locataires soient rapidement réunis au sein d'un même groupe avec un processus de décision unique en matière de prise à bail. Dans ces différents cas de figure, le propriétaire devra faire face à une corrélation plus élevée que prévu entre les différentes activités de ses locataires. Le calcul de probabilité de l'énoncé de l'étude de cas peut donc être erroné de façon statique (en cas de causalités corrélées existant dès l'origine mais non décelées) ou dynamique (en cas d'évolution de la corrélation au cours du temps). Pour toutes ces raisons, il convient que la banque vérifie ces différents points lors de son analyse de crédit et qu'elle effectue une étude détaillée sur chaque locataire avant de poser son hypothèse de probabilité de départ de locataires.

3. Immobilier logistique

Les entrepôts logistiques ont commencé à exister en tant que classe indépendante d'actifs immobiliers, au même titre que les bureaux et les commerces, à partir de la fin des années 1990. Cette émergence n'a été possible que dans le cadre d'un vaste mouvement d'externalisation de la fonction logistique, avec la création d'un secteur d'activité propre. Auparavant, la gestion des stocks était généralement assurée en interne par l'industriel ou par le distributeur. Seul le transport faisait alors l'objet d'une sous-traitance. À partir des années 1990, de nouvelles méthodes de gestion des stocks se sont imposées et il est apparu indispensable de traiter conjointement le stockage et le transport des marchandises. Des entreprises issues le plus souvent du secteur du transport ont ainsi élargi leurs compétences initiales et un nouveau secteur s'est créé puis rapidement consolidé autour de quelques acteurs ayant combiné croissance externe et rationalisation interne.

Sur le plan immobilier, cela s'est traduit par la nécessité de construire de nouveaux entrepôts selon des normes permettant une plus grande polyvalence d'utilisation (les meilleurs et plus polyvalents des entrepôts étant dits de « classe A ») et installés sur des sites spécifiques de grande taille regroupant plusieurs actifs à proximité des grands réseaux de transports. Les acteurs opérationnels du secteur ayant utilisé l'essentiel de leur capacité de financement pour réaliser des opérations de croissance interne ou externe, il leur a été nécessaire de trouver une alternative à la propriété de leurs immeubles existants ou à construire. Le secteur logistique a donc naturellement fait appel aux investisseurs immobiliers pour détenir les immeubles, créant un véritable marché de l'investissement et de la location.

Ce double mouvement d'externalisation – externalisation du process des industriels et distributeurs vers les logisticiens et externalisation des actifs logistiques vers les investisseurs immobiliers – est désormais considéré comme irréversible, même s'il subsiste encore des entreprises qui conservent le process en interne tout en externalisant la fonction immobilière qui lui est associée. Les investisseurs immobiliers peuvent avoir pour locataire soit un industriel ou distributeur (tous deux désignés par le terme générique de « chargeur ») soit un logisticien qui à son tour signera des contrats plus ou moins longs avec des chargeurs pour gérer leurs stocks. Cette distinction entre chargeur et logisticien a son importance comme nous le verrons par la suite.

En termes d'investissement et de financement, la classe des actifs immobiliers logistiques conserve plusieurs spécificités par rapport aux bureaux et aux commerces.

En premier lieu, la proportion de la valeur foncière dans le budget de construction est moindre pour cette classe d'actif que pour les autres : en effet, la nécessité de disposer de vastes surfaces à un coût limité et sur la base de densités d'occupation de l'ordre de 0,20 à 0,50 a contraint les promoteurs et les investisseurs à construire à la limite ou à l'extérieur des zones urbaines, là où les terrains sont à des coûts abordables. En conséquence, le coût de la construction est prépondérant dans le prix de revient global du projet, avec une proportion significative allouée à la réalisation de la dalle qui est l'élément recevant l'essentiel des contraintes devant durer le plus longtemps. Cela signifie qu'il existe, sur un plan purement financier, peu de barrières à l'entrée pour la réalisation d'un nouvel entrepôt, la principale obligation étant d'être situé à proximité d'un axe autoroutier majeur. Même le concept de multi-modalité (double ou triple connexion route, rail, fluvial), qui pourrait constituer une forme de barrière à l'entrée en matière de localisation, n'a pas encore atteint sa vitesse de croisière. « L'embranchement fer » des zones logistiques reste une caractéristique encore marginalement valorisée dans le marché.

Il faut cependant corriger cette approche réductrice de la localisation des entrepôts par deux éléments modérateurs. D'une part, un entrepôt ne doit pas être construit trop loin de l'agglomération desservie, faute de quoi le coût d'acheminement final n'en sera que décuplé. Cette contrainte limite donc le choix des terrains disponibles. De grandes zones logistiques se constituent ainsi progressivement à proximité des centres urbains ou près des nœuds autoroutiers, zones qui sont désormais devenues l'équivalent des quartiers centraux des affaires pour l'immobilier de bureaux. D'autre part, il existe en immobilier logistique une contrainte réglementaire forte, liée aux autorisations qu'il est nécessaire d'obtenir pour stocker certaines marchandises inflammables ou toxiques ou bien pour exploiter les immeubles la nuit ou le week-end. L'obtention de ces autorisations constitue une importante barrière à la construction de nouveaux actifs.

S'agissant maintenant de la nature des bâtiments construits, rappelons que les propriétaires d'immobilier logistique sont en relation avec deux types de locataires, les chargeurs et les logisticiens, dont les contraintes immobilières sont parfois assez éloignées.

Les chargeurs ont intérêt à faire construire des immeubles adaptés à leur exploitation propre, ce qui peut limiter les possibilités d'utilisation par un autre locataire. Une négociation devra donc être menée entre l'investisseur et son locataire, les principaux enjeux étant la durée ferme du bail et la prise en charge par le locataire des aménagements spécifiques au début et à la fin du bail. La relation entre propriétaire et locataire est alors proche d'un partenariat, avec une interdépendance forte lors du renouvellement du bail et également un risque pour l'investisseur lié à la qualité de signature du locataire. Il n'est d'ailleurs pas rare que ces actifs se financent plutôt sous forme de crédit-bail immobilier que dans le cadre d'un montage classique investisseur-locataire.

À l'inverse, les logisticiens recherchent plutôt des entrepôts polyvalents et préfèrent des baux avec des durées fermes relativement courtes. Ces baux sont parfois souscrits par des locataires *ad hoc* sous forme de société dédiée à l'entrepôt visé et ne bénéficiant que d'une garantie limitée de la part de leur société-mère. À cet égard, les contrats que les logisticiens signent avec leurs propres chargeurs sont de courte durée et généralement résiliables avec un préavis d'un an. Ainsi, il peut être illusoire pour un propriétaire de signer un bail ferme de 9 ans fermes si c'est avec la filiale *ad hoc* d'un logisticien et que ce dernier occupe l'immeuble sur la base d'un contrat avec un chargeur unique pouvant le dénoncer à tout moment. Le risque financier sera alors équivalent à un bail annuel et non pas un bail de 9 ans fermes, surtout s'il n'y a pas de garantie de la maison-mère du logisticien. Il reste néanmoins un intérêt commun de l'investisseur et du logisticien, à savoir la recherche de la polyvalence de l'actif.

On notera aussi, en termes d'actifs et de locataires, une sous-catégorie particulière constituée par l'activité de messagerie, dont la principale caractéristique est de traiter les flux de marchandises dans un cycle d'une journée. Les marchandises qui arrivent pendant la nuit dans ces messageries ou centres de tri sont – sauf cas particulier – réexpédiées dès le lendemain matin vers leurs destinataires finaux. Ces immeubles ont des caractéristiques propres (quais de déchargement à l'avant et à l'arrière de l'immeuble, dispositif de tri automatique à l'intérieur du bâtiment), sont soumis à des contraintes réglementaires plus souples – la marchandise n'étant qu'en transit dans le bâtiment – et sont opérés par des entreprises ayant généralement une présence mondiale. Cette catégorie d'actif a connu depuis le début des années 2010 un essor sans précédent lié au développement du commerce sur internet. Cela s'est aussi traduit, par contrecoup, par un ajustement des loyers et des valeurs dans le commerce traditionnel (boutiques et centres commerciaux) en raison de la concurrence des ventes en ligne.

Depuis le milieu des années 2010, les différents marchés immobiliers logistiques en Europe ont atteint une profondeur et une maturité équivalentes à celles des autres grandes classes d'actifs.

Cette évolution a été favorisée par l'essor du commerce en ligne, mais aussi par le régime durablement bas des taux d'intérêt pendant toute la période 2010-2020. En effet, pour les raisons que nous avons évoquées, une bonne partie du marché locatif en logistique s'organise autour de baux d'une durée ferme minimale de 6 ans ou 9 ans. La quote-part de la valeur du bail dans l'investissement est alors dopée si le taux d'actualisation des cash-flows est faible, ce qui est le cas en période de taux d'intérêt bas (on se reportera à la méthode DCF

– *Discounted Cash Flows* – évoquée en commentaire dans l'étude de cas n° 20). Les meilleurs entrepôts logistiques ont ainsi vu leur valeur au m^2 plus que doubler en 10 ans.

Cependant, depuis 2022, la remontée des taux d'intérêt a sérieusement écorné les valeurs des immeubles logistiques. Le point intéressant reste que cette classe d'actifs continue néanmoins à être recherchée par les investisseurs institutionnels, en raison de la demande locative toujours forte qui la caractérise. C'est aussi l'une des rares classes d'actifs immobiliers pour lesquelles les investisseurs continuent à nourrir l'espoir que la progression des valeurs locatives compensera, dans une certaine mesure, la baisse de valeur due à l'augmentation des taux de capitalisation.

Cas n° 6
Structuration d'une dette senior-junior

Énoncé

Un investisseur possède un parc immobilier de 50 actifs représentant une valeur totale de 500 millions d'euros et générant un revenu locatif total annuel de 30 millions d'euros. Vous proposez à cet investisseur de refinancer son patrimoine par une dette de 300 millions d'euros structurée sous la forme de 250 millions d'euros de dette senior et 50 millions d'euros de dette junior.

1. Calculez le ratio de Loan To Value *de la dette totale et le ratio de* Loan To Value *de la dette senior.*

2. Sachant que la marge moyenne de l'ensemble de la dette est de 60 bp et que la dette senior est rémunérée avec une marge de 50 bp, calculez la marge de la dette junior. Expliquez pourquoi la marge de la dette junior est supérieure à celle de la dette senior.

*3. En supposant que les dettes senior et junior sont indexées sur le taux EURIBOR 3 mois et que l'EURIBOR 3 mois est égal à 4,15 % l'an, calculez le ratio d'ICR (*Interest Coverage Ratio*) de la dette totale et le ratio d'ICR si la dette senior était seule en place.*

4. On met en place une couverture de taux sur 100 % de la dette (senior + junior), sous la forme d'un contrat de cap. *Calculez le* strike *maximum du* cap *permettant d'être certain que le ratio d'ICR de la dette totale sera supérieur à 125 %.*

5. Si dans la question précédente on avait demandé un ratio d'ICR supérieur à 150 %, la prime à payer pour ce cap *aurait-elle été supérieure ou inférieure à celle du* cap *de la question précédente ?*

6. Décrivez les sûretés que vous pourriez mettre en place à la garantie de la dette senior. Même question pour la dette junior.

*7. On définit, immeuble par immeuble, une ALA (*Allocated Loan Amount*) qui correspond au montant de dette totale alloué à chaque* *actif. Quelle est cette ALA si tous les actifs ont la même valeur unitaire de 10 millions d'euros ? Selon vous, si l'investisseur cède les 4 / 5 de son portefeuille, le montant de dette à rembourser sera-t-il supérieur, égal ou inférieur à la somme des ALA des actifs correspondants ? Expliquez pourquoi.*

8. Les actifs ont tous la même valeur unitaire de 10 millions d'euros. Chacun d'eux est logé dans une société ad hoc. *Cependant ces sociétés ne permettent, pour 25 actifs, un endettement (et par conséquent une prise d'hypothèque) qu'à hauteur de 5 millions d'euros par actif tandis que, pour les 25 autres actifs, les sociétés permettent un endettement jusqu'à hauteur de la valeur de l'actif.*

Comment allez-vous répartir la dette senior et la dette junior sur les différents actifs si votre souhait est d'aboutir au respect des conditions suivantes (données par ordre de priorité décroissante) ?

1. Dette senior bénéficiant intégralement d'hypothèques, quel que soit l'actif.

2. Minimiser le ratio de LTV senior maximal (c'est-à-dire minimiser le pic des ratios de LTV senior sur l'ensemble des actifs).

3. Dette junior bénéficiant intégralement d'hypothèques.

4. Dans la mesure du possible, minimiser le ratio de LTV senior + junior maximal (c'est-à-dire minimiser le pic des ratios de LTV senior + junior sur l'ensemble des actifs).

Corrigé

1. Calculez le ratio de Loan To Value *de la dette totale et le ratio de* Loan To Value *de la dette senior.*

Le ratio de *Loan To Value* de la dette totale se calcule de la façon suivante :

LTV total = (250 M€ [Dette senior] + 50 M€ [Dette junior]) / 500 M€ [Valeur du parc immobilier]

LTV total = **60 %**

Le ratio de *Loan To Value* de la dette senior se calcule comme suit :

LTV senior = 250 M€ [Dette senior] / 500 M€ [Valeur du parc immobilier]

LTV senior = **50 %**

Le ratio de LTV de la dette junior n'est pas calculé en tant que tel car le concept n'a pas de sens si l'on n'agrège pas la dette junior à la dette senior. On peut néanmoins indiquer que la dette junior correspond à la tranche de LTV située entre les niveaux 50 % et 60 %. Ou simplement considérer que le ratio de LTV junior est le ratio de LTV total de 60 %.

2. Sachant que la marge moyenne de l'ensemble de la dette est de 60 bp et que la dette senior est rémunérée avec une marge de 50 bp, calculez la marge de la dette junior. Expliquez pourquoi la marge de la dette junior est supérieure à celle de la dette senior.

Il suffit de résoudre l'équation suivante avec la « Marge junior » comme inconnue :

300 M€ [Dette totale] × 0,60 % [Marge moyenne] = 250 M€ [Dette senior] × 0,50 % [Marge senior] + 50 M€ [Dette junior] × Marge junior

D'où :
Marge junior = (300 M€ × 0,60 % – 250 M€ × 0,50 %) / 50 M€
Marge junior = 1,10 % l'an soit **110 bp**

La marge de la dette junior est supérieure à celle de la dette senior car elle correspond à la tranche la plus risquée dans la mesure où son remboursement est subordonné à celui de la tranche senior. En effet, si la valeur du parc immobilier devient inférieure à 300 millions d'euros et que les immeubles sont vendus, le produit de la vente des immeubles viendra rembourser en priorité la tranche de dette senior puis seulement ensuite la tranche de dette junior. En d'autres termes, il n'y aura pas de remboursement simultané des deux tranches au prorata de leurs montants mais un remboursement séquentiel en fonction de la séniorité. Au risque plus élevé pour la tranche junior correspond donc une rémunération plus élevée.

*3. En supposant que les dettes senior et junior sont indexées sur le taux EURIBOR 3 mois et que l'EURIBOR 3 mois est égal à 4,15 % l'an, calculez le ratio d'ICR (*Interest Coverage Ratio*) de la dette totale et le ratio d'ICR si la dette senior était seule en place.*

Le calcul du ratio d'ICR pour l'ensemble de la dette senior + junior s'établit comme suit :

ICR dette totale = 30 M€ [Revenu locatif annuel] / (250 M€ [Dette senior] × (4,15 % + 0,50 %) [Taux d'intérêt dette senior] + 50 M€ [Dette junior] × (4,15 % + 1,10 %) [Taux d'intérêt dette junior])
ICR dette totale = 2,11 soit **211 %**

Le loyer total couvre plus de deux fois le service cumulé des dettes senior et junior.

Le calcul du ratio d'ICR limité à la dette senior est le suivant :

ICR dette senior = 30 M€ [Revenu locatif annuel] / (250 M€ [Dette senior] × (4,15 % + 0,50 %) [Taux d'intérêt dette senior])
ICR dette senior = 2,58 soit **258 %**

Le ratio est ainsi encore plus confortable si l'on se limite à la dette senior. Par ailleurs, comme pour les calculs de ratio de LTV, le calcul d'un ratio d'ICR limité à la dette junior n'a pas de sens s'il est effectué indépendamment de celui de la dette senior.

4. On met en place une couverture de taux sur 100 % de la dette (senior + junior), sous la forme d'un contrat de cap. *Calculez le* strike *maximum du* cap *permettant d'être certain que le ratio d'ICR de la dette totale sera supérieur à 125 %.*

Il faut résoudre l'équation suivante avec le « Taux limite » comme inconnue :

ICR = 125 % = 30 M€ [Revenu locatif annuel] / (250 M€ [Dette senior] × (Taux limite + 0,50 %) [Taux d'intérêt dette senior] + 50 M€ [Dette junior] × (Taux limite + 1,10 %) [Taux d'intérêt dette junior])

D'où :

1,25 × ((250 M€ + 50 M€) × Taux limite + (250 M€ × 0,50 % + 50 M€ × 1,10 %)) = 30 M€

Taux limite = **7,40 %** l'an

Un *cap* dont le *strike* est inférieur ou égal à un taux de 7,40 % permet d'avoir une charge d'intérêt globale inférieure à 24 millions d'euros par an. Il en résulte un ratio d'ICR supérieur à 125 % sous réserve que le revenu locatif du parc immobilier reste supérieur à 30 millions d'euros par an.

5. Si dans la question précédente on avait demandé un ratio d'ICR supérieur à 150 %, la prime à payer pour ce cap *aurait-elle été supérieure ou inférieure à celle du* cap *de la question précédente ?*

Un *cap* dont le *strike* permettrait de garantir un ratio d'ICR supérieur à 150 % correspondrait à une charge d'intérêt moins élevée qu'à la question précédente, en supposant que le revenu locatif annuel reste inchangé. Cela signifie que le niveau maximal de *strike* devrait être inférieur à 7,40 %. Le *strike* du *cap* devant être plus faible qu'à la question précédente, la prime à payer pour acquérir ce *cap* serait plus élevée car la protection offerte par le *cap* serait plus efficace.

En résumé, garantir un ratio d'ICR plus élevé correspond à un niveau de protection supérieur et donc à une prime de *cap* plus élevée.

6. Décrivez les sûretés que vous pourriez mettre en place à la garantie de la dette senior. Même question pour la dette junior.

On retrouvera pour la dette senior le dispositif traditionnel de sûretés décrit dans l'étude de cas n° 4, à savoir principalement et de façon non exhaustive :

– **sûreté hypothécaire de premier rang** sur les immeubles financés, sous la forme d'une hypothèque de premier rang (pas d'hypothèque légale spéciale du prêteur de deniers ici car il s'agit du refinancement d'une dette existante, ce qui interdit le recours à cette forme particulière de sûreté) ;

– **nantissement au profit de la banque des parts** (pour les SARL) ou du compte d'instruments financiers contenant les actions (pour les SAS) de la société emprunteuse (généralement une société *ad hoc* détenue à 100 % par l'investisseur) ;

– **cession Dailly des loyers** générés par les immeubles ;

– **cession Dailly des éventuels produits de la couverture de taux** (si la Banque de Couverture est différente de la Banque de Financement – *cf.* étude de cas n° 2) ;

– **délégation des indemnités et produits** de toutes natures que pourrait percevoir l'emprunteur au titre de la propriété des immeubles.

S'agissant des sûretés de la dette junior, il y a la possibilité d'organiser des rangs de priorité dans le cadre de l'hypothèque. La dette junior bénéficierait donc d'une hypothèque de second rang sur les immeubles financés.

Pour les autres sûretés (nantissement, cession Dailly, délégation), il n'était pas possible – jusqu'à la réforme du droit des sûretés de 2006 – de formaliser intrinsèquement et directement un rang de priorité entre créanciers. Avant cette réforme, la dette junior aurait été bénéficiaire des autres sûretés au même titre que la dette senior, à la réserve près que les possibilités de les actionner auraient été réglées dans le cadre de la convention de subordination entre créanciers (*intercreditor agreement*). Depuis la réforme des sûretés, il est possible de formaliser des rangs pour les sûretés autres que les hypothèques. La convention de subordination entre créanciers reste néanmoins utile afin d'organiser les priorités sur l'allocation des flux ainsi que les possibilités d'action des prêteurs senior et junior en cas de défaut de l'emprunteur (notion de *standstill period* – *cf.* étude de cas n° 16).

*7. On définit, immeuble par immeuble, une ALA (*Allocated Loan Amount*), qui correspond au montant de dette totale alloué à chaque actif. Quelle est cette ALA si tous les actifs ont la même valeur unitaire de 10 millions d'euros ? Selon vous, si l'investisseur cède les 4 / 5 de son portefeuille, le montant de dette à rembourser sera-t-il supérieur, égal ou inférieur à la somme des ALA des actifs correspondants ? Expliquez pourquoi.*

Une explication détaillée du mécanisme des ALA et du concept associé de *Release price* est donnée dans le commentaire de cette étude de cas.

Sans entrer dans les détails, une première réponse consisterait à indiquer que le montant de dette à rembourser doit être proportionnel à la valeur des actifs cédés. Ainsi, la dette à rembourser serait identique à la somme des ALA des actifs correspondants.

Cependant, si les 4/5 du portefeuille sont cédés, l'effet de la mutualisation des risques sur les différents actifs sera affecté par l'ampleur de la cession. En effet, si le portefeuille ne comporte plus que 10 actifs au lieu des 50 actifs initiaux, il y a un risque plus important qu'une baisse de valeur sur un ou deux actifs viennent obérer la valeur de l'ensemble. Pour cette raison, il est demandé à l'investisseur de rembourser un complément de dette au-delà de la simple application de la règle de proportionnalité. Le montant de dette à rembourser, qui correspond au *Release price*, sera donc supérieur à la somme des ALA des actifs cédés (*cf.* commentaire de cette étude de cas).

8. Les actifs ont tous la même valeur unitaire de 10 millions d'euros. Chacun d'eux est logé dans une société ad hoc. *Cependant, ces sociétés ne permettent, pour 25 actifs, un endettement (et par conséquent une prise d'hypothèque) qu'à hauteur de 5 millions d'euros par actif tandis que, pour les 25 autres actifs, les sociétés permettent un endettement jusqu'à hauteur de la valeur de l'actif.*

Comment allez-vous répartir la dette senior et la dette junior sur les différents actifs si votre souhait est d'aboutir au respect des conditions suivantes (données par ordre de priorité décroissante) ?

1. Dette senior bénéficiant intégralement d'hypothèques, quel que soit l'actif.

2. Minimiser le ratio de LTV senior maximal (c'est-à-dire minimiser le pic des ratios de LTV senior sur l'ensemble des actifs).

3. Dette junior bénéficiant intégralement d'hypothèques.

4. Dans la mesure du possible, minimiser le ratio de LTV senior + junior maximal (c'est-à-dire minimiser le pic des ratios de LTV senior + junior sur l'ensemble des actifs).

Cette question peut se résoudre selon plusieurs méthodes. La plus didactique consiste à faire l'analogie suivante : l'ensemble des 50 sociétés *ad hoc* peuvent être considérées comme un ensemble de récipients dont la contenance unitaire serait de 5 millions d'euros pour la moitié d'entre eux et de 10 millions d'euros pour l'autre moitié (*cf.* schéma ci-dessous). La contenance correspondrait à la capacité pour les sociétés *ad hoc* d'accueillir de la dette bancaire directement dans leur bilan et de pouvoir lui faire bénéficier d'hypothèques. On peut parler de capacité d'endettement hypothécaire.

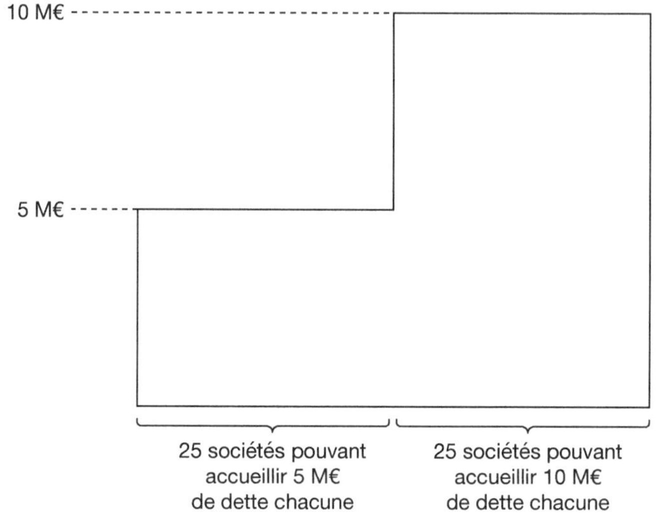

Pour continuer cette analogie, nous disposons de deux liquides de densités différentes, le premier (la dette senior) ayant la plus forte densité et le second (la dette junior) ayant la plus faible densité. La densité correspondra ici au rang de priorité sur les hypothèques, le liquide situé en bas disposant d'un rang prioritaire par rapport au liquide situé en haut. Le premier liquide représente un volume total de 250 millions d'euros et le second liquide un volume total de 50 millions d'euros.

La résolution de l'exercice consiste alors à remplir progressivement l'ensemble des récipients (c'est-à-dire à allouer la dette et à prendre les hypothèques correspondantes) avec le liquide de plus forte densité (dette senior). La notion de remplissage correspond à la satisfaction du critère n° 1. La notion de liquide correspond à l'objectif de minimisation du pic et vise donc le critère n° 2.

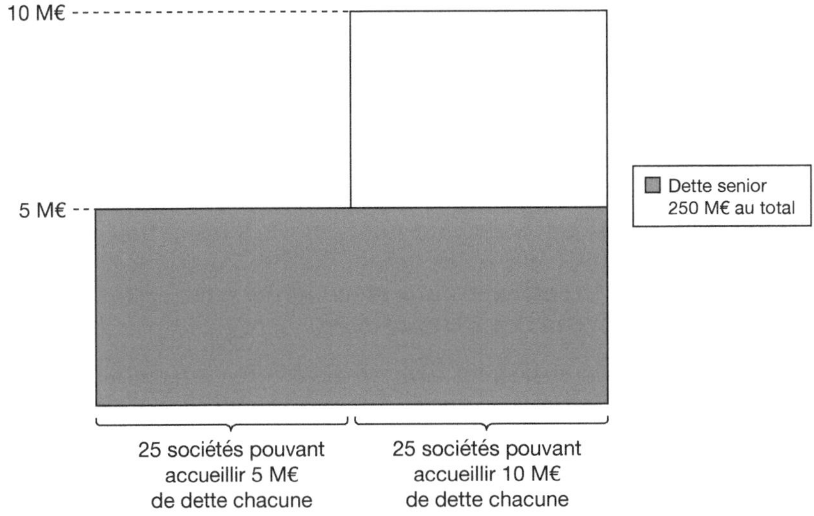

On remplit ensuite les récipients avec le liquide le moins dense (la dette junior) qui occupe ainsi la place laissée disponible au-dessus du liquide le plus dense (notion de séniorité). Cela revient à satisfaire les critères n° 3 (remplissage du récipient) et n° 4 (liquide correspondant à l'objectif de minimisation du pic). On obtient le schéma suivant d'allocation de la dette.

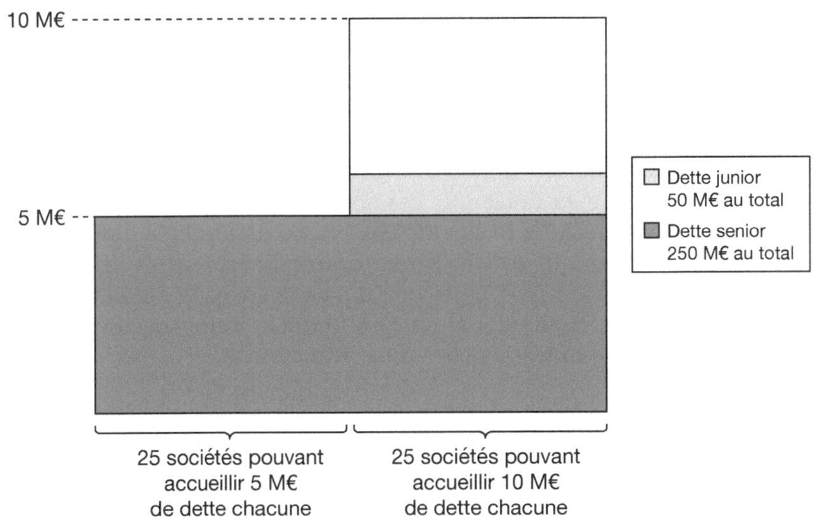

La réponse à la problématique correspond donc à la structuration suivante :

– une dette senior d'un montant total de 250 millions d'euros répartie sur l'ensemble des sociétés *ad hoc*, à hauteur de 5 millions d'euros sur chacune des 50 sociétés et bénéficiant d'une hypothèque de premier rang sur chacun des 50 immeubles ;

– une dette junior d'un montant total de 50 millions d'euros répartie sur les 25 sociétés *ad hoc* ayant une taille de bilan suffisante ; chacune des 25 sociétés concernées accueillant une dette de 2 millions d'euros chacune et conférant au prêteur junior une hypothèque de second rang sur chacun des 25 immeubles.

Cette structuration permet bien de satisfaire l'ensemble des critères de l'énoncé. Certes, la tranche junior ne bénéficie pas de sûretés réelles sur la totalité des actifs mais seulement sur la moitié d'entre eux. C'est la contrepartie de la satisfaction du critère n° 2 qui vise à minimiser le ratio de LTV individuel de la dette senior. On aurait pu imaginer une structuration où la dette junior aurait été allouée à hauteur de 1 million d'euros sur chaque actif. Mais, dans ce cas-là, la dette senior aurait été allouée à hauteur de 4 millions d'euros sur la moitié des actifs et à hauteur de 6 millions d'euros sur l'autre moitié. Le critère n° 2 n'aurait donc pas été optimisé et cela aurait pu constituer un obstacle pour la banque senior en fonction de ses propres contraintes (dans le cas, par exemple, où la banque senior se refinancerait sous forme de *Pfandbriefe*).

La problématique développée dans cette étude de cas est assez courante en financement immobilier lorsque l'on acquiert des immeubles au travers d'acquisitions de sociétés (voir commentaire de l'étude de cas n° 4) ou lorsque l'on refinance des immeubles déjà en portefeuille en augmentant l'effet de levier. Si les actifs immobiliers au bilan des sociétés *ad hoc* qui doivent accueillir la dette bancaire n'ont pas été réévalués, la banque est alors confrontée à la question du dimensionnement adéquat de sa dette sur ces sociétés afin d'obtenir les hypothèques afférentes. Dans le cas où une partie de la dette devrait être logée sur la structure de tête et sans recours direct sur les immeubles (financement de type LBO), cette portion de dette correspondrait à un niveau de risque encore plus élevé que la dette junior et devrait être rémunérée par une marge encore plus importante.

Commentaire

Cette étude de cas nous permet d'introduire plusieurs concepts couramment utilisés dans les financements immobiliers structurés portant sur des portefeuilles d'immeubles, à savoir celui d'ALA (*Allocated Loan Amount*) et celui de *Release price*, tous deux développés ci-après. Nous profiterons de ce sujet pour développer aussi la question des sûretés, des priorités d'allocation et des ratios financiers dans les structures avec dette senior et dette junior. Nous terminerons enfin par l'approfondissement de l'étude de la couverture de taux, notamment sous l'angle des primes de souscription des *caps*.

1. ALA – *Allocated Loan Amount*

Le concept d'ALA a été introduit dans l'énoncé de l'étude de cas. Il est utilisé lorsqu'il s'agit de financer plusieurs actifs par un contrat de prêt unique. Cette situation peut correspondre à un financement réalisé au travers d'une seule société *ad hoc* détenant plusieurs actifs. Il s'applique aussi au cas d'une multiplicité de sociétés *ad hoc* si l'ensemble de ces sociétés fait l'objet d'un contrat unique de financement. Dans le second cas, la dette est répartie sur les différentes sociétés ainsi que, le cas échéant, au niveau de la holding de tête.

S'agissant du cas où plusieurs actifs sont logés au sein d'une même société et qu'une dette unique vient financer, il faut – en cas de vente de l'un de ces actifs par l'emprunteur – savoir quelle était la quote-part de dette qui le finançait. Or, la dette est souscrite par l'emprunteur et non par les immeubles, ces derniers n'ayant pas la personnalité juridique. Le concept d'ALA est donc introduit afin d'attribuer dans le contrat de prêt une quote-part de dette à chaque immeuble. Avec l'ALA, nous gardons en quelque sorte la mémoire dans le contrat de prêt des montants de dette alloués à chaque immeuble qui ont permis de déterminer le montant total prêté. Les deux principaux critères de cette allocation par immeuble sont la valeur unitaire et la liquidité de chaque actif.

Concernant le critère de valeur unitaire, si par exemple une même dette de 30 millions d'euros vient financer deux immeubles identiques, l'ALA de chaque immeuble sera de 15 millions d'euros. En revanche, si le premier immeuble a une valeur double du second, l'ALA du premier immeuble sera de 20 millions d'euros et l'ALA du second immeuble sera de 10 millions d'euros.

Au-delà de cette analyse de premier ordre liée aux valeurs comparées des actifs, une analyse de second ordre liée à leur liquidité pourra apporter un degré supplémentaire de modulation des ALA. Dans l'exemple précédent, si les deux immeubles sont de même valeur mais que le premier immeuble apparaît à la banque plus liquide que le second, celle-ci pourra par exemple lui attribuer une ALA de 16 millions d'euros tandis que le second immeuble verra son ALA réduite à 14 millions d'euros.

Les ALA sont également utiles dans les financements de portefeuille lorsque les actifs sont logés dans des sociétés différentes. En théorie, l'attribution d'un actif à chaque société *ad hoc* rend inutile la définition des ALA puisque l'allocation de la dette est faite automatiquement en logeant la portion de dette adéquate en face de chaque actif dans chaque société *ad hoc*. Cependant, les contraintes juridiques, comptables ou fiscales (principalement les règles de sous-capitalisation et/ou le souhait de l'investisseur de ne pas constater de plus-value taxable sur les immeubles) peuvent obliger la banque à loger dans chaque société *ad hoc* un montant de dette qui ne correspond pas exactement au prorata de la valeur de l'immeuble qu'elle souhaitait financer. C'est précisément cette situation qui est analysée dans la dernière question de l'étude de cas. L'ALA permet de garder en mémoire dans le contrat de crédit un montant correspondant au prorata de dette attribué d'un point de vue immobilier et financier à chaque immeuble.

Par exemple, dans le cas du financement à hauteur de 30 millions d'euros d'un portefeuille de deux sociétés portant chacune un actif d'une valeur de 25 millions d'euros chacun, la répartition de la dette entre les deux sociétés pourrait être de 18 millions d'euros pour le premier actif et de 12 millions d'euros pour le second actif en fonction de diverses contraintes juridiques ou fiscales. L'ALA permet alors de garder en mémoire dans le contrat de crédit que chaque actif aurait été financé à hauteur de 15 millions d'euros si ces contraintes n'avaient pas existé.

On pourra s'interroger sur l'intérêt du montage pour chacune des sociétés *ad hoc* prises individuellement (notion d'intérêt social). La question se pose pour celles dans lesquelles un faible montant de dette a été logé mais qui se retrouvent néanmoins co-emprunteuses avec les autres sociétés *ad hoc* dans le cadre du contrat unique de financement du portefeuille (voir lexique : *cross-collateralisation*). En fait, la justification de cette solidarité entre toutes les sociétés – d'ailleurs souvent rappelée dans les préambules des contrats de financement de portefeuilles – tient aux conditions bancaires que les sociétés peuvent obtenir ensemble lorsque le risque de la banque est mutualisé sur un portefeuille d'immeubles (notion d'« intérêt de groupe »). En effet, lorsque la dette est mutualisée sur plusieurs emprunteurs, les conditions proposées par la banque sont plus avantageuses pour l'emprunteur en matière de marge, de levier global ou de maturité de la dette que lorsque celle-ci est souscrite indépendamment par chaque société. Ces meilleures conditions financières permettent de justifier l'existence d'un intérêt de groupe venant se superposer aux intérêts individuels des différentes sociétés *ad hoc*.

2. *Release price*

La détermination des ALA s'accompagne systématiquement d'une formule de calcul d'un *Release price* qui est d'ailleurs la principale utilité du concept d'ALA. Le *Release price* correspond au montant de dette que l'emprunteur doit rembourser s'il souhaite vendre un actif indépendamment des autres.

En première approche, on pourrait considérer que le *Release price* doit être équivalent à l'ALA de chaque actif. On rembourserait ainsi une quote-part de crédit proportionnelle à la valeur et à la liquidité de l'immeuble jusqu'à la vente du dernier actif qui permettrait de rembourser le reliquat de dette. Mais ce serait oublier la logique des financements de portefeuilles qui consiste, par la mutualisation des risques, à financer des actifs qui individuellement trouveraient plus difficilement une dette bancaire.

En outre, dans une acquisition de portefeuille, la répartition du prix de vente entre les différents actifs reste relativement arbitraire. Elle peut être confortée par une estimation d'expert mais, par définition, le prix d'acquisition du portefeuille correspond à la valeur en bloc de celui-ci et non à la somme des valeurs individuelles des actifs. Les ALA individuelles dans un financement de portefeuille sont donc, par construction, entachées d'une marge d'erreur.

Enfin, les ALA sont fixées au moment de la conclusion du contrat de financement. Les valeurs des actifs peuvent évoluer dans le temps et ceci de façon non uniforme entre les différents immeubles.

Pour toutes ces raisons (perte de l'effet mutualisation en cas de cession, marge d'erreur dans la détermination des valeurs, possibilité d'évolution des valeurs dans le temps), il est indispensable qu'un montant supérieur à l'ALA soit remboursé à l'occasion de la vente de chaque actif. Cela reflète d'ailleurs l'expérience que toute liquidation de portefeuille fait ressortir : le premier tiers des actifs se vend facilement et rapidement, souvent à des valeurs supérieures à l'expertise ; le deuxième tiers se vend normalement sous réserve que les conditions de marché n'aient pas sensiblement évolué par rapport à la date d'acquisition du portefeuille ; le dernier tiers se vend plus difficilement, avec souvent la nécessité d'une ingénierie immobilière et financière ou le cas échéant la revente en bloc (avec la décote afférente) à un autre investisseur qui se chargera d'extraire la valeur individuelle des actifs restants.

Pour entrer plus en détail dans le fonctionnement du mécanisme de *Release price*, notons qu'il existe une multiplicité de formules, les plus simples correspondant à un pourcentage de la dette initiale (par exemple, 120 % de l'ALA, ce qui signifie que la vente de l'actif donnera lieu au remboursement d'un montant supérieur de 20 % au montant de dette initialement alloué à cet actif), les plus complexes pouvant faire évoluer le pourcentage du *Release price* en fonction du temps écoulé depuis la mise en place du financement (par exemple, 115 % en cas de cession la première année puis 120 % en cas de cession la deuxième année). Cela dit, la formule la plus courante est la suivante :

Release price = Max[1] (Pourcentage de l'ALA généralement compris entre 105 % et 120 % ;
Pourcentage du prix de vente égal ou légèrement supérieur à l'effet de levier initial)

Par exemple, si le portefeuille a été financé sur la base d'un effet de levier de 60 %, la formule du *Release price* pourra être Max (115 % ALA ; 65 % Prix de vente). La seconde partie de la formule permet un double effet d'accélération de l'amortissement puisque le pourcentage de dette remboursé (65 %) est supérieur à l'effet de levier initial (60 %) et qu'il est appliqué à un prix de vente normalement supérieur au prix d'acquisition.

L'utilisation d'une formule à double argument permet de s'assurer que :
– même en cas de prix de vente inférieur au prix d'acquisition initial, il restera un sur-amortissement de la dette par rapport à l'ALA ;
– si le prix de vente est nettement supérieur au prix d'acquisition initial, il y aura bien une affectation d'une partie du cash-flow supplémentaire au remboursement de la banque. Ce point est crucial dans la gestion du rapport de force entre la banque et l'investisseur, comme nous le verrons ultérieurement dans l'étude de cas n° 8.

Il faut enfin noter que c'est l'intérêt tant de la banque que de l'emprunteur de fixer à l'avance les règles de remboursement en cas de cession d'une fraction d'un portefeuille financé dans le cadre d'une dette globale. En effet, dans le cas où il n'y aurait pas de règle préalable, cette négociation sur le montant à rembourser devrait être conduite de façon *ad hoc* lors de la cession des actifs concernés. C'est alors le rapport de force entre prêteur et emprunteur au moment de la cession qui prévaudrait : dans un marché de dette restreint, la banque demanderait qu'une quote-part très importante du prix de vente (sinon la totalité) soit affectée au remboursement de la dette ; à l'inverse, dans un marché surabondant en liquidité bancaire, c'est l'emprunteur qui dicterait ses conditions. Ainsi, la fixation à l'avance des règles d'amortissement en cas de cession partielle de portefeuille constitue tant pour le prêteur que pour l'emprunteur une forme d'assurance qu'aucun des deux ne subira la loi de l'autre le moment venu. En contrepartie de cette assurance, chacun renonce à la possibilité de profiter d'une situation plus favorable pour lui au moment de la cession.

3. Les structures senior-junior : sûretés, allocation des cash-flows, ratios financiers

Les structurations comportant une tranche senior (prioritaire) et une tranche junior (subordonnée) se traduisent par une organisation particulière des sûretés, qui doit refléter la hiérarchie des dettes. Il

1. Montant maximum parmi les différents arguments au sein de la parenthèse qui suit.

serait anormal que la tranche subordonnée bénéficie de sûretés avec un même – voire un meilleur – rang que la tranche prioritaire.

Cette hiérarchie des sûretés s'est toujours organisée de façon très naturelle pour les hypothèques, qui peuvent bénéficier d'un rang dans l'accès à l'actif donné en garantie (voir commentaire de l'étude de cas n° 4). Ce point est important pour certaines banques, notamment les banques hypothécaires allemandes, qui doivent impérativement bénéficier d'hypothèques de 1er rang pour que leurs créances puissent accéder au refinancement sous forme de *Pfandbriefe* (obligations foncières allemandes).

Cette hiérarchie se gère de façon analogue pour les autres sûretés depuis la réforme du droit des sûretés de 2006. Cela dit, il reste quand même nécessaire d'organiser les possibilités d'actions respectives de créanciers senior et junior en cas de défaut de l'emprunteur, ainsi que les priorités d'allocation des cash-flows produits par l'immeuble. C'est le rôle du contrat de subordination entre créanciers (*intercreditor agreement*).

Cela nous amène à la question de l'allocation des cash-flows pour servir les différentes tranches de dette que l'on appelle aussi cascade des paiements ou *waterfall*. Tant que l'opération se déroule comme prévu, cette question reste sans objet puisque toutes les tranches peuvent être servies intégralement. En revanche, si les cash-flows produits par l'immeuble se révèlent insuffisants pour servir l'ensemble des tranches, il faut alors se référer à l'*intercreditor agreement*. C'est le cas dans la période située entre la survenance du cas de défaut et la prononciation de l'exigibilité anticipée de la dette puis dans la période courant jusqu'à l'ouverture effective de la procédure judiciaire.

Cette allocation des cash-flows peut s'organiser de plusieurs façons possibles, avec deux modèles principaux de référence :

– la priorité totale à la dette senior, dans laquelle sont servis – dans l'ordre – les intérêts de la dette senior (i_s), le remboursement en principal de la dette senior (p_s) puis les intérêts de la dette junior (i_j) et enfin le remboursement en principal de la dette junior (p_j). La séquence est donc i_s p_s i_j p_j ;

– une priorité par typologie de montant à servir, dans laquelle sont servis – dans l'ordre – les intérêts de la dette senior (i_s), les intérêts de la dette junior (i_j) puis le remboursement en principal de la dette senior (p_s) et enfin le remboursement en principal de la dette junior (p_j). La séquence est donc i_s i_j p_s p_j. La priorité de la dette senior sera donc moins forte que dans le modèle précédent.

La présence d'autres tranches de dette encore plus subordonnées – comme une tranche mezzanine – pourra être l'occasion d'autres combinaisons. Le modèle de référence reste néanmoins celui où les intérêts comme le principal de la dette mezzanine sont servis en toute dernière position. Dans les deux modèles ci-dessus, la séquence s'écrit alors i_s p_s i_j p_j i_m p_m pour le premier modèle ou bien i_s i_j p_s p_j i_m p_m pour le second modèle.

Il est d'ailleurs intéressant de s'arrêter un instant sur les terminologies « senior », « junior » et « mezzanine » car, dans les financements immobiliers, elles ne font pas l'objet d'une uniformisation aussi forte que dans les financements de LBO ou dans les montages de titrisation. Les conventions suivantes sont néanmoins appliquées par la majorité des banques dans les financements immobiliers structurés :

– l'ordre de gradation du risque est senior puis junior et enfin mezzanine ;

– on introduit parfois les concepts de « senior A » et de « senior B » plutôt que senior et junior ; c'est notamment le cas lorsque la séquence de priorité est i_s i_j p_s p_j, avec un service des intérêts de la dette senior B qui passe avant le remboursement en principal de la dette senior A. Cependant, la dénomination senior A – senior B n'est pas synonyme de cette règle de priorité ;

– lorsqu'il y a seulement deux tranches, certaines banques appellent mezzanine la tranche subordonnée même si la dénomination adéquate devrait être junior ;

– en principe, l'appellation mezzanine devrait être réservée aux tranches dont une partie de la rémunération est liée au succès de l'opération, sous une forme fixe ou variable désignée par le terme PIK interest (pour *Payment in Kind*). En outre, les tranches mezzanine bénéficient très rarement de sûretés réelles sur l'immeuble.

Pour conclure ce commentaire, nous aborderons la question de la définition des ratios financiers dans le cas de structures senior-junior. Sont ici visés les ratios de LTV, ICR et DSCR.

Pour le ratio de LTV, il n'y a pas véritablement d'alternative : le ratio de LTV senior est défini comme le rapport entre l'encours de dette senior et la valeur de l'actif tandis que le ratio de LTV junior correspondra au total des encours senior + junior rapporté à la valeur de l'actif. Par exemple, pour une dette senior de 50 millions d'euros, une dette junior de 20 millions d'euros et une valeur d'actif de 100 millions d'euros, le ratio de LTV senior sera de 50 % tandis que le ratio de LTV junior sera de 70 %, ces deux valeurs reflétant les niveaux de risque respectifs de chaque tranche par rapport à la valeur de l'actif. Le ratio de LTV junior peut ainsi s'améliorer de facto sans augmentation de la valeur de l'actif ni remboursement de la dette junior. Il suffit pour cela d'effectuer un remboursement de la dette senior. Dans notre exemple, si l'on rembourse 5 millions d'euros de dette senior sans modifier les autres paramètres, le ratio de LTV senior passe à 45 % mais le ratio de LTV junior s'améliore aussi en passant à 65 %.

S'agissant du ratio d'ICR, la question reste simple pour le ratio d'ICR senior : on prendra le revenu locatif net que l'on divisera par la charge d'intérêts de la dette senior. En revanche, pour le ratio d'ICR junior, il faudra au préalable se référer à la formule de subordination retenue et suivre l'ordre d'allocation des cash-flows. Dans le cas du modèle i_s p_s i_j p_j, l'ICR junior correspondra au revenu locatif net après déduction des intérêts et du remboursement en principal de la dette senior, rapporté au montant des intérêts de la dette junior. Dans le cas du modèle i_s i_j p_s p_j, l'ICR junior correspondra au revenu locatif net après déduction des intérêts de la dette senior mais avant remboursement en principal de la dette senior, le tout rapporté au montant des intérêts de la dette junior.

Enfin, pour le ratio de DSCR, l'alternative portera sur le ratio de DSCR senior plutôt que sur le ratio de DSCR junior. En effet, le ratio de DSCR junior correspondra systématiquement au revenu locatif net après déduction des intérêts et du remboursement en principal de la dette senior, rapporté au montant cumulé des intérêts et du remboursement en principal de la dette junior. En revanche, pour le ratio de DSCR senior, il faudra au préalable se référer à la formule de subordination retenue et suivre l'ordre d'allocation des cash-flows. Dans le cas du modèle i_s p_s i_j p_j, le DSCR senior correspondra au revenu locatif net, rapporté au montant des intérêts et du remboursement en principal de la dette senior. Dans le cas du modèle i_s i_j p_s p_j, le DSCR senior correspondra au revenu locatif net rapporté au cumul des intérêts et du remboursement en principal de la dette senior ainsi que des intérêts de la dette junior.

En définitive, la définition contractuelle de ces ratios n'est pas standardisée. Elle reste le fruit de la négociation entre l'emprunteur et les créanciers junior et senior lors de la rédaction de la documentation juridique. Des variations par rapport aux indications données ci-dessus pourront donc être constatées.

4. Couverture de taux : primes de souscription des *caps*

Comme nous l'avons vu à la question 5 de cette étude de cas ainsi que précédemment dans l'étude de cas n° 2, l'achat d'un instrument de couverture de taux comme le *cap* peut être assimilé à la souscription d'une assurance contre la hausse des taux d'intérêt. Nous allons nous intéresser ici à la façon dont les paramètres comme le niveau du *strike* et la maturité du *cap*, ainsi que les conditions de marché, déterminent le montant de la prime de souscription du *cap*.

Dans le commentaire de l'étude de cas n° 2, nous avions expliqué que le niveau du *strike* du *cap* avait une influence directe sur le montant de la prime puisqu'un *strike* bas correspondait à une police d'assurance très efficace se traduisant par une prime élevée. Cela reflète ce que l'on appelle la « valeur intrinsèque » de l'option.

La maturité du *cap* a aussi une influence sur le montant de la prime à payer et ceci bien au-delà du simple coefficient multiplicateur correspondant à la durée. En effet, un *cap* d'une maturité de 2 ans aura une prime supérieure à deux fois le montant de la prime du *cap* d'une maturité de 1 an (toutes les autres caractéristiques étant les mêmes). Par exemple, un *cap* pour un notionnel de 100 millions d'euros sur 1 an pourra coûter 100 000 euros (soit une prime de 10 bp par an) tandis que le même *cap* sur 2 ans pourra coûter non pas 200 000 euros mais 300 000 euros (soit une prime de 15 bp par an). La raison en est que l'incertitude augmente avec la maturité, ce qui fait que la prime de *cap* augmente plus vite que sa maturité (*cf.* graphe ci-dessous). C'est ce que l'on retrouve dans la « valeur temps » de l'option.

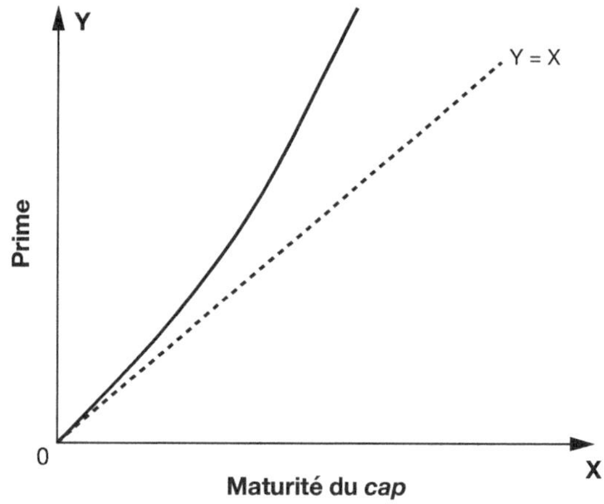

Cela nous amène à introduire une notion essentielle dans la détermination de la prime de *cap* : la volatilité de l'indice qui fait l'objet de la couverture. Par exemple, si le taux EURIBOR 3 mois fait depuis longtemps l'objet de variations nombreuses ou de grande amplitude, synonymes de volatilité, le montant de la prime de *cap* sera plus élevé que si le même taux EURIBOR 3 mois a fait preuve d'une grande stabilité dans le passé. Dans le premier cas, la plus forte volatilité implique une probabilité plus élevée que le *strike* du *cap* soit atteint et que la banque couvrant le risque doive verser des différentiels de taux d'intérêt au souscripteur du *cap*. Une analogie peut être faite avec une cote d'alerte qui serait fixée sur une règle graduée au bord de la mer. Il est plus probable que la cote d'alerte soit atteinte par l'eau si la mer est agitée que si la mer est calme.

Il est même possible que la prime d'un *cap* avec un *strike* bas dans un contexte de faible volatilité soit inférieure à celle d'un *cap* avec un *strike* élevé dans un contexte de forte volatilité. Pour reprendre l'analogie précédente, il est possible d'avoir une probabilité supérieure d'atteinte de la cote d'alerte dans un contexte marée basse / mer agitée que dans un contexte marée haute / mer calme.

Nous terminerons ce commentaire par l'introduction d'un dernier concept, à savoir la distinction entre la volatilité historique et la volatilité implicite. Nous avons en effet développé notre analyse comme si les marchés financiers ne se fiaient qu'à l'historique de la volatilité pour déterminer les montants des primes de *cap* qui concernent – par définition – les périodes futures. En réalité, les primes sont avant tout fonction de la volatilité projetée, telle qu'elle est anticipée par les marchés. Elle est usuellement appelée volatilité implicite. Cette volatilité implicite est fonction à la fois du passé (la volatilité historique) et des anticipations des acteurs du marché sur son niveau futur.

Pour résumer, les principaux facteurs de détermination de la prime de *cap* sont (i) l'écart entre le niveau actuel du paramètre couvert et le niveau du *strike*, ce qui correspond à la valeur intrinsèque, et (ii) la maturité du *cap*, ce qui correspond à la valeur temps, cette valeur temps étant elle-même une fonction de la volatilité implicite du paramètre couvert.

La compréhension de ces concepts basiques doit permettre à un opérateur immobilier d'appréhender la grande majorité des cas se présentant à lui, sachant qu'il est toujours possible d'aller beaucoup plus loin dans l'analyse en consultant l'abondante littérature disponible sur les produits optionnels.

Cas n° 7
Covenant look-forward

Énoncé

Un investisseur acquiert une galerie commerciale de 100 boutiques représentant un investissement total de 100 millions d'euros et générant un rendement net annuel de 6 %. Pour financer cette opération, il lève une dette bancaire d'une maturité de 6 ans amortissable *in fine* et correspondant à un ratio initial de *Loan To Value* de 60 %. Pour le calcul, on supposera que la valeur initiale de la galerie est égale au prix de revient de l'acquisition, c'est-à-dire 100 millions d'euros.

La dette porte intérêt au taux de EURIBOR 3 mois augmenté d'une marge de 1,50 % l'an. Elle fait l'objet d'une couverture de taux pour 6 ans sur l'intégralité de son montant sous la forme d'un *swap* EURIBOR 3 mois contre taux fixe à 3,50 % l'an. Pour information, la valeur de l'EURIBOR 3 mois au moment du *swap* est de 1,00 % l'an. Le financement comporte un covenant d'ICR (*Interest Coverage Ratio*) fixé contractuellement à 160 %.

1. Calculez le ratio d'ICR pour la première année. Le covenant d'ICR est-il respecté ?

2. Pour le calcul du ratio d'ICR, doit-on selon vous utiliser le taux du swap ou bien la valeur de l'EURIBOR 3 mois au moment du swap *de taux ? Expliquez pourquoi.*

Les boutiques sont toutes identiques et génèrent toutes le même loyer unitaire. La moitié des 100 locataires (« locataires du groupe A ») ont des baux sur lesquels il reste 7 ans fermes à courir au moment de l'acquisition. L'autre moitié des 100 locataires (« locataires du groupe B ») ont des baux arrivant à échéance 2 ans après l'acquisition et pouvant ensuite être dénoncés chaque année par le locataire.

3. Calculez le ratio d'ICR en année 3 en supposant que tous les locataires du groupe B quittent l'immeuble à la fin de l'année 2. L'emprunteur peut-il alors servir sa dette ?

4. Calculez le nombre maximal de départs de locataires du groupe B en fin d'année 2 pour que le covenant d'ICR soit respecté en début d'année 3.

Afin de gérer de façon anticipée le risque de vacance, la banque met en place un covenant d'ICR projeté dans le futur (covenant d'ICR look-forward) calculé chaque année sur les 3 ans à venir. Le ratio d'ICR look-forward reprend (i) à son dénominateur le montant total cumulé des intérêts sur les 3 ans à venir et (ii) à son numérateur le loyer total cumulé sur les 3 ans à venir en supposant qu'un tiers des locataires du groupe B libère l'immeuble chaque année à compter de la fin de la période ferme de bail (c'est-à-dire que la partie B de l'immeuble est totalement vide en fin d'année 4). Le niveau minimum du covenant d'ICR *look-forward* est fixé à 130 %.

5. Selon cette méthode prévisionnelle, calculez le montant cumulé du loyer sur les 3 ans à venir au moment de l'acquisition, à la fin de l'année 1, à la fin de l'année 2 et à la fin de l'année 3.

6. Le covenant d'ICR look-forward *est-il respecté à ces différentes dates ?*

7. Selon vous, pourquoi le covenant d'ICR look-forward *est-il fixé à un niveau inférieur (130 %) à celui du covenant d'ICR classique (160 %) ?*

8. Quel impact la mise en place d'un tel covenant d'ICR look-forward *peut-elle avoir sur la gestion de l'immeuble ?*

Corrigé

1. Calculez le ratio d'ICR pour la première année. Le covenant d'ICR est-il respecté ?

On calcule d'abord le revenu locatif de la galerie commerciale, le montant du prêt, le montant des intérêts la première année du prêt et l'on en déduit le ratio d'ICR.

Revenu locatif = 100 M€ [Investissement] × 6 % [Rendement net annuel]
Revenu locatif = 6 M€

Montant du prêt = 100 M€ [Valeur de l'immeuble] × 60 % [*Loan To Value*]
Montant du prêt = 60 M€

Intérêts = 60 M€ [Montant du prêt] × (3,50 % + 1,50 %) [Taux d'intérêt marge comprise]
Intérêts = 3 M€

ICR = 6 M€ [Revenu locatif] / 3 M€ [Intérêts]
ICR = **200 %**

Le covenant ayant été fixé à 160 %, il est bien respecté, ce qui signifie qu'il y a plus de revenu locatif (ou moins de charge d'intérêt) que le niveau requis pour respecter le covenant.

2. Pour le calcul du ratio d'ICR, doit-on selon vous utiliser le taux du swap ou bien la valeur de l'EURIBOR 3 mois au moment du swap *de taux ? Expliquez pourquoi.*

Le calcul du ratio d'ICR doit intégrer la couverture de taux souscrite car l'économie du ratio consiste à s'assurer que le revenu locatif permettra de couvrir les frais financiers, ceux-ci comprenant les intérêts ainsi que les différentiels d'intérêt qui seront à payer ou à recevoir par le souscripteur pendant la durée du contrat de *swap*.

Le contrat de *swap* fonctionnera en comparant à chaque date de *fixing* (chaque trimestre pour un contrat de *swap* EURIBOR 3 mois contre taux fixe) le niveau des deux références de taux afin de déterminer quelle partie doit régler quel montant à l'autre partie.

Par exemple, pour un contrat de couverture à taux fixe à 3,50 % l'an contre EURIBOR 3 mois, si le taux EURIBOR 3 mois est de 1,00 % l'an pour le *fixing* du premier trimestre, le souscripteur paiera à la banque de couverture un différentiel d'intérêt correspondant à un taux de 2,50 % l'an (la différence entre 3,50 % et 1,00 %) appliqué au montant notionnel du *swap* (l'intégralité du montage de la dette dans notre exemple, soit 60 millions d'euros). De cette manière, le taux synthétique payé par l'investisseur sera bien de 3,50 % l'an se répartissant entre 1,00 % l'an au titre du contrat de prêt et 2,50 % l'an au titre de la couverture de taux.

Si en revanche l'EURIBOR 3 mois dépasse le seuil de 3,50 % l'an, l'emprunteur paiera bien le taux EURIBOR 3 mois au titre du contrat de prêt mais il recevra en contrepartie un différentiel d'intérêt de la part de la banque de couverture, de sorte que le taux synthétique qu'il paye restera toujours égal à 3,50 % l'an.

3. Calculez le ratio d'ICR en année 3 en supposant que tous les locataires du groupe B quittent l'immeuble à la fin de l'année 2. L'emprunteur peut-il alors servir sa dette ?

Étant donné que les locataires du groupe B représentent la moitié de la population totale des locataires, si l'on considère qu'ils vont tous quitter l'immeuble en même temps à la prochaine échéance de renouvellement du bail, l'ICR en année 3 ne sera plus calculé que sur la base du revenu locatif généré par les locataires du groupe A, c'est-à-dire la moitié du revenu locatif total. Par ailleurs, cela n'est pas indiqué dans l'énoncé mais on peut supposer qu'il n'y aura pas eu d'augmentation des loyers sous l'effet de l'indexation entre l'année 1 et l'année 3.

S'agissant du dénominateur, la charge d'intérêt n'aura pas varié puisque le montant de la dette ne s'amortit qu'à l'échéance des 5 ans et le taux d'intérêt correspond à un taux fixe synthétique.

ICR = 3 M€ [Revenu généré par les locataires A] / 3 M€ [Intérêts]
ICR = **100 %**

Cela signifie qu'il y aura tout juste assez de loyer pour servir les intérêts de la dette.

4. Calculez le nombre maximal de départs de locataires du groupe B en fin d'année 2 pour que le covenant d'ICR soit respecté en début d'année 3.

Si tous les locataires du groupe B quittent l'immeuble en fin d'année 2, il y a tout juste assez de loyer pour servir la dette. Mais la contrainte du covenant d'ICR, dont le seuil est fixé à 160 %, correspond à un taux moins élevé de départs de locataires.

Pour connaître le nombre maximal de départs de locataires du groupe B, il faut résoudre l'équation suivante, « X » représentant ce nombre maximal de départs :
160 % = (3 M€ [Revenu généré par les 50 locataires A] + ((50 – X)/50) × 3 M€ [Revenu généré par les locataires B qui restent parmi les 50 locataires B]) / 3 M€ [Intérêts]

D'où
(160 % × 3 M€) – 3 M€ = ((50 – X)/50) × 3 M€
(50 – X)/50 = 60 %
X = **20**

Il y a au maximum 20 locataires du groupe B pouvant donner congé en fin d'année 2 pour que le covenant d'ICR continue à être respecté. Cela correspond à un taux de vacance maximal de 20 % sur l'ensemble de la galerie commerciale.

5. Selon cette méthode prévisionnelle, calculez le montant cumulé du loyer sur les 3 ans à venir au moment de l'acquisition, à la fin de l'année 1, à la fin de l'année 2 et à la fin de l'année 3.

Nous devons effectuer ici un calcul de montant cumulé de loyer projeté sur 3 ans glissants. Il faut donc calculer le loyer de chaque année jusqu'à la fin de l'année 6. Les loyers des années 1 et 2 sont les mêmes et correspondent à un taux d'occupation de 100 %.

Loyer année 1 = Loyer année 2 = 6 M€

À partir de l'année 3, on perd 1/3 de revenu de locataires du groupe B chaque année, soit l'équivalent de 1/6 du loyer total jusqu'à atteindre le plancher de 50 % du loyer total. Cela correspond à une vacance sur la totalité de la population des locataires du groupe B et à un taux d'occupation de 100 % sur la population des locataires du groupe A. Bien entendu, cela suppose que les surfaces libérées par les locataires du groupe B ne sont pas relouées entre temps.

Loyer année 3 = 5 M€
Loyer année 4 = 4 M€
Loyer année 5 = 3 M€
Loyer année 6 = 3 M€

On en déduit les loyers cumulés suivants :
Loyer cumulé années 1-2-3 = **17 M€** (calcul à l'acquisition)
Loyer cumulé années 2-3-4 = **15 M€** (calcul en fin d'année 1)
Loyer cumulé années 3-4-5 = **12 M€** (calcul en fin d'année 2)
Loyer cumulé années 4-5-6 = **10 M€** (calcul en fin d'année 3)

6. Le covenant d'ICR look-forward *est-il respecté à ces différentes dates ?*

Le ratio d'ICR *look-forward* se calcule aisément en rapportant les montants ci-dessus à la charge d'intérêt sur 3 ans cumulés, qui reste invariante chaque année puisque le montant de dette reste le même et que le taux d'intérêt synthétique est un taux fixe.

Le montant d'intérêts cumulés sur 3 ans étant de 9 M€, on en déduit :

Ratio ICR *look-forward* années 1-2-3 = 17/9 = **189 %** (covenant de 130 % respecté)

Ratio ICR *look-forward* années 2-3-4 = 15/9 = **167 %** (covenant de 130 % respecté)

Ratio ICR *look-forward* années 3-4-5 = 12/9 = **133 %** (covenant de 130 % respecté)

Ratio ICR *look-forward* années 4-5-6 = 10/9 = **111 %** (covenant de 130 % **en défaut**)

7. Selon vous, pourquoi le covenant d'ICR look-forward *est-il fixé à un niveau inférieur (130 %) à celui du covenant d'ICR classique (160 %) ?*

Le covenant *look-forward* fait l'hypothèse conservatrice d'un nombre de libérations de surfaces et ne comptabilise pas les éventuelles relocations. Il est donc normal que la contrainte soit fixée à un niveau moins élevé que le covenant standard qui concerne la situation immédiate et réelle.

Le covenant *look-forward* a vocation à compléter le covenant à calcul immédiat. Il agit comme un indicateur avancé permettant d'anticiper une situation à un horizon de 3 ans. Cela dit, les covenants à calcul immédiat ont tendance à progressivement disparaître des contrats de financement et à être systématiquement remplacés par des covenants *look-forward.*

8. Quel impact la mise en place d'un tel covenant d'ICR look-forward *peut-elle avoir sur la gestion de l'immeuble ?*

Le principe des covenants et la fixation de leur nature et de leur niveau ne résultent pas d'une règle immuable mais d'une négociation entre la banque et l'emprunteur au moment de l'accord sur les principales conditions du financement. Libre à l'emprunteur de retenir alors une autre banque moins contraignante s'il n'est pas satisfait des covenants proposés, mais il est probable que cette autre banque facturera alors une marge bancaire plus importante afin de refléter la plus grande souplesse dont bénéficie l'emprunteur.

Dans notre cas de figure, le covenant *look-forward* va inciter l'emprunteur lors de ses renouvellements locatifs à conclure de nouveaux baux sur la base de durées fermes plus longues, afin d'augmenter la proportion de locataires du groupe A et de diminuer celle des locataires du groupe B. Cela peut se faire au détriment du niveau des loyers nouvellement négociés ou de la qualité de signature des locataires mais ce choix reste de façon ultime entre ses mains.

Commentaire

Cette étude de cas nous permet de faire un bref rappel sur les questions de valeur et de prix de revient d'acquisition d'un immeuble et d'approfondir quelques notions liées aux ratios et covenants *look-forward.*

1. Valeur et prix de revient d'acquisition

Pour simplifier les calculs, nous avons posé comme hypothèse dans cette étude de cas que la valeur de l'immeuble est égale à son prix de revient d'acquisition. Il faut rappeler que la valeur et le coût (ou prix de revient) sont deux notions distinctes.

Cela est évident s'il s'agit d'un immeuble acquis il y a plusieurs années pouvant avoir, dans cet intervalle de temps, gagné ou perdu de la valeur tandis que son prix de revient d'acquisition restera une donnée historique et invariable dans le temps.

Mais cette distinction existe également au moment même de l'acquisition de l'immeuble. En effet, au prix de vente de l'immeuble perçu par le vendeur viennent s'ajouter divers éléments de coût pour l'acquéreur. Ces éléments comprennent en particulier les droits de mutation et les dépenses diverses occasionnées par l'étude de l'acquisition : honoraires d'avocats, frais de *due diligence* technique et environnementale, commission des éventuels agents ayant réalisé l'intermédiation, etc.

Dès lors, le prix de revient pour l'acquéreur est nécessairement supérieur au prix de vente effectivement perçu par le vendeur. L'une ou l'autre de ces grandeurs peut être conventionnellement qualifiée de valeur de l'immeuble : le prix de vente correspond à la valeur de l'immeuble pour le vendeur tandis que le prix de revient total correspond à la valeur de l'immeuble du point de vue de l'acquéreur. On comprend alors la nécessité d'une convention méthodologique afin de définir quelle valeur retenir. Cela pourrait être par exemple la valeur médiane. En l'occurrence, celle qui est communément retenue pour déterminer une valeur unique de l'immeuble à un instant donné est le prix perçu par le vendeur appelé « valeur vénale hors droits ».

2. Quelques notions complémentaires concernant les ratios et covenants *look-forward*

À l'écriture, les covenants *look-forward* n'étaient pas conçus comme des instruments de déclenchement d'un défaut du contrat de prêt. En raison de leur caractère prévisionnel et des nombreuses hypothèses que leur calcul nécessitait, il était difficilement acceptable que la sanction soit aussi lourde qu'un défaut du prêt, notamment si le paiement des intérêts et le remboursement du principal continuaient à être honorés normalement par l'emprunteur et que les covenants instantanés étaient respectés.

La sanction rencontrée le plus couramment en cas de non-respect d'un covenant *look-forward* était la modification de la cascade des paiements (*waterfall*). Cette modification se traduisait par une allocation plus importante du cash-flow excédentaire à l'amortissement de la dette ou à la dotation d'un compte de réserve nanti au profit de la banque qui pouvait, le cas échéant, être utilisé pour servir la dette.

Les covenants *look-forward* avaient ainsi une utilité comme instruments supplémentaires de prévention des situations à risque. Ils permettent d'anticiper les situations de crise et d'orienter l'emprunteur vers des choix de gestion favorisant la stabilité de la valeur des actifs, parfois au détriment de la plus-value espérée à terme par l'investisseur. Cela restait à l'avantage de la banque, avant tout à la recherche de la préservation de la valeur de l'actif garantissant sa créance.

Depuis la crise financière de 2007, la tendance a été la disparition des covenants instantanés qui sont désormais remplacés de façon quasi systématique par des covenants *look-forward*. Il semble que l'approche générale ait évolué en raison d'une volonté de donner un caractère plus anticipatoire aux covenants. Cependant, cela résulte aussi d'un rapport de force plus favorable aux banques qu'aux emprunteurs depuis la crise financière.

En outre, pour qu'ils prennent tout leur sens, les covenants *look-forward* doivent être utilisés dans des cas de figure où les hypothèses retenues pour les pourcentages et les niveaux de renouvellement des loyers peuvent faire l'objet d'une analyse statistique. Cela signifie qu'on les emploiera surtout dans le financement de portefeuilles d'actifs ou dans le financement d'immeubles accueillant un grand nombre de locataires.

Par ailleurs, la notion de *look-forward* peut s'appliquer aux covenants d'ICR et de DSCR mais n'est pas adaptée aux covenants de LTV. Cela reviendrait en effet à essayer de déterminer des valeurs futures d'immeubles, exercice bien plus aléatoire que celui de la prévision d'un flux locatif futur.

Enfin, la prise en compte de la couverture de taux dans le calcul des ratios *look-forward* est un sujet méthodologique intéressant. Le débat est vite tranché quant à l'impact des *swaps* à taux fixe dans le calcul des frais financiers au dénominateur du ratio : il faut intégrer les *swaps* et calculer les frais financiers sur la base du taux fixe synthétique. En revanche, la question devient plus complexe à propos des couvertures optionnelles de type *cap* ou *collar* : doit-on retenir la valeur plafond du taux ou bien une combinaison entre la valeur plafond et la valeur actuelle du taux variable, voire la valeur de marché du taux de *swap* sur l'horizon considéré ? Cette question n'est pas tranchée et pourra donner lieu à de longues discussions entre l'emprunteur et la banque au moment de la négociation des termes du contrat de prêt.

Cas n° 8
Acquisition et sale and lease back *sur un patrimoine immobilier d'exploitation*

Énoncé

Une chaîne de restauration fait l'objet d'un rachat par un fonds d'investissement. La chaîne comprend au total 100 restaurants, tous détenus en pleine propriété. La chaîne réalise un chiffre d'affaires total hors taxes de 175 millions d'euros et dégage un EBITDA[1] équivalent à 30 % du chiffre d'affaires hors taxes. L'acquisition par le fonds d'investissement est réalisée sur la base d'un prix correspondant à un multiple de 8 fois l'EBITDA.

1. Calculez la valeur de la chaîne de restauration (que l'on assimile – pour simplifier – au prix d'acquisition par le fonds d'investissement).

Après l'acquisition, le fonds décide de réaliser une opération de cession-bail (*sale and lease back*) sur le patrimoine immobilier de la chaîne. Le loyer sera équivalent à 12 % du chiffre d'affaires dans le cadre de baux fermes de 9 ans. La valeur de ce patrimoine immobilier fait ressortir un taux de capitalisation de 7 %.

2. Calculez la valeur des « murs » (patrimoine immobilier) de ce portefeuille de restaurants.

On suppose par ailleurs que la valeur de la chaîne de restauration, après cession de son patrimoine immobilier, sera désormais calculée sur la base d'un multiple de 6 fois l'EBITDA, avec un nouvel EBITDA correspondant à l'ancien EBITDA déduction faite du loyer dont la chaîne doit désormais s'acquitter.

3. Calculez la valeur de la chaîne post cession immobilière.

1. Se reporter au lexique en fin de manuel.

4. Comparez les résultats des trois questions précédentes et commentez.

L'acquisition de la chaîne de restaurants, avant la cession immobilière, était financée par une dette de type LBO sans sûreté sur les actifs immobiliers et à hauteur de 2/3 du montant de l'investissement, le dernier 1/3 étant financé sur fonds propres.

5. Calculez le montant de la dette LBO et le montant des fonds propres investis par le fonds.

6. En supposant que les 2/3 du produit de la cession immobilière permettent de rembourser la dette LBO, calculez le montant résiduel de la dette LBO et le montant résiduel des fonds propres. Commentez.

7. Si le fonds d'investissement est en mesure d'augmenter le levier sur sa dette LBO à hauteur des 2/3 de la valeur de l'entreprise après la cession immobilière, calculez le montant de cette nouvelle dette et le montant des fonds propres restant dans l'opération par rapport à ceux initialement investis par le fonds. Commentez.

Corrigé

1. Calculez la valeur de la chaîne de restauration (que l'on assimile – pour simplifier – au prix d'acquisition par le fonds d'investissement).

Calcul de l'EBITDA de la chaîne de restauration sur la base des hypothèses de l'énoncé :

EBITDA = 30 % × 175 M€ [Chiffre d'affaires hors taxes de la chaîne]

EBITDA = 52,5 M€

La valeur de la chaîne s'en déduit immédiatement en utilisant le coefficient multiplicateur :

V = 52,5 M€ [EBITDA] × 8

V = **420 M€**

2. Calculez la valeur des « murs » (patrimoine immobilier) de ce portefeuille de restaurants.

Calcul du montant du loyer annuel :

Loyer = 12 % [Taux d'effort] × 175 M€ [Chiffre d'affaires hors taxes]

Loyer = 21 M€ par an

La valeur immobilière (« VI ») ou valeur des murs est donc :
VI = 21 M€ [Loyer] / 0,07 [Taux de capitalisation]
VI = **300 M€**

3. Calculez la valeur de la chaîne post cession immobilière.

On applique de nouveau la méthodologie employée à la question 1 en modifiant l'EBITDA pour tenir compte de la charge de loyer venant désormais grever le compte d'exploitation de la chaîne. Par ailleurs, le multiple inférieur d'EBITDA reflète l'élément de risque supplémentaire lié au fait que l'entreprise n'est plus propriétaire de ses murs.

EBITDA post cession = 52,5 M€ [EBITDA] – 21 M€ [Loyer]
EBITDA post cession = 31,5 M€

La nouvelle valeur de la chaîne (« VI post cession ») après cession du patrimoine immobilier est donc :
VI post cession = 31,5 M€ [EBITDA post cession] × 6
VI post cession = **189 M€**

4. Comparez les résultats des trois questions précédentes et commentez.

En théorie, la valeur de la chaîne avant cession du patrimoine immobilier (420 millions d'euros) devrait être égale à la valeur de la chaîne après cession (189 millions d'euros) augmentée de la valeur du patrimoine immobilier (300 millions d'euros). Mais ce n'est pas le cas : la séparation entre le patrimoine immobilier et l'exploitation des restaurants fait ressortir un boni de 69 millions d'euros (différence entre la valeur finale totale de 489 millions d'euros et la valeur initiale de 420 millions d'euros).

On pourrait penser que cet accroissement de valeur de 69 millions d'euros est lié à un élément de liquidité supplémentaire, de la même façon que la somme des valeurs des appartements d'un immeuble vaut plus que l'immeuble tout entier. Mais nous ne pouvons pas appliquer ce raisonnement ici car il n'y a pas véritablement de parcellisation du patrimoine, l'opération réalisée consistant uniquement à séparer le patrimoine immobilier – en bloc – de l'exploitation des restaurants.

En réalité, l'explication de cet écart tient essentiellement au fait que les valorisations de l'entreprise et de son patrimoine immobilier sont réalisées sur des marchés différents, l'une sur le marché de l'immobilier et l'autre sur le marché des cessions d'entreprises. Une décorrélation peut exister entre ces marchés, notamment parce que la conclusion de baux fermes de 9 ans valorise l'immobilier et aussi parce que l'effet de levier est généralement plus important dans les financements immobiliers structurés que dans les financements de LBO. Cette décorrélation sera alors une source d'arbitrage et de profit pour les opérateurs, comme c'est le cas ici pour le fonds d'investissement.

5. Calculez le montant de la dette LBO et le montant des fonds propres investis par le fonds.

Le montant de la dette LBO est égal aux 2/3 du montant initial de l'investissement.

Dette LBO = 2/3 × 420 M€ [Montant de l'investissement]

Dette LBO = **280 M€**

Le montant des fonds propres investis par le fonds correspond à la différence :

Fonds Propres = 420 M€ [Montant de l'investissement] – 280 M€ [Dette LBO]

Fonds Propres = **140 M€**

6. En supposant que les 2/3 du produit de la cession immobilière permettent de rembourser la dette LBO, calculez le montant résiduel de la dette LBO et le montant résiduel des fonds propres. Commentez.

La cession immobilière générant un produit de 300 millions d'euros dont les 2/3 vont au remboursement de la dette LBO initiale, le montant résiduel de dette LBO s'établit comme suit :

Dette LBO résiduelle = 280 M€ [Dette LBO initiale] – 2/3 × 300 M€ [Valeur des murs]

Dette LBO résiduelle = **80 M€**

Le montant des fonds propres résiduels se calcule sur la base de l'affectation du 1/3 restant du produit de la vente immobilière au remboursement des fonds propres de l'investisseur.

Fonds propres résiduels = 140 M€ [Fonds propres initiaux] – 1/3 × 300 M€ [Valeur des murs]

Fonds propres résiduels = **40 M€**

Suite à la cession immobilière, on constate une diminution significative de l'endettement et des fonds propres initialement investis. Cela dit, il faut ramener ces montants à la nouvelle valorisation de la société – sans son patrimoine immobilier – qui s'élève à 189 millions d'euros. Cette valorisation correspond au passif à 80 millions d'euros de dette LBO résiduelle (soit un effet de levier de 42 %), à 40 millions d'euros de fonds propres résiduels et à 69 millions d'euros reflétant l'écart de valorisation suite à la dissociation entre patrimoine immobilier et exploitation des restaurants.

7. Si le fonds d'investissement est en mesure d'augmenter le levier sur sa dette LBO à hauteur des 2/3 de la valeur de l'entreprise après cession immobilière, calculez le montant de cette nouvelle dette et le montant des fonds propres restant dans l'opération par rapport à ceux initialement investis par le fonds. Commentez.

Comme évoqué dans la réponse à la question précédente, le fonds d'investissement souhaitera négocier avec sa banque (ou d'autres banques) une augmentation de sa dette bancaire (*releverage*) afin de revenir à un ratio de 2/3 d'endettement. Il pourrait espérer obtenir une dette de :

Dette LBO releveragée = 2/3 × 189 M€ [Valeur de la chaîne après cession de l'immobilier]

Dette LBO releveragée = **126 M€**

Cela correspondrait à un accroissement de dette de 46 millions d'euros qui pourrait permettre de continuer à rembourser les fonds propres initiaux de l'investisseur. Il resterait donc dans l'opération un montant de fonds propres de :

Fonds propres finaux = 40 M€ [Fonds propres résiduels] – 46 M€ [Accroissement net de dette]

Fonds propres finaux = **– 6 M€**

Cela ne signifie pas que les fonds propres de la société seraient négatifs (puisque l'on aurait toujours 69 millions d'euros de plus-value latente) mais que l'investisseur aurait remboursé l'intégralité du capital initialement investi en dégageant même un surplus de 6 millions d'euros.

Cela pose immédiatement la question de l'opportunité pour la banque de participer à la réalisation d'un tel accroissement de dette mais aussi celle du degré d'implication futur du fonds d'investissement dans le succès de l'entreprise. Ces différents points sont développés en détail dans le commentaire qui suit.

Commentaire

Nous allons aborder ici la question des arbitrages entre marchés et celle du rapport de force entre l'investisseur et la banque en fonction des capitaux apportés par chacun dans l'opération.

1. Les arbitrages entre marchés

La première question que l'on peut se poser en lisant l'énoncé de cette étude de cas concerne l'écart de valorisation selon que la société détient ou ne détient pas ses actifs immobiliers : alors que rien n'a changé dans l'activité de la société, la somme de la valeur de son exploitation et de son immobilier, lorsque celui-ci est externalisé, est supérieure à la somme de ces mêmes éléments lorsqu'ils sont réunis. On se référera au corrigé de la question 4 introduisant la notion de décorrélation entre marchés.

Ce n'est pas la valorisation initiale ou finale de la société, ni la valorisation de son patrimoine immobilier qui sont individuellement fausses. C'est le fait que ces valeurs sont établies sur des marchés distincts qui produit cet écart. Le passage du statut de propriétaire à celui de locataire est en effet perçu différemment par le marché immobilier et par le marché des cessions d'entreprises : dans notre exemple, le marché immobilier valorise fortement l'existence de baux d'une durée ferme de 9 ans ; en revanche, le marché des cessions d'entreprises reste plus neutre, pour autant que cette durée ferme n'excède pas un horizon raisonnable au-delà duquel le bail pourrait être assimilé à une dette.

Mais pour aller un peu plus loin dans l'analyse de l'arbitrage, il faut aussi tenir compte de l'exécution de l'opération d'externalisation. Comme tout arbitrage, l'opération décrite dans cette étude de cas recèle un facteur de risque n'apparaissant pas de prime abord mais que l'on peut mettre en évidence par une analyse plus fine. C'est le cas de l'apparente décorrélation des valorisations entre les marchés qui postule implicitement qu'une réalisation instantanée de l'externalisation immobilière serait possible pour faire ressortir immédiatement la plus-value.

Or, ce postulat de l'instantanéité est bien loin d'être vérifié : le fonds d'investissement va d'abord devoir réaliser une analyse complète des immeubles sur le plan immobilier, juridique, technique et financier, puis trouver des acquéreurs potentiels, leur laisser étudier le dossier, en choisir un parmi eux et mener avec lui le processus de cession immobilière jusqu'à son terme. Au total une séquence se déroulant sur plusieurs mois. Et cette séquence ne pourra véritablement commencer qu'à partir du moment où le fonds d'investissement aura effectivement acquis la chaîne de restauration et ses immeubles.

Le risque que prend le fonds d'investissement dans la réalisation de cet arbitrage correspond donc au délai de mise en œuvre, délai au cours duquel le marché immobilier peut baisser jusqu'à rendre l'opération d'externalisation sans intérêt d'un point de vue financier. Le scénario du pire peut même être envisagé : la découverte ou la survenance d'un obstacle imprévu, de nature juridique ou réglementaire, qui empêcherait toute vente du patrimoine immobilier après l'acquisition de la chaîne de restauration.

De nombreux grains de sable peuvent enrayer le déroulement du processus entre l'acquisition de la chaîne et la revente des immeubles. C'est précisément ce risque lié à l'exécution de l'opération que vient rémunérer l'arbitrage. Il revient alors au fonds d'investissement (i) d'estimer correctement le risque d'exécution – y compris celui de la variation du marché immobilier pendant le processus de cession des immeubles –, (ii) d'essayer de le minimiser – par exemple en débutant l'analyse immobilière avant l'acquisition de la chaîne de restauration puis en s'assurant que ses conseils travailleront avec rapidité – et (iii) de vérifier que la rémunération attendue est bien à la mesure des risques encourus.

2. Le rapport de force entre l'investisseur et la banque

La seconde partie de l'étude de cas rappelle l'importance qu'il faut accorder aux montants comparés des capitaux apportés respectivement par l'investisseur et par la banque en début d'opération et à leur évolution au cours du temps en fonction de la clé de répartition des cash-flows excédentaires. Ces montants déterminent le rapport de force entre l'investisseur et la banque, ce qui permet d'avoir une grille d'anticipation du comportement de chacun de ces deux acteurs en cas de difficulté.

Il y a en effet, du point de vue de la banque, deux lectures possibles d'une opération immobilière.

La première approche – la plus immédiate et la plus répandue – est centrée sur l'actif immobilier. Elle postule que l'investisseur, quel que soit le niveau de fonds propres investis dans l'opération, ne remettra pas de capitaux supplémentaires en cas de difficulté car il est entré dans l'opération sur la base d'un montage *non recourse*. Cette première approche privilégie l'analyse du ratio de LTV puisque seule la qualité de la couverture de la dette par la valeur de l'actif compte alors pour la banque.

La seconde approche – un peu moins répandue mais tout aussi utile – est centrée sur l'investisseur. Elle suppose que la question du rapport de force entre la banque et l'investisseur est primordiale, ce rapport de force résultant des montants investis par chacune des deux parties dans l'opération. Elle postule que, si l'investisseur a contribué de façon significative au financement initial de l'opération et a conservé un montant important à risque, il participera plus volontiers à une recapitalisation de la structure emprunteuse sous réserve qu'il ne considère pas cette décision comme un investissement en pure perte. La seconde approche privilégie donc l'analyse du ratio de LTC (*Loan To Cost*), rapport entre le montant du prêt et celui du prix de revient de l'investissement. L'évolution de ce ratio au cours du temps n'est pas liée à la valeur de l'actif mais aux remboursements en principal au profit de la banque (amortissement du prêt) ou au profit de l'investisseur (remboursement de comptes courants d'actionnaires, réduction de capital, versement de dividendes, etc.).

Bien évidemment, aucune de ces deux approches ne couvre à elle seule la réalité mais il est important de les avoir toutes les deux à l'esprit lorsque l'on effectue une analyse préalable à la négociation.

La seconde approche, celle du rapport de force avec l'investisseur, est à cet égard prépondérante lorsque le financement bancaire est réalisé sur la base de ratios de LTC inférieurs à 50 %. Les investisseurs acceptant des leviers de cet ordre sont en général des investisseurs long terme ayant pour principal objectif la préservation de la valeur et l'obtention d'un rendement sécurisé. Il est donc très probable qu'ils remettent des capitaux supplémentaires dans l'opération si celle-ci connaît des difficultés passagères, pour autant qu'ils en aient les moyens et que l'investissement soit identifié comme viable sur le long terme.

Inversement, l'approche par la valeur de l'actif sera à privilégier pour des financements bancaires sur la base de ratios de LTC supérieurs à 75 %. Les investisseurs qui recherchent ce type de leviers sont généralement des investisseurs dits « opportunistes » ou « spéculatifs » visant avant tout le gain en plus-value à court ou moyen terme. Leur appétence à remettre des fonds propres dans l'opération en cas de difficulté sera plus limitée que s'ils avaient initialement financé l'actif pour un montant de fonds propres plus important.

Si l'on se situe dans la fourchette de 50 % à 75 % pour le ratio de LTC, il faudra probablement aborder l'analyse des risques de l'opération en combinant les deux méthodes.

Par ailleurs, il faut garder à l'esprit que l'analyse du rapport de force ne se fait pas sur la base du LTC historique – celui qui correspond à la structure de financement au début de l'opération – mais du LTC instantané, correspondant au LTC historique retraité des montants remboursés à la banque ou à l'investisseur. Par exemple, un investisseur ayant contribué à hauteur de 30 millions d'euros de fonds propres à une opération d'un montant total de 100 millions d'euros mais ayant pu en retirer l'équivalent de 20 millions d'euros sur la base du cash-flow disponible n'a plus que 10 millions d'euros à risque dans l'opération. Si dans le même temps la banque n'a pas amorti son prêt initial de 70 millions d'euros, le ratio de LTC est passé de 70 % (70/100) à 88 % (70/80). Il faudra conserver cela en mémoire en cas de négociation tendue avec l'investisseur.

Enfin, il convient d'apporter une attention particulière à la nature des événements pouvant conduire à libérer tout ou partie des fonds propres initialement apportés par l'investisseur.

Si cette libération s'effectue dans le cadre d'une cession effective d'actifs avec plus-value (par exemple, la vente d'un immeuble provenant d'un portefeuille qui a été financé globalement), il sera difficile de refuser à l'investisseur de retirer le fruit de sa prise de risque, dans la mesure où le produit de la vente a été effectivement constaté et encaissé. L'allocation du cash-flow excédentaire se fera alors sur la base des règles initialement fixées dans le contrat de financement (*cf.* problématiques d'ALA et de *Release price* abordées dans l'étude de cas n° 6).

En revanche, s'il s'agit d'une libération de fonds propres par augmentation de l'effet de levier sur la base d'une nouvelle expertise faisant ressortir une valorisation supérieure des actifs (comme c'est le cas à la question 7 de la présente étude de cas), il faut absolument s'interroger sur l'opportunité d'une telle opération. Celle-ci est en effet fondée sur une valorisation par expert (donc par nature estimative) et non sur une véritable transaction conclue avec un tiers et générant des produits financiers effectifs. Notre propos n'est pas de dire que la banque doit absolument refuser tout montage de ce type mais simplement qu'elle doit analyser avec encore plus de minutie la pérennité de la valeur de l'actif sous-jacent.

Cas n° 9
Financement d'un portefeuille d'hôtels

Énoncé

Vous êtes un banquier spécialisé dans le financement des opérations immobilières. L'un de vos clients est un investisseur immobilier qui envisage d'acquérir, au travers d'une société de type SAS créée spécifiquement pour cette opération, un portefeuille de 50 hôtels 3 étoiles représentant un total de 3 000 chambres. Les hôtels seraient acquis « murs et fonds » par l'investisseur, c'est-à-dire avec les murs en pleine propriété ainsi que le fonds de commerce attaché à chaque hôtel.

Les hôtels sont exploités par une chaîne présente sur l'ensemble du territoire national. Ils font tous l'objet du même bail type sous la forme d'un contrat de location gérance. Ce contrat prévoit que les hôtels sont loués pour une durée de 15 ans sur la base d'un loyer égal chaque année au plus élevé des deux montants suivants : (i) loyer variable égal à 20 % du chiffre d'affaires de l'hôtel et (ii) loyer minimum garanti (« LMG ») de 6 000 euros par chambre.

Le montant de l'investissement tous frais compris est de 300 millions d'euros. L'emprunteur est la SAS détenue à 100 % par l'investisseur, les fonds propres étant apportés sous la forme d'une dotation en capital de la SAS.

Le financement demandé correspond à un effet de levier initial de 75 %, pour une durée de 5 ans, avec un amortissement annuel de 3 millions d'euros (amorti en fin d'année) pendant les 5 ans. Le financement est à taux variable indexé sur EURIBOR 3 mois augmenté d'une marge de 120 bp. La commission de montage est de 50 bp.

1. Sur la base de quel rendement minimum l'investisseur achète-t-il ce portefeuille d'hôtels ? Comment peut-il espérer voir ce rendement s'améliorer ?

*2. En supposant que l'emprunteur doive respecter un covenant de DSCR (*Debt Service Coverage Ratio*) d'au moins 120 % pendant la première année, calculez quel serait pendant la première année le niveau maximal admissible de la couverture de taux à mettre en place (on prendra un loyer égal au loyer minimum garanti).*

*3. Faites à nouveau ce calcul si l'emprunteur doit également respecter un covenant d'ICR (*Interest Coverage Ratio*) d'au moins 160 % pendant la première année.*

4. Quel dispositif de sûretés et garanties allez-vous mettre en place au titre de ce financement ? En quoi certaines de ces sûretés peuvent-elles être différentes de celles d'un financement d'immeuble de bureaux ?

5. Détaillez les risques pouvant menacer le service de la dette pendant la durée du financement et les éléments qui peuvent vous donner du confort dans cette opération.

La clause de loyer minimum garanti comprend en fait une variante : si le loyer variable est inférieur au loyer minimum garanti, la différence entre les deux montants vient incrémenter un compteur. Lorsque ce compteur atteint 15 millions d'euros, la notion de loyer minimum garanti disparaît et seul le loyer variable subsiste.

6. Si le taux d'occupation des hôtels (« TO ») est de 60 %, que le prix moyen de la chambre (« PM ») est de 100 euros la nuit et que les autres sources de revenu des hôtels (restauration, minibar, parking, location de salles, etc.) représentent un surplus de 20 % par rapport au revenu provenant des chambres, au bout de combien d'années la limite du compteur est-elle atteinte ? Commentez ce résultat du point de vue du locataire, de l'investisseur et de la banque.

Terminologie

La terminologie particulière de l'immobilier d'hôtellerie n'étant pas couverte par le lexique à la fin de cet ouvrage, on trouvera ci-après quelques concepts utiles :

– on parle couramment du nombre de clés plutôt que du nombre de chambres, ce terme permettant d'englober les chambres à proprement parler et les suites ;

– le « TO » correspond au Taux d'Occupation de la chambre sur une période donnée. Par exemple un TO de 70 % correspondra à une chambre louée 21 nuits sur un mois de 30 jours ;

– le « PM » correspond au Prix Moyen de la chambre qui est le prix moyen effectivement facturé pour chaque nuitée vendue. Le PM est généralement inférieur au prix public affiché compte tenu des remises accordées aux voyagistes effectuant des réservations pour un grand nombre de chambres et longtemps à l'avance ainsi qu'aux tarifs négociés avec les clients qui restent pour des séjours de longue durée ;

– le « RevPAR » (*Revenue Per Available Room*) est la multiplication du TO par le PM. Il correspond au chiffre d'affaires dégagé par l'hôtel sur la partie hébergement (hors restauration et services annexes de l'hôtel) divisé par le nombre total de chambres. C'est un bon indicateur pour comparer les performances de différents hôtels mais aussi pour suivre les performances au quotidien d'un hôtel et ajuster le cas échéant l'offre tarifaire ;

– pour estimer la valeur d'un hôtel, il existe plusieurs méthodes (valorisation par chambre, multiple du chiffre d'affaires, multiple du revenu brut d'exploitation, etc.) ainsi qu'une méthode plus ancienne dite « règle du millième » permettant d'obtenir rapidement une première estimation en multipliant le prix moyen de la chambre par 1 000 et par le nombre de chambres. Un hôtel de 100 chambres réalisant un PM de 60 euros sera ainsi valorisé 6 millions d'euros. Cette méthode est relativement adaptée à une hôtellerie de moyenne gamme (2 ou 3 étoiles). Gardons aussi en mémoire qu'en immobilier d'hôtellerie plus encore que dans les autres classes d'actifs immobiliers, il est important d'utiliser au moins deux méthodes différentes de valorisation lorsque l'on expertise un actif.

Corrigé

1. Sur la base de quel rendement minimum l'investisseur achète-t-il ce portefeuille d'hôtels ? Comment peut-il espérer voir ce rendement s'améliorer ?

Le rendement minimum qu'obtiendra l'investisseur correspond à celui résultant de l'application de la clause de loyer minimum garanti (« LMG »), sous réserve que l'exploitation des hôtels permette à l'opérateur d'honorer effectivement son loyer.

LMG [Loyer minimum garanti] = 6 000 [LMG par chambre] × 3 000 [Nombre de chambres]
LMG = 18 M€

Rendement minimum = 18 M€ [LMG] / 300 M€ [Investissement]
Rendement minimum = **6,0 %** l'an

Le principal moyen pour le propriétaire de voir son rendement s'améliorer est la mise en jeu de la clause de loyer variable si le chiffre d'affaires des hôtels permet de dépasser le seuil du LMG. Ce seuil est calculé comme suit :

CA par chambre × 20 % > 6 000 €
CA par chambre > 30 000 €

En supposant que les recettes annexes (restauration, divers) correspondent à 20 % des recettes sur le prix de la chambre et que le prix moyen de la chambre soit de l'ordre de 100 euros par nuit, on peut calculer un taux d'occupation minimum à atteindre pour que joue le loyer variable.

TO (Taux d'occupation sur base 365 jours) = 30 000 € [CA par chambre] / (1,20 [Intégration des recettes annexes] × 100 [Prix moyen de la chambre] × 365 [Base annuelle])

TO = 68 %

C'est un taux de remplissage relativement courant en France dans l'hôtellerie 3 étoiles. L'investisseur bénéficie d'un rendement assuré de 6 % grâce au LMG. Le déclenchement du loyer variable est fixé à un niveau nécessitant une certaine performance de la part de l'opérateur et au-delà duquel ce dernier doit commencer à dégager des profits significatifs (*cf.* ci-après « Commentaire »). D'autres équilibres contractuels sont possibles avec, par exemple, un loyer minimum garanti moins élevé procurant des rendements minimums de 4 % à 5 % en contrepartie d'une clause de loyer variable offrant une part plus importante des recettes (par exemple, 25 %) au propriétaire lorsqu'elle est déclenchée.

*2. En supposant que l'emprunteur doive respecter un covenant de DSCR (*Debt Service Coverage Ratio*) d'au moins 120 % pendant la première année, calculez quel serait pendant la première année le niveau maximal admissible de la couverture de taux à mettre en place (on prendra un loyer égal au loyer minimum garanti).*

La réponse s'obtient par un calcul de ratio de DSCR, en résolvant une équation où l'inconnue est le niveau du taux de référence EURIBOR.

Une question méthodologique se pose ici de savoir s'il convient ou non d'intégrer la commission de montage dans le calcul du DSCR. Tout dépend de la rédaction effective de cette clause dans le contrat de prêt mais l'économie du ratio milite plutôt pour son absence de prise en compte. En effet, la commission de montage est habituellement versée en une seule fois au moment de la signature du contrat de financement ou du déblocage des fonds. Généralement payée sur les fonds propres de l'investisseur ou bien directement déduite par la banque du montant qu'elle met à la disposition de l'emprunteur, elle concerne uniquement la phase d'acquisition de l'immeuble. À l'inverse, le ratio de DSCR vise plutôt la phase de gestion du prêt après l'acquisition. Il est donc logique que cette commission ne soit pas prise en compte dans le calcul du ratio.

L'équation à résoudre est la suivante :

DSCR = 18 M€ [LMG] / (3 M€ [Amortissement] + (EURIBOR + 1,20 %) × 225 M€ [Montant des intérêts]) > 120 %

D'où EURIBOR + 1,20 % < 5,33 %

Soit EURIBOR < **4,13 %** l'an

La couverture de taux, qu'elle soit sous forme de *swap* ou de *cap*, devra permettre de couvrir tout risque d'évolution du taux EURIBOR 3 mois au-delà de 4,13 % l'an.

*3. Faites à nouveau ce calcul si l'emprunteur doit également respecter un covenant d'ICR (*Interest Coverage Ratio*) d'au moins 160 % pendant la première année.*

Pour le calcul concernant le ratio d'ICR, l'équation est de même nature que pour le DSCR :

ICR = 18 M€ [LMG] / ((EURIBOR + 1,20 %) × 225 M€ [Montant des intérêts]) > 160 %

D'où EURIBOR + 1,20 % < 5,00 %

Soit EURIBOR < **3,80 %** l'an

Les covenants de DSCR et d'ICR, bien que fixés à des niveaux respectifs sensiblement différents (120 % et 160 %) aboutissent finalement à des contraintes assez voisines sur l'EURIBOR 3 mois. C'est la plus forte de ces deux contraintes qui sera retenue, à savoir une couverture de taux à 3,80 % l'an maximum.

4. Quel dispositif de sûretés et garanties allez-vous mettre en place au titre de ce financement ? En quoi certaines de ces sûretés peuvent-elles être différentes de celles d'un financement d'immeuble de bureaux ?

Le dispositif des sûretés comportera les principaux éléments suivants (liste non exhaustive) :

– **sûreté hypothécaire de premier rang** sur les immeubles financés, sous forme d'une hypothèque de premier rang ou d'une hypothèque légale spéciale du prêteur de deniers (anciennement privilège de prêteur de deniers), qui pourra être utilisée si les fonds prêtés par la banque servent effectivement à acquérir les actifs et non à refinancer une dette existante ou à réaliser des travaux ;

– **nantissement** au profit de la banque du compte d'instruments financiers contenant les actions de la SAS emprunteuse ;

– **cession Dailly des loyers** générés par les immeubles ;

– **cession Dailly des éventuels produits de la couverture de taux** (sous réserve que la Banque de Couverture soit différente de la Banque de Financement – *cf.* étude de cas n° 2) ;

– **délégation des indemnités** de toutes natures que pourrait percevoir l'emprunteur au titre de la propriété des immeubles.

À ce dispositif classique il faudra ajouter dans le cas particulier du financement des murs et fonds d'hôtels le **nantissement des fonds de commerce des hôtels** au profit de la banque. Dans notre étude de cas, le fonds de commerce est détenu par le propriétaire des murs et n'est donné à l'opérateur hôtelier qu'en location gérance.

5. Détaillez les risques pouvant menacer le service de la dette pendant la durée du financement et les éléments qui peuvent vous donner du confort dans cette opération.

Pour assurer le service de la dette, il est nécessaire que le loyer encaissé reste supérieur à la somme des intérêts et de l'annuité de remboursement en principal de la dette. Les principaux facteurs de risque correspondent (i) à la variabilité du loyer, (ii) à son paiement effectif par le locataire et (iii) à son niveau par rapport aux variations possibles de la charge financière :

– s'agissant de la variabilité du loyer, la présence d'un LMG procure au propriétaire un rendement annuel de 6 % dans notre étude de cas. Le niveau élevé de ce rendement est appréciable dans la mesure où d'autres montages locatifs pourraient comporter un rendement minimum garanti plus faible (de l'ordre de 4 à 5 % l'an) voire un loyer exclusivement variable. Cela donne à l'investisseur un matelas de sécurité significatif avant que le service de la dette puisse être mis en danger ;

– le facteur de risque est ainsi déporté sur la capacité de l'exploitant à honorer le LMG. Face à cette éventualité, il y a d'importants éléments de confort dans ce dossier : le risque est diversifié sur un portefeuille de 50 hôtels et l'exploitation est réalisée par une chaîne d'envergure nationale – ce qui permet de bénéficier de la centrale de réservation de la marque – sans parler d'une éventuelle garantie de la maison mère de l'exploitant si le bail le prévoit ;

– enfin, si l'on s'intéresse au dernier élément, à savoir la couverture du service de la dette par le loyer, le LMG assure un rendement annuel de 6 % ce qui, compte tenu d'un effet de levier de 75 %, permet de couvrir le paiement des intérêts (hors amortissement) jusqu'à un taux d'intérêt de 8 % l'an. Cela laisse une bonne marge de sécurité en cas d'évolution à la hausse des taux d'intérêt. Un confort supplémentaire pourra être obtenu par la souscription d'une couverture de taux adéquate.

6. Si le taux d'occupation des hôtels (« TO ») est de 60 %, que le prix moyen de la chambre (« PM ») est de 100 euros la nuit et que les autres sources de revenu des hôtels (restauration, minibar, parking, location de salles, etc.) représentent un surplus de 20 % par rapport au revenu provenant des chambres, au bout de combien d'années la limite du compteur est-elle atteinte ? Commentez ce résultat du point de vue de l'exploitant, de l'investisseur et de la banque.

Sur la base des hypothèses ci-dessus, le chiffre d'affaires du portefeuille d'hôtels sera de :

CA = 3 000 [Nombre total de chambres] × 100 [Prix moyen de la Chambre] × 1,20 [Intégration des recettes annexes] × 60 % [Taux d'occupation] × 365 [Base annuelle]
CA = 78,840 M€

On en déduit immédiatement le loyer variable.

Loyer variable = 78,840 M€ [CA] × 20 % [Taux du loyer variable]
Loyer variable = 15,768 M€

Par rapport au LMG de 18 M€, cela représente une décote de :
Décote = 18 M€ [LMG] – 15,768 M€ [Loyer variable]
Décote = 2,232 M€

Si l'exploitation des hôtels ne s'améliore pas, il faudra pour consommer le compteur de 15 millions d'euros un nombre d'années de :
Nombre d'années = 15 M€ [Compteur] / 2,232 M€ [Décote]
Nombre d'années = 6,72 années

Soit approximativement **6 ans et 3 trimestres**.

Du point de vue de la chaîne exploitant les actifs, cette disposition particulière qui transforme un engagement fixe en engagement variable en cas de sous-performance permet probablement d'éviter de retraiter le loyer comme une dette dans ses comptes consolidés. C'est en effet le cas lorsqu'une longue durée du bail se combine à un LMG élevé.

Du point de vue de l'investisseur, cette clause de disparition éventuelle du LMG est probablement la contrepartie de l'obtention d'un LMG relativement élevé.

Enfin, du point de vue de la banque, il est possible de réaliser différents scenarii de disparition du LMG, en fonction du taux de remplissage des hôtels. Quoi qu'il en soit, cet élément de variabilité accrue du loyer militera pour une exigence plus forte de couverture de taux par l'emprunteur.

Commentaire

Cette étude de cas aborde des problématiques très variées mais la plupart (notamment celles ayant trait aux ratios financiers et aux sûretés) ont déjà été commentées à l'occasion d'études de cas précédentes. Nous nous limiterons donc à développer quelques notions liées à la classe d'actifs particulière que constitue l'immobilier d'hôtellerie. Nous avons également ajouté une analyse spécifique du financement des maisons de retraite et des cliniques, qui font l'objet de l'étude de cas n° 2 mais dont le traitement au plan financier s'apparente à celui des hôtels.

1. L'hôtellerie, une classe d'actif immobilier à part

L'hôtellerie est une industrie à la croisée entre le monde des services, marqué par une forte proportion de main-d'œuvre dans la valeur ajoutée, et celui de l'immobilier, caractérisé par une forte intensité capitalistique et des coûts fixes importants. Le coût de mise à disposition de l'immobilier est indépendant de son taux de remplissage (sauf en cas de loyer variable). Le nombre d'employés affectés à un hôtel l'est aussi en partie, à l'exception des modes spécifiques de gestion mis en place par les opérateurs de l'hôtellerie économique (polyvalence des employés, mutualisation des fonctions sur plusieurs sites, etc.).

Ce contexte d'industrie de main-d'œuvre mais à forts coûts fixes multiplie des risques liés à l'exploitation. La principale problématique pour le propriétaire d'un hôtel qui ne souhaite pas en être l'exploitant va donc consister à négocier la répartition des risques d'exploitation entre lui et l'opérateur avec lequel il souhaite contracter. Il faut distinguer deux formes principales de relation entre propriétaire et exploitant d'un hôtel : le contrat de gestion et le bail.

Dans le contrat de gestion, l'exploitant sera un simple gestionnaire de l'hôtel prélevant une redevance sur le chiffre d'affaires. Cela signifie que la majorité des risques d'exploitation resteront à la charge du propriétaire. En revanche, dans le bail, l'exploitant s'acquittera d'un loyer auprès de son propriétaire en prenant pour lui la majorité des risques d'exploitation.

Tout cela serait relativement simple si, à ce premier niveau d'analyse juridique et opérationnelle, ne venaient se superposer deux autres strates plus financières, la première ayant trait à la variabilité des flux versés par l'exploitant et la seconde, dans le cas d'un opérateur exploitant plusieurs hôtels, au niveau de garantie groupe pouvant être donné par l'opérateur au propriétaire. Ce sont ces deux strates qui seront prépondérantes dans l'analyse de la banque envisageant de financer le propriétaire.

La première strate porte sur la variabilité des flux dans un contrat de bail. Il faudra distinguer le cas d'un loyer fixe (risque sur l'exploitant) de celui d'un loyer variable (risque sur le propriétaire) indexé sur le chiffre d'affaires de l'hôtel et/ou son résultat brut d'exploitation. Dans la réalité, c'est souvent une combinaison entre un loyer minimum garanti (LMG) et un loyer variable comme dans notre étude de cas.

Dans l'hypothèse d'une combinaison entre LMG et loyer variable, le partage des risques d'exploitation entre propriétaire et opérateur sera révélé (i) par le niveau du LMG – plus il est faible, plus le risque porte sur le propriétaire – et (ii) par le pourcentage du CA et/ou du RBE que représente le loyer variable – en général, un LMG faible est compensé par un pourcentage élevé de participation au résultat au travers du loyer variable. Certains baux avec un LMG faible et une participation forte aux résultats de l'hôtel tendent ainsi à se rapprocher plus du contrat de gestion que du bail.

La seconde strate concerne la mutualisation du risque. Si l'hôtel en question est le seul exploité par l'opérateur, le point est vite réglé : le risque d'exploitation est autant sur le propriétaire que sur l'exploitant. En revanche, si l'hôtel est exploité par une chaîne nationale ou internationale, le propriétaire fera la distinction entre le cas où il est en risque sur l'hôtel seul et sur la société exploitante et la situation où il dispose d'une garantie de la maison mère de l'exploitant, garantie dont le bénéfice peut être cédé à la banque finançant l'hôtel.

Cette garantie de la maison mère pourra être illimitée ou limitée en montant. Le cas de garanties illimitées est très rare car les durées longues des baux hôteliers obligent à limiter les montants des garanties afin de restreindre les passifs dans les comptes consolidés des grandes chaînes hôtelières. Le second cas est beaucoup plus courant et comporte des mécanismes assez élaborés pouvant par exemple désactiver la garantie si le loyer variable a été durablement et significativement inférieur au LMG pendant plusieurs années (principe de désactivation voisin de celui de l'étude de cas). Dans ce dernier cas, la garantie de la maison mère existe en cas de sous-performance temporaire de l'hôtel mais elle disparaît si cette sous-performance ne parvient pas à être corrigée, ce qui pourra être le signe d'un problème structurel lié à l'hôtel et à sa localisation. Toute la question consiste pour le propriétaire à négocier ces seuils avec l'exploitant afin d'obtenir une forme de garantie de la maison mère qui puisse être acceptable par la banque.

Pour conclure, les banques ont clairement tendance à préférer les flux fixes aux flux variables car il existe alors deux niveaux de protection pour la banque, le premier étant celui du locataire-exploitant qui – en cas de difficulté passagère – pourra souhaiter payer son loyer même si les flux d'exploitation sont en deçà des prévisions, le second niveau étant celui du propriétaire-emprunteur, qui pourra servir d'amortisseur en complétant l'insuffisance de loyer par sa propre trésorerie pour servir la dette.

Cela dit, cette préférence des banques pour les flux fixes peut parfois être illusoire car l'hôtel reste un actif immobilier à part, qui a nécessairement besoin de personnel et d'une structure d'exploitation pour générer des revenus. Que le loyer soit fixe ou qu'il soit variable, il faut que l'hôtel fonctionne et qu'il soit profitable pour qu'un loyer soit acquitté de façon pérenne. Pour cette raison, l'analyse de risque par la banque devra être autant immobilière et hôtelière que purement financière.

2. Le financement des maisons de retraite et des cliniques

Dans le prolongement de l'étude de cas n° 2 et par analogie avec le traitement des hôtels au plan du financement, nous donnons ici quelques notions sommaires concernant le financement des cliniques ou des maisons de retraite.

Les cliniques ainsi que les maisons de retraite (médicalisées ou non) se prêtent généralement bien aux financements sous forme de portefeuilles :

– leurs revenus sont sécurisés car assis sur des flux qui sont – pour une part significative – financés de façon ultime par des organismes à forte solvabilité (caisses de retraite, Sécurité sociale, mutuelles) ;

– les baux signés par les exploitants des cliniques ou des maisons de retraite sont souvent des baux fermes de longue durée (10 à 12 ans), ce qui permet d'obtenir des effets de leviers importants de la part des banques ;

– les investisseurs / emprunteurs au titre des contrats de financement sont généralement des sociétés spécialisées dans la détention de murs de cliniques ou des sociétés civiles immobilières constituées par les principaux praticiens de la clinique. En cas de montage sans recours sur l'investisseur, le financement en portefeuille permet de répartir sur plusieurs actifs le risque pouvant exister sur une implantation en particulier, que ce soit d'un point de vue immobilier (localisation, zone de chalandise, conception du bâtiment, niveau des charges) ou d'un point de vue opérationnel (risque de réputation pouvant porter sur un établissement pris individuellement).

Un élément essentiel d'appréciation du risque dans le financement des cliniques et des maisons de retraite est le caractère monovalent des immeubles, c'est-à-dire sans véritable usage alternatif sauf à accepter des travaux d'adaptation dont le montant est rapidement équivalent à celui d'une démolition et reconstruction à neuf. De ce caractère monovalent résulte l'intérêt particulier du financement en portefeuille qui permet de mutualiser le risque sur plusieurs actifs.

Un autre facteur de risque concerne les obligations réglementaires s'imposant aux exploitants de cliniques et de maisons médicalisées. Les normes qui en résultent peuvent avoir un impact sur la structure ou sur l'agencement de l'immeuble. Un immeuble peut ainsi nécessiter des travaux plus ou moins importants en cas d'évolution de la réglementation sanitaire, jusqu'à devenir complètement obsolète.

Au final, la monovalence de ces actifs se traduit par une prime de risque sur le taux de capitalisation par rapport aux taux de capitalisation des actifs de logement, de commerce ou de bureaux et ceci en dépit de flux sécurisés sur le long terme. Cette classe d'actif est donc attractive mais réservée aux investisseurs avertis et aux banques ayant une bonne compréhension des risques induits.

Chapitre 3

Le financement des promoteurs et des marchands de biens

« Être homme, c'est précisément être responsable.
C'est sentir, en posant sa pierre, que l'on contribue à bâtir le monde »

Saint-Exupéry

Cas n° 10
Financement d'une opération de promotion

Énoncé

Un promoteur a décidé de construire un immeuble de bureaux de 20 000 m^2. Il acquiert le terrain d'assiette de l'opération pour 60 millions d'euros qu'il règle intégralement à l'acquisition.

Les travaux de construction commencent immédiatement pour une durée de deux ans. Ces travaux représentent un coût total de 40 millions d'euros. Le promoteur et l'entreprise de construction s'entendent sur l'échéancier de paiement suivant : 50 % des travaux seront payés par le promoteur à la fin de la première année et 50 % à l'achèvement de l'immeuble, à la fin de la deuxième année.

Parallèlement, le promoteur pré-vend l'immeuble à un investisseur, pour un prix de 6 000 €/m^2. Ce prix sera payé par l'investisseur en une seule fois, à la livraison de l'immeuble. Le paiement à terme est garanti au promoteur par la banque de l'investisseur.

1. Sachant que le promoteur dispose de 30 millions d'euros de fonds propres à allouer à cette opération, quel est le montant du financement bancaire nécessaire pour la mener à bien (par souci de simplicité, on ne prendra en compte ni les frais financiers, ni les aspects fiscaux de l'opération) ?

2. Comment la banque du promoteur sera-t-elle rémunérée au titre de l'ouverture de crédit qu'elle accordera ?

Corrigé

1. Sachant que le promoteur dispose de 30 millions d'euros de fonds propres à allouer à cette opération, quel est le montant du financement bancaire nécessaire pour la mener à bien (par souci de simplicité, on ne prendra en compte ni les frais financiers, ni les aspects fiscaux de l'opération) ?

Nous établissons tout d'abord un tableau des emplois et ressources de cette opération afin de mettre en évidence le besoin de financement (fonds propres et dette bancaire) et d'en déduire le montant de financement bancaire nécessaire.

On calcule le prix de vente de l'immeuble à l'investisseur, qui est la seule donnée manquante pour le tableau.

Prix de vente = 6 000 € [Prix de vente au m^2] × 20 000 [Surface]

Prix de vente = 120 M€

Le tableau des emplois et ressources s'établit comme suit (N.B. : ce sont des montants cumulés et non des flux annuels) :

Emplois	**Début**	**1 an**	**Livraison**
Terrain	60 M€	60 M€	60 M€
Construction	–	20 M€	40 M€
Total emplois	**60 M€**	**80 M€**	**100 M€**

Ressources	**Début**	**1 an**	**Livraison**
Vente immeuble	–	–	120 M€
Total ressources	–	–	**120 M€**

Besoin de financement	**Début**	**1 an**	**Livraison**
Emplois-Ressources	**60 M€**	**80 M€**	**– 20 M€**

Le besoin de financement est de 60 millions d'euros en début d'opération, avec un pic à 80 millions d'euros en cours d'opération, pour se transformer en excédent de 20 millions d'euros à la livraison de l'immeuble suite à la perception du prix de vente.

Le promoteur disposant de 30 millions d'euros de fonds propres à allouer à cette opération, son besoin net de financement est donc de **50 millions d'euros** (montant net correspondant au pic de 80 millions d'euros). C'est le montant de l'ouverture de crédit qu'il va solliciter auprès de sa banque.

2. Comment la banque du promoteur sera-t-elle rémunérée au titre de l'ouverture de crédit qu'elle accordera ?

L'ouverture de crédit comportera les éléments suivants de rémunération pour la banque :

– une commission de montage (ou frais de dossier) permettant de couvrir les différents frais d'étude et de structuration du financement ;

– diverses commissions de mise en place permettant de couvrir les frais administratifs de délivrance du crédit et de déblocage des fonds au fur et à mesure de l'avancement de la construction ;

– la commission de non-utilisation perçue sur le montant du crédit confirmé par la banque mais pas encore utilisé par le promoteur ;

– la marge bancaire dans le cadre des intérêts facturés au promoteur sur les fonds qui sont effectivement mis en place par la banque.

Commentaire

Cette étude de cas succincte nous sert d'introduction au financement des promoteurs, ce sujet étant également traité dans les études de cas n° 11 et n° 18. Nous porterons ici notre attention sur un enjeu essentiel, à savoir le dimensionnement du besoin de financement bancaire. Nous évoquerons ensuite la structure de la rémunération de la banque dans les crédits aux promoteurs.

1. Le dimensionnement du financement bancaire dans les opérations de promotion

À la différence du financement des investisseurs pour lequel les emplois (immeuble et frais d'acquisition) et les ressources (fonds propres et dette) sont connus dès l'origine, les opérations de promotion immobilière sont soumises à divers aléas, tant dans leurs emplois que dans leurs ressources et tant sur les montants que sur leurs dates de réception ou de paiement. Dès lors, la précision de l'estimation du besoin de financement total devient un enjeu majeur car elle conditionne le montant des fonds propres qui devront être apportés par le promoteur ainsi que le montant de l'ouverture de crédit qui sera demandée à la banque.

Le dimensionnement de l'ouverture de crédit aura un impact immédiat sur le compte de résultat du promoteur au travers de la commission de montage, généralement proportionnelle au montant du crédit, et surtout des commissions de non-utilisation facturées sur la partie non tirée du crédit. En outre, plus le montant du crédit sera important, plus la banque sera encline à demander une dotation en fonds propres à due concurrence afin de maintenir un ratio acceptable de LTC. Le promoteur aura donc tout intérêt à dimensionner son crédit au plus juste. Il devra néanmoins conserver une marge de sécurité suffisante pour pouvoir gérer les imprévus, faute de quoi il serait obligé de les financer intégralement sur fonds propres. Solliciter de nouveau la banque en cours d'opération aurait en effet peu de chances d'aboutir.

Pour bien comprendre la problématique et l'enjeu, nous allons reprendre les principaux emplois et ressources d'une opération de promotion immobilière et analyser le risque de variation pour chacun de ces postes :

– le **terrain** : c'est *a priori* le poste ayant le moindre risque de connaître une variation puisque le terrain est acquis par le promoteur préalablement ou concomitamment au lancement de la promotion. En outre, le prix auquel le promoteur est prêt à l'acquérir a fait l'objet d'une première estimation selon la méthodologie dite du « bilan promoteur ». Cette méthode consiste à évaluer l'ensemble des postes de l'opération, y compris le prix de vente escompté et la marge prévisionnelle, et d'en déduire le prix que le promoteur peut accepter pour le terrain. Enfin, les clauses de complément de prix postérieurement à l'acquisition restent rares pour un terrain, surtout si la surface constructible qui lui est attachée n'est pas modifiée. Cela dit, un risque de variation existe néanmoins en cas de pollution du terrain non détectée initialement, d'où la nécessité pour le promoteur de réaliser les études environnementales adéquates avant de l'acquérir. Le promoteur peut par ailleurs refuser ou limiter la portée de toute clause qui consisterait à exonérer le précédent propriétaire de sa responsabilité dans ce domaine ;

– les **constructions** : la problématique est nettement différente selon que le promoteur aura passé un contrat d'entreprise générale avec un prestataire unique qui va ensuite faire appel à différents sous-traitants ou que le promoteur passera lui-même les marchés de travaux avec des entrepreneurs qui interviennent alors en corps d'états séparés. Dans le premier cas, le promoteur aura généralement négocié un contrat à prix fixe et délai fixe avec le constructeur, de sorte que les éventuelles variations resteront limitées aux prestations supplémentaires ajoutées en cours de chantier à la demande du promoteur lui-même. Dans le second cas, le promoteur obtiendra des conditions de prix meilleures puisque la coordination des entrepreneurs sera de son ressort. Mais cette économie se paiera sous la forme d'un plus grand risque de variation du coût global, l'entreprise générale n'étant plus là pour jouer le rôle d'amortisseur. Par ailleurs, un important facteur de variation dans l'immobilier de bureaux sera la location ou non de l'immeuble avant la signature des marchés de travaux : si l'immeuble est loué avant la signature des marchés, les spécifications du locataire auront été intégrées en amont dans le cahier des charges ; en revanche, si l'immeuble est loué en cours de chantier ou après l'achèvement, il est très probable que cela se traduise par des surcoûts liés aux demandes particulières d'aménagement du locataire dans le cadre de la négociation de son bail ;

– les **ventes** : c'est le poste pour lequel la prévision se révèle la plus délicate, la seule exception étant le cas d'un immeuble qui serait vendu à un investisseur avant même que l'opération de promotion soit lancée. Mais ce cas de figure reste peu fréquent car la majorité des situations correspond à des immeubles de commerces ou de bureaux qui ne sont vendus qu'une fois loués, ou à des promotions en habitation qui sont vendues lot par lot, le chantier étant lancé dès qu'un certain pourcentage de préventes a été atteint. Dans ces différentes situations, il y aura systématiquement une double inconnue, à savoir le montant effectif de la vente et surtout la date de perception des fonds, avec le cas échéant des mécanismes d'acomptes et de paiements échelonnés. Un certain nombre d'hypothèses sur la commercialisation de l'immeuble sont donc nécessaires, cette analyse prospective du marché constituant l'un des savoir-faire essentiels du promoteur.

En définitive, établir le budget d'une opération de promotion est un exercice nécessitant de faire des hypothèses sur les emplois comme sur les ressources, et tant sur les montants concernés que sur les dates auxquelles ils seront perçus ou déboursés. Le promoteur doit par ailleurs intégrer des provisions pour aléas dans les différents postes budgétaires et savoir expliquer à la banque le raisonnement l'ayant conduit à dimensionner les aléas de telle ou telle manière.

2. La rémunération de la banque dans une opération de promotion

Nous avons déjà eu un premier aperçu de la question de la rémunération de la banque dans l'étude de cas n° 3 et nous approfondirons cette question sous divers angles dans les études de cas n° 14, 16 et 18.

L'objet du présent commentaire est de développer la question de la composition spécifique de cette rémunération dans les opérations de promotion. En effet, le financement des promoteurs a la particularité d'être habituellement structuré sous la forme d'une ouverture de crédit qui est progressivement utilisée au cours de l'opération. En outre, la durée d'un crédit promoteur est généralement limitée à la période de construction de l'immeuble, à laquelle s'ajoute éventuellement une période de financement du portage allant de quelques mois à quelques années (rarement plus de deux ans). L'objet de cette période est d'éviter une situation de défaut automatique si l'immeuble n'est pas vendu à l'achèvement.

Si l'opération se déroule comme prévu et que l'immeuble est revendu en cours de chantier ou peu de temps après l'achèvement, le crédit sera utilisé progressivement pendant la construction de l'immeuble pour atteindre un maximum juste avant l'achèvement.

Il sera remboursé à la livraison ou peu de temps après. Le promoteur pourra même faire en sorte qu'à tout moment ses ressources – hors crédit bancaire – couvrent ses emplois, de telle façon qu'il ne soit pas nécessaire d'utiliser le crédit bancaire. Ce sera par exemple le cas s'il a négocié de longs délais de paiement avec les entrepreneurs ou s'il a pré-vendu partiellement ou totalement l'immeuble et qu'il reçoit des acomptes du ou des acquéreurs au fur et à mesure de l'avancement de la construction.

Ainsi, une banque proposant des conditions de crédit avec une marge bancaire élevée et des commissions de non-utilisation faibles risque d'être faiblement rémunérée si le crédit n'est que très partiellement utilisé. Cette faible rémunération sera à mettre en regard des contraintes réglementaires qui obligent la banque à mobiliser une quote-part de ses fonds propres proportionnelle au montant total du crédit, qu'il soit utilisé ou non. Cela implique donc, pour la banque qui finance les promoteurs, de proposer des conditions bancaires qui lui garantissent un plancher de rémunération, en particulier au travers des commissions de non-utilisation.

La négociation des autres commissions (commissions de montage et commissions de mise en place des fonds) sera également cruciale, même si ces dernières sont censées rémunérer une prestation de service plus qu'une prise de risque.

Finalement, la négociation de ces commissions étant réalisée dans le cadre d'une mise en concurrence des établissements bancaires, deux éléments périphériques peuvent pousser la banque à faire un effort supplémentaire de tarification :

– d'une part, dans le financement des opérations de promotion d'immeubles d'habitation vendus par lots aux particuliers, la possibilité pour la banque qui finance le promoteur de se positionner aussi comme partenaire privilégié pouvant proposer des prêts immobiliers aux acquéreurs des lots ;

– d'autre part, et c'est ce que nous allons développer dans l'étude de cas n° 11, la délivrance de garanties émises à la demande du promoteur au bénéfice des autres intervenants de l'opération (garantie de paiement au profit de l'entrepreneur, garantie d'achèvement au profit de l'acquéreur), ce qui constitue un facteur essentiel de la rémunération dans le financement des promoteurs.

Cas n° 11

Les garanties bancaires dans les opérations de promotion

Énoncé

Un promoteur décide de réaliser une opération de promotion immobilière portant sur un ensemble de deux immeubles de bureaux identiques situés sur deux parcelles voisines.

Pour chaque immeuble, le coût du foncier est de 10 millions d'euros, le coût total de construction (y compris les frais d'étude et les frais financiers) est de 30 millions d'euros et la valeur prévisionnelle à la sortie est de 50 millions d'euros.

Les deux constructions sont lancées en parallèle. L'acquisition des terrains se fait au début de l'année 1, avec un paiement concomitant. La durée de construction est de deux ans, avec 25 % payés tous les 6 mois à compter de la fin du 6e mois, les derniers 25 % étant donc payés à l'achèvement.

Le premier immeuble est pré-vendu avant même l'acquisition du terrain. Le second immeuble n'est pas encore vendu. Le prix de vente du premier immeuble est perçu à 50 % au milieu de l'année 2 (c'est-à-dire 6 mois avant l'achèvement) et le solde à l'achèvement.

Le promoteur souhaite bénéficier d'une ouverture de crédit unique pour l'ensemble des deux immeubles.

1. Calculez le montant du besoin de financement tous les 6 mois à partir du début de l'année 1 et jusqu'à la fin de l'année 2.

2. Sachant que le promoteur dispose de 20 millions d'euros de fonds propres, quel est le montant de l'ouverture de crédit qui va être sollicitée ? Pourquoi le promoteur a-t-il intérêt à calculer au plus juste ce montant ?

3. Quand la banque va-t-elle lui demander de verser ces fonds propres ? Pourquoi ?

4. Le promoteur fait appel à un entrepreneur pour la construction des immeubles. Quelle garantie bancaire le promoteur va-t-il demander à l'entrepreneur et quelle garantie bancaire l'entrepreneur va-t-il demander au promoteur afin de sécuriser les prestations et flux de capitaux de part et d'autre ?

5. Quelle garantie bancaire l'investisseur qui achète le premier immeuble va-t-il demander au promoteur et quelle garantie bancaire le promoteur va-t-il demander à l'investisseur afin de sécuriser les prestations et flux de capitaux de part et d'autre ?

Corrigé

1. Calculez le montant du besoin de financement tous les 6 mois à partir du début de l'année 1 et jusqu'à la fin de l'année 2.

Le besoin de financement du promoteur se calcule à partir du tableau d'emplois et ressources ci-dessous agrégeant les deux immeubles (N.B. : ce sont des montants cumulés et non des flux annuels) :

Emplois	**Début**	**6 mois**	**12 mois**	**18 mois**	**24 mois**
Terrains	20 M€	20 M€	20 M€	20 M€	20 M€
Constructions	–	15 M€	30 M€	45 M€	60 M€
Total emplois	**20 M€**	**35 M€**	**50 M€**	**65 M€**	**80 M€**

Ressources	**Début**	**6 mois**	**12 mois**	**18 mois**	**24 mois**
Vente 1er immeuble	–	–	–	25 M€	50 M€
Total ressources	–	–	–	**25 M€**	**50 M€**

Besoin de financement	**Début**	**6 mois**	**12 mois**	**18 mois**	**24 mois**
Emplois-Ressources	**20 M€**	**35 M€**	**50 M€**	**40 M€**	**30 M€**

Le besoin de financement évolue de 20 millions d'euros au début de l'opération à 30 millions d'euros en fin d'opération en tenant compte de la vente du premier immeuble et en supposant que le second immeuble n'est pas encore vendu à son achèvement. Il passe par un pic à **50 millions d'euros** à la fin de la 1re année, qui est le montant à retenir pour le besoin maximum de financement.

2. Sachant que le promoteur dispose de 20 millions d'euros de fonds propres, quel est le montant de l'ouverture de crédit qui va être sollicitée ? Pourquoi le promoteur a-t-il intérêt à calculer au plus juste ce montant ?

Le dimensionnement de l'ouverture de crédit correspond au pic du besoin de financement, déduction faite des fonds propres apportés par le promoteur dans cette opération. Le promoteur va donc solliciter auprès de sa banque une ouverture de crédit de 30 millions d'euros (50 millions d'euros de pic de besoin de financement dont on déduit 20 millions d'euros de fonds propres).

Ce montant doit être calculé au plus juste par le promoteur car sa banque va percevoir des commissions de non-utilisation proportionnelles au montant de l'ouverture de crédit. Le promoteur a donc tout intérêt à limiter ce montant afin d'éviter de payer inutilement des frais financiers. Cela dit, il faut prévoir des provisions pour aléas dans les différents postes du budget afin de ne pas se trouver dans une situation d'impasse de trésorerie.

3. Quand la banque va-t-elle lui demander de verser ces fonds propres ? Pourquoi ?

La banque va demander au promoteur de verser l'intégralité de ses fonds propres dès le début de l'opération.

Si ce n'était pas le cas, cela signifierait qu'elle accepte de commencer à débloquer son ouverture de crédit avant le versement de l'intégralité des fonds propres par le promoteur. Elle prendrait donc le risque que ce dernier ne puisse pas ou ne veuille pas honorer par la suite son engagement de mise de capitaux. Le dilemme auquel elle serait alors confrontée serait le suivant : augmenter son risque dans l'opération au-delà du montant initialement prévu afin de terminer le chantier et vendre l'immeuble (en quelque sorte assurer à la fois le rôle de banque et celui de promoteur) ou bien arrêter le versement du crédit (et ne pas débloquer de capitaux supplémentaires au-delà du crédit) tant que la totalité des fonds propres n'a pas été versée par le promoteur.

En cas de défaillance effective du promoteur, il est probable que la banque se retrouverait dans l'obligation de choisir la première option et de financer l'impasse de trésorerie en lieu et place du promoteur, notamment si une part significative du crédit a déjà été tirée. Dans le cas contraire, elle prendrait le risque de perdre l'ensemble des sommes déjà tirées sur l'ouverture de crédit, l'immeuble ne pouvant être terminé faute de financement.

4. Le promoteur fait appel à un entrepreneur pour la construction des immeubles. Quelle garantie bancaire le promoteur va-t-il demander à l'entrepreneur et quelle garantie bancaire l'entrepreneur va-t-il demander au promoteur afin de sécuriser les prestations et flux de capitaux de part et d'autre ?

Le promoteur va demander à l'entrepreneur que la banque de ce dernier lui délivre une garantie de bonne fin lui permettant de s'assurer que les travaux seront exécutés jusqu'à l'achèvement de la construction, même en cas de défaillance de l'entrepreneur en cours de chantier.

En contrepartie, l'entrepreneur pourra demander au promoteur que la banque de ce dernier lui délivre une garantie de paiement. Le montant de cette garantie pourra être de 30 millions d'euros par immeuble dans notre étude de cas (le montant des travaux) ou plus précisément un montant correspondant à la fraction des travaux qui ne fait pas l'objet d'un règlement au fur et à mesure de l'avancement du chantier.

Cela dit, il reste courant que l'entrepreneur ne demande pas de garantie de paiement au promoteur, eu égard à la surface financière du promoteur, au montant du marché de travaux, à la séparation du chantier par corps de métiers ou à tout autre élément entré en jeu lors de la négociation du contrat de construction.

Un schéma de correspondance des garanties de bonne fin et de paiement entre promoteur et entrepreneur est donné dans le commentaire de cette étude de cas.

5. Quelle garantie bancaire l'investisseur qui achète le premier immeuble va-t-il demander au promoteur et quelle garantie bancaire le promoteur va-t-il demander à l'investisseur afin de sécuriser les prestations et flux de capitaux de part et d'autre ?

L'investisseur va demander au promoteur que la banque de ce dernier lui délivre une garantie financière d'achèvement lui permettant de s'assurer que les travaux seront exécutés jusqu'à la livraison de l'immeuble en cas de défaillance du promoteur en cours de chantier.

En contrepartie, le promoteur pourra demander à l'investisseur que la banque de ce dernier lui délivre une garantie de paiement. Le montant de cette garantie sera de 50 millions d'euros par immeuble dans notre étude de cas (le prix de vente de l'immeuble) et sera réduit au fur et à mesure des échéances de paiement du prix de vente.

Cela dit, dans certains cas de figure où le promoteur ou l'investisseur – voire les deux – bénéficient eux-mêmes d'une très bonne qualité de signature, il n'est pas rare qu'ils se passent l'un et/ou l'autre de garanties bancaires afin d'éviter de payer des commissions superflues et de limiter ainsi le coût global de l'opération.

Un schéma de correspondance des garanties financières d'achèvement et de paiement entre promoteur et investisseur est donné dans le commentaire de cette étude de cas.

Commentaire

À l'occasion de cette étude de cas, nous entrons un peu plus dans la technique du financement des promoteurs immobiliers. Le principal enseignement est que les dispositifs de financement des promoteurs sont principalement organisés autour des garanties délivrées et reçues, notamment lorsque l'opération de promotion se déroule comme prévu. Nous parlerons également du financement de la TVA dans les opérations de promotion. Nous poursuivrons enfin la réflexion commencée dans l'étude de cas n° 8 à propos du rapport de force entre la banque et l'investisseur en étendant cette problématique au financement des promoteurs, sous l'angle du calcul du ratio de LTC dans les opérations de promotion.

1. Le financement des promoteurs : une affaire de garanties

De façon assez paradoxale, un promoteur qui sollicite une banque va être plus à la recherche de garanties que de financements. En effet, si l'on analyse les principaux emplois et ressources de l'opération :

– l'acquisition du terrain sera habituellement financée exclusivement sur fonds propres. Plusieurs raisons à cela : tout d'abord le terrain est parfois acquis en amont de l'opération, avant même que soient négociés les contrats de construction et de financement ; par ailleurs, lors de l'acquisition du terrain, il peut subsister des risques juridiques ou techniques qu'un promoteur peut – sous certaines conditions – accepter de prendre mais pas une banque ; enfin, les capitaux sont usuellement versés et retirés suivant une logique LIFO *(Last In First Out)* en fonction de leur degré de subordination : on verse d'abord les fonds propres puis la dette et on rembourse d'abord la dette puis les fonds propres. Il est donc possible que lorsque l'ensemble des fonds propres ont été versés par le promoteur, il ne soit finalement plus nécessaire de tirer la dette parce que d'autres ressources sont arrivées plus tôt que prévu pour combler le besoin global de financement ;

– le promoteur aura tout intérêt à négocier un échéancier de paiement lointain avec les entreprises réalisant la construction de l'immeuble. Il faut certes établir un comparatif entre le surcroît de prix que demanderont les entreprises pour un tel décalage de paiement et le coût du financement par crédit équivalent si le promoteur payait immédiatement. Mais généralement, les entreprises de construction sont prêtes à accepter un léger décalage de paiement sans que cela se traduise par une augmentation du prix des travaux. Parfois même, il est plus avantageux que l'entrepreneur assure lui-même la trésorerie plutôt que la banque du promoteur en fonction des conditions de financement bancaire de l'un et de l'autre. Tout l'art du promoteur consiste alors à tirer parti de ce crédit gratuit ou à conditions avantageuses ;

– enfin, le produit de la vente de l'immeuble constitue pour le promoteur une ressource dont le paiement pourra être partiellement anticipé, que l'on soit dans le cas d'un immeuble vendu lot par lot à des particuliers ou vendu en bloc à un investisseur institutionnel : si l'immeuble a été pré-vendu suffisamment en avance par rapport à l'achèvement, le promoteur pourra faire en sorte d'adosser à ses emplois constitués par le règlement des travaux les ressources que constituent les acomptes et paiements intermédiaires du ou des acquéreurs.

On aboutit ainsi au paradoxe qu'une opération de promotion se déroulant très bien se réalise en fait sans tirer sur la ligne de financement. Le rôle de la banque est alors limité à la fourniture du filet de sécurité que constitue l'ouverture de crédit et à l'émission de garanties au profit des contreparties du promoteur, en l'occurrence à l'investisseur qui acquiert l'immeuble et aux entreprises qui le construisent.

Cela illustre *a contrario* le rôle essentiel des garanties émises par les banques dans les opérations de promotion. Dans les deux schémas ci-dessous, nous avons fait ressortir ces garanties mais également les contre-garanties demandées par les banques émettrices à leurs clients respectifs. Ces contre-garanties permettent de comprendre précisément le fonctionnement des garanties.

Schéma Promoteur – Entrepreneur

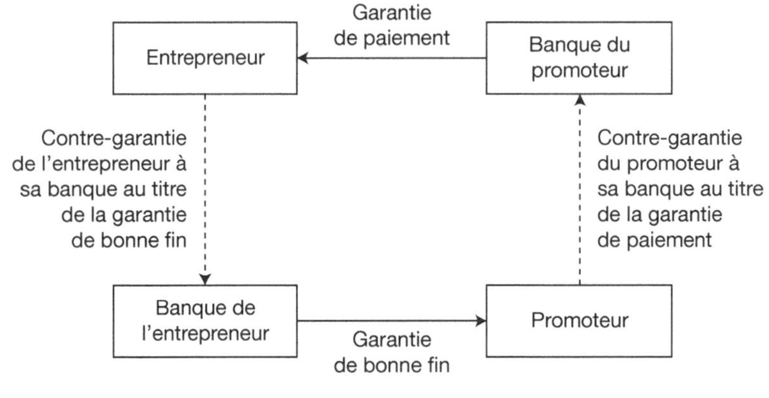

Si l'on prend l'exemple du promoteur et de l'entrepreneur qui construit l'immeuble, chacun est exposé à un risque sur l'autre : le promoteur est exposé au risque de faillite de l'entrepreneur en cours de chantier. Il devra alors trouver un autre entrepreneur et le cas échéant payer une nouvelle fois les lots de travaux qu'il aurait réglés d'avance. À l'inverse, l'entrepreneur est exposé à un risque de faillite du promoteur. Cela pourrait conduire l'entrepreneur à ne pas être payé pour des lots de travaux qu'il aurait entamés sur le chantier ou bien pour lesquels il aurait déjà commandé les matériaux correspondants. Le problème est que la seule signature de l'une ou l'autre des parties envers l'autre ne suffit pas toujours pour procurer un confort satisfaisant : il faut donc faire intervenir un tiers garant en qui l'autre partie aura confiance. L'entrepreneur demandera que le promoteur soit garanti par une banque en laquelle l'entrepreneur a suffisamment confiance. Le même raisonnement s'appliquera au promoteur et à la banque de l'entrepreneur en fonction des tailles respectives des intervenants et du projet.

Mais pour que chacune des deux banques accepte de délivrer une garantie, il faut qu'elle dispose elle-même d'un engagement de son client de la couvrir en cas de mise en jeu de la garantie. Si la garantie est actionnée par le bénéficiaire, la banque émettrice se retournera directement vers son client pour obtenir compensation. Ce mécanisme de contre-garantie est formalisé par la lettre d'ordre du client à sa banque.

En définitive, chaque banque ne prend pas d'autre risque que sur son propre client dans la mesure où elle garantit à l'autre partie la solvabilité ou la performance de son client. Même si le mécanisme de la garantie est plus complexe que celui du financement car il implique un tiers bénéficiaire, il n'en reste pas moins une prise de risque de la banque sur son client donneur d'ordre. Ce risque est conceptuellement le même que dans une ouverture de crédit, dans laquelle bénéficiaire et donneur d'ordre sont la même personne : l'emprunteur.

On retrouvera ci-dessous le mécanisme des garanties et des contre-garanties dans le cadre de la relation entre le promoteur et l'investisseur, qui obéit à la même logique que celle entre l'entrepreneur et le promoteur.

Schéma Promoteur – Investisseur

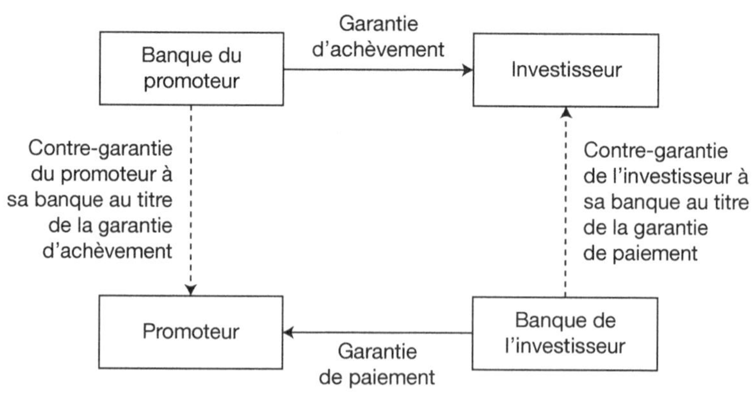

Nous terminerons notre propos avec le cas relativement courant d'une opération impliquant l'ensemble des parties citées plus haut, à savoir l'entrepreneur, le promoteur, l'investisseur et leurs banques respectives. Dans ce cas de figure, il apparaît que la banque de l'entrepreneur prend vis-à-vis du promoteur un risque de même nature que celui de la banque du promoteur vis-à-vis de l'investisseur : en effet, c'est essentiellement le défaut de l'entrepreneur qui risque de mettre à mal le chantier, bien plus qu'un éventuel défaut intrinsèque du promoteur, surtout si celui-ci a conclu un contrat d'entreprise générale avec le promoteur. Il est alors courant pour un promoteur de transférer directement à l'investisseur le bénéfice de la garantie de bonne fin qu'il a reçue de l'entrepreneur. De cette manière, le promoteur évite de solliciter sa propre banque et de payer inutilement des commissions. Et de la même manière, le promoteur peut transférer directement à l'entrepreneur le bénéfice de la garantie de paiement qu'il a reçue de l'investisseur, avec le même type d'économies à la clé.

2. Le financement de la TVA dans les opérations de promotion immobilière

Il existe en France, comme dans la plupart des pays européens, un double système de fiscalité des transactions immobilières. Une opération immobilière peut être, en fonction de la nature de la transaction et de l'âge de l'immeuble, placée sous le régime des droits de mutation ou bien assujettie à la TVA immobilière.

Historiquement les acquisitions d'immeubles bâtis, lorsqu'elles étaient assujetties à la TVA, donnaient lieu (i) au paiement de la TVA (calculée sur le prix de l'immeuble) par l'acquéreur au vendeur puis (ii) au versement de celle-ci par le vendeur au Trésor public et enfin (iii) au remboursement par le Trésor public à l'acquéreur sous réserve que la location de l'immeuble soit génératrice de loyers en TVA. Cette chaîne de flux a été simplifiée par l'administration fiscale il y a quelques années, de sorte qu'il n'y a plus nécessité aujourd'hui pour l'acquéreur de faire l'avance de la TVA. Les banques, qui couvraient auparavant ce besoin temporaire de financement, ne sont désormais plus sollicitées pour cela.

Cependant, à la différence des opérations d'investissement, les opérations de promotion immobilière continuent de nécessiter un financement intercalaire de la TVA puisqu'un projet de construction dure généralement entre 12 mois et 30 mois en fonction du type d'immeuble. Dans cet intervalle, le promoteur acquiert le terrain à bâtir (sous le régime de la TVA), règle les entrepreneurs (factures en TVA) et vend le cas échéant l'immeuble à un investisseur (réception du prix TVA comprise sur chacun des versements de l'investisseur). Il y a donc bien un besoin temporaire de financement de la TVA. Les banques finançant les opérations de promotion intègrent habituellement cet élément dans leur proposition de financement.

Les financements de TVA font généralement l'objet d'une marge bancaire réduite car ces crédits sont de courte durée et bénéficient comme sûreté d'une cession Dailly de la créance de l'emprunteur sur le Trésor public. Cela permet de les assimiler à un risque souverain dès lors que la cession de créance a été dûment notifiée au Trésor public.

3. Le calcul du ratio de LTC dans les opérations de promotion

Nous avons déjà abordé dans l'étude de cas n° 8 la question du rapport de force entre l'investisseur et sa banque, notamment sous l'angle du ratio de *Loan To Cost* (LTC). Nous allons voir ici que cette analyse est tout aussi importante dans la relation entre le promoteur et sa banque et qu'elle se double d'un élément de complexité supplémentaire lié au calcul particulier du ratio de LTC dans ces opérations.

Dans le cas du financement des promoteurs, le calcul du ratio de LTC est aussi utile que pour les montages investisseurs mais il est compliqué par le timing de décaissement des fonds et par la présence des garanties dans le dispositif. Dans le financement des investisseurs, le prêt est mis à disposition en même temps que l'investisseur verse les fonds propres, c'est-à-dire au moment de l'acquisition. En revanche, dans le financement d'une opération de promotion immobilière, le promoteur se trouve souvent confronté à une situation où il doit obtenir de sa banque la confirmation de son ouverture de crédit ainsi que l'émission de garanties à un moment où il n'a pas encore nécessairement déboursé la totalité de ses fonds propres. C'est notamment le cas lorsque le montant total des capitaux propres que le promoteur doit allouer à l'opération dépasse le simple coût du terrain et des études préalables. Par conséquent, les fonds propres du promoteur serviront également à payer les premières factures émises par l'entreprise de construction, le crédit bancaire n'étant débloqué que pour les factures suivantes. On se retrouve ainsi dans une situation potentielle de blocage car l'ouverture de crédit et l'émission des garanties sont nécessaires au lancement du chantier, alors même que les dépenses payables sur fonds propres n'ont pas été toutes réglées.

La façon la plus simple de résoudre ce blocage est d'ajouter une condition particulière préalable à l'émission de la garantie et à la mise à disposition des fonds du crédit : le dépôt par le promoteur sur un compte nanti au profit de la banque d'un montant correspondant à la part de fonds propres qu'il lui reste à investir dans l'opération. Ce dispositif permet ainsi à la banque de s'assurer que le promoteur aura bien versé toute sa part de capitaux propres avant que la banque ne se mette elle-même à risque par l'émission des garanties.

Pour illustrer cela par un exemple chiffré, prenons une opération de promotion d'un montant de 20 millions d'euros, dont le coût se décompose en 5 millions d'euros de foncier et études préalables et 15 millions d'euros de coût de construction. Le promoteur a obtenu un crédit de sa banque de 12 millions d'euros ainsi que l'émission d'une garantie de paiement au bénéfice du constructeur pour un montant de 15 millions d'euros, le tout sous réserve d'une mise de fonds propres de sa part de 8 millions d'euros. Le promoteur aura déjà dépensé 5 millions d'euros pour le terrain et les études. Il devra donc nantir les 3 millions d'euros restants au profit de la banque pour que cette dernière accepte d'émettre la garantie de 15 millions d'euros. Ces 3 millions d'euros sur le compte nanti seront débloqués directement par la banque pour payer les premières factures émises par le constructeur. Ce n'est que lorsque le compte nanti aura été épuisé que l'ouverture de crédit sera effectivement mise à disposition pour payer les factures suivantes.

Le ratio de LTC sera calculé en déduisant du montant de la garantie émise (qui correspond au risque maximal encouru par la banque) le montant déposé sur le compte nanti. De façon générale, le ratio de LTC est calculé en ne cumulant pas le montant de la garantie émise et celui de l'ouverture de crédit mais en additionnant (i) le montant effectivement tiré sur l'ouverture de crédit et (ii) le plus élevé entre le montant total de l'ouverture de crédit et celui de la garantie émise, déduction faite des tirages déjà réalisés et le cas échéant des comptes nantis.

Le paiement initial au constructeur par utilisation du compte nanti ainsi que les paiements ultérieurs par mise à disposition de l'ouverture de crédit viendront diminuer d'autant l'assiette de la garantie de paiement de la banque. De cette façon, les montants de la garantie de paiement et de l'ouverture de crédit ne se cumulent pas pour calculer l'exposition de la banque.

Sur ces bases et dans l'exemple précédent, le risque maximal de la banque est bien de 12 millions d'euros (montant de la garantie émise dont on déduit le montant du compte nanti). Le ratio de LTC est bien de 60 % (12 millions d'euros rapportés à un coût total de 20 millions d'euros). À chaque tirage sur l'ouverture de crédit, l'assiette de la garantie est réduite d'autant, de sorte que le montant de risque maximal reste toujours limité à 12 millions d'euros. Seule la répartition de ce risque entre montant financé et montant garanti mais non financé évolue dans le temps au fur et à mesure des paiements.

Pour conclure, cette question du rapport de force entre le promoteur et la banque est d'autant plus importante que les conditions du marché immobilier peuvent évoluer entre le lancement de l'opération de promotion et la date prévisionnelle d'achèvement de l'immeuble. Cela est particulièrement sensible si le promoteur a lancé son opération « en blanc » (sans locataire identifié) ou bien, s'agissant de la promotion de logements, avec un faible taux de pré-commercialisation. Dans ces deux cas de figure, le montant des fonds propres demandés par la banque au promoteur sera plus élevé afin de couvrir l'incertitude plus grande quant à la bonne fin de l'opération.

Cas n° 12
Ratios financiers dans une vente à la découpe d'immeuble d'habitation

Énonce

Un marchand de biens acquiert en bloc un immeuble de 40 appartements pour un montant total, tous frais compris, de 10 millions d'euros sur la base d'un rendement locatif d'acquisition de 4,50 % net de toutes charges et de tous frais de gestion. Il compte le revendre par appartements (« à la découpe ») dans un délai de 4 ans à un rythme de 10 appartements par an. Selon son business plan, les prix de revente devraient permettre de réaliser une plus-value de 25 % pour chaque appartement (valeurs de sortie correspondant à l'expertise de l'immeuble lot par lot au moment de l'acquisition).

Pour financer cette acquisition, il apporte 2,5 millions d'euros de fonds propres et lève un prêt bancaire de 7,5 millions d'euros, d'une durée de 4 ans, sur la base d'un taux variable à EURIBOR[1] + 150 bp. Afin d'amortir le prêt, la banque percevra 80 % du produit net de la vente de chaque appartement.

1. Calculez les ratios de LTC, de LTV (en prenant comme référence la valeur à la découpe) et d'ICR (en supposant que l'EURIBOR s'établit à 3,50 % l'an) au début de l'opération.

2. Si le business plan est respecté, calculez – sous réserve qu'ils aient un sens – les ratios de LTV et d'ICR en début d'année 3 et en début d'année 4 (on supposera que le taux EURIBOR reste constant à 3,50 % l'an).

3. En revanche, que se passe-t-il si aucune vente n'est réalisée et si le taux EURIBOR passe à 4,50 % l'an dès le début de l'opération ?

4. Dans ces conditions, quel élément la banque doit-elle intégrer à sa proposition de financement ?

1. Voir partie « Commentaire » à la fin de l'étude de cas n° 1.

Corrigé

1. Calculez les ratios de LTC, de LTV (en prenant comme référence la valeur à la découpe) et d'ICR (en supposant que l'EURIBOR s'établit à 3,50 % l'an) au début de l'opération.

Le prix d'acquisition tous frais compris est de 10 millions d'euros et le montant du prêt est de 7,5 millions d'euros. Nous en déduisons immédiatement le ratio de LTC.

LTC = 7,5 M€ [Montant du prêt] / 10 M€ [Montant de l'investissement]
LTC = **75 %**

Pour le calcul du ratio de LTV, la référence retenue dans cette étude de cas est la valeur de l'immeuble à la découpe, qui correspond au prix de revient de l'acquisition majoré de 25 %.

LTV = 7,5 M€ [Montant du prêt] / (10 M€ [Montant de l'investissement] × (1 + 0,25))
LTV = 7,5 / 12,5 = **60 %**

Pour le ratio d'ICR au début de l'opération, on calcule le revenu locatif à l'acquisition (sur une base annuelle ou trimestrielle) puis le montant de la charge d'intérêt (sur la même base annuelle ou trimestrielle) et enfin le ratio entre ces deux grandeurs.

Revenu locatif (base annuelle) = 10 M€ [Montant de l'investissement] × 4,50 % [Rendement de l'investissement]
Revenu locatif (base annuelle) = 450 000 €

Charge d'intérêt (base annuelle) = 7,5 M€ [Montant de la dette] × (3,50 % + 1,50 %) [Taux d'intérêt marge comprise]
Charge d'intérêt (base annuelle) = 375 000 €

ICR = 450 000 € [Revenu locatif] / 375 000 € [Charge d'intérêt]
ICR = **120 %**

2. Si le business plan est respecté, calculez – sous réserve qu'ils aient un sens – les ratios de LTV et d'ICR en début d'année 3 et en début d'année 4 (on supposera que le taux EURIBOR reste constant à 3,50 % l'an).

Si le business plan est respecté, le marchand de biens aura vendu au total 50 % des appartements (soit 20 lots) au début de l'année 3, ce pourcentage atteignant 75 % des appartements (soit 30 lots) au début de l'année 4.

La vente de chaque appartement se traduisant par un amortissement du prêt à hauteur de 80 % du prix de cession, ce prix de cession étant lui-même supérieur de 25 % au prix de revient, nous pouvons aisément calculer l'amortissement du prêt réalisé pour chaque vente d'appartement.

Amortissement unitaire = (10 M€ / 40) [Prix de revient unitaire des appartements] × (1 + 25 % [Plus-value de cession]) × 80 % [Quote-part du prix de vente affectée à l'amortissement du prêt]
Amortissement unitaire = 250 000 €

Pour calculer le ratio de LTV au début de l'année 3, on rapporte l'encours de prêt restant dû à la valeur du stock d'appartements restant à vendre (en supposant que la valeur des appartements à la découpe n'a pas changé depuis le début de l'opération). Il faut bien veiller à déduire du dénominateur la valeur des appartements vendus car, une fois cédés, ils ne font plus partie du stock sur lequel la banque dispose d'une hypothèque.

Encours de prêt début année 3 = 7,5 M€ [Montant initial du prêt] – 20 [Nombre de lots vendus] × 250 000 € [Amortissement unitaire]
Encours début année 3 = 2,5 M€

Valeur stock début année 3 = 50 % [Pourcentage du stock d'appartements restant à vendre] × 12,5 M€ [Valeur initiale du stock en valeur lot par lot]
Valeur stock début année 3 = 6,25 M€

Ratio de LTV en début d'année 3 :
LTV début année 3 = 2,5 M€ [Encours de prêt] / 6,25 M€ [Valeur résiduelle du stock]
LTV début année 3 = **40 %**

Le ratio de LTV s'est mécaniquement amélioré par rapport au début de l'opération sans qu'il soit besoin de faire une hypothèse d'augmentation de la valeur vénale des appartements. Cela est dû à un amortissement du prêt lors de chaque vente qui est supérieur à la quote-part de prêt initialement allouée à chaque lot (notion d'ALA et de *Release price* – *cf.* étude de cas n° 6). Ceci sous l'effet d'un pourcentage d'amortissement (80 %) supérieur à l'effet de levier initial (75 %), de surcroît appliqué à un prix de cession unitaire supérieur de 25 % au prix de revient initial.

Pour le calcul du ratio d'ICR, nous appliquons une méthodologie similaire en déduisant du stock initial les appartements vendus. Cela se traduit à la fois par un revenu locatif diminuant au fur et à mesure des ventes et par une charge d'intérêt diminuant aussi au cours du temps puisque la quote-part du prêt qui finançait ces appartements a été remboursée.

Revenu locatif début année 3 (base annuelle) = 50 % [pourcentage du stock d'appartements restant à vendre] × 450 000 € [Revenu locatif initial]
Revenu locatif début année 3 = 225 000 €

Charge d'intérêt début année 3 (base annuelle) = 2,5 M€ [Montant de la dette] × (3,50 % + 1,50 %) [Taux d'intérêt marge comprise]

Charge d'intérêt début année 3 (base annuelle) = 125 000 €

ICR = 225 000 € [Revenu locatif] / 125 000 € [Charge d'intérêt]

ICR = **180 %**

En début d'année 4, le montant résiduel de la dette s'établit comme suit :

Encours de prêt début année 4 = 7,5 M€ [Montant initial du prêt] – 30 [Nombre de lots vendus] × 250 000 € [Amortissement unitaire]

Encours début année 4 = 0

Le prêt est totalement amorti à la fin de l'année 3, soit un an avant la fin de la commercialisation prévisionnelle de l'immeuble. Le ratio de LTV s'établit à 0 % et celui d'ICR n'a plus de sens (valeur infinie liée à la division par zéro).

L'ensemble de ces résultats peut être visualisé dans le tableau ci-dessous :

	Début opération	**Début année 3**	**Début année 4**
LTV	60 %	40 %	0 %
ICR	120 %	180 %	Non applicable

3. En revanche, que se passe-t-il si aucune vente n'est réalisée et si le taux EURIBOR passe à 4,50 % l'an dès le début de l'opération ?

Si aucune vente n'est réalisée, le revenu locatif restera inchangé. Dans le même temps, la charge d'intérêt va augmenter si le taux EURIBOR passe à 4,50 % l'an.

Charge d'intérêt = 7,5 M€ [Montant du prêt] × (4,50 % + 1,50 %) [Taux d'intérêt marge comprise]

Charge d'intérêt (base annuelle) = **450 000 €**

Cela aura un effet immédiat sur le ratio d'ICR que l'on peut calculer comme suit :

ICR = 450 000 € [Revenu locatif] / 450 000 € [Charge d'intérêt]

ICR = **100 %**

Le revenu locatif généré par l'immeuble couvre alors tout juste le service de la dette. En d'autres termes, la moindre diminution du revenu locatif (départ de locataire, augmentation des charges de l'immeuble supportées par le propriétaire, etc.) ou la moindre augmentation de la charge d'intérêt aura pour conséquence l'impossibilité de servir la dette.

4. Dans ces conditions, quel élément la banque doit-elle intégrer à sa proposition de financement ?

La première réponse que l'on peut apporter est celle de l'ajout d'un covenant d'ICR, en fixant par exemple une valeur plancher à 110 % ou à 115 % ce qui permet de voir le covenant respecté en début d'opération (ratio initial d'ICR à 120 %). Le covenant pourra être testé chaque trimestre et, si le ratio d'ICR tombe en deçà de la limite fixée, le prêt sera déclaré en défaut ou – *a minima* – l'ensemble du cash-flow excédentaire viendra amortir le prêt.

Mais cet ajout de covenant n'aura un caractère préventif que très limité. En effet, si l'augmentation du taux d'intérêt est brutale, la dégradation du ratio d'ICR le sera également et la dette pourra très rapidement ne plus être servie. Le covenant ne servira donc qu'à anticiper légèrement la situation de crise mais ne permettra pas aux deux parties d'engager une négociation sur l'allocation du cash-flow entre le moment où le covenant est en défaut et celui où le service de la dette ne peut effectivement plus être assuré intégralement.

En fait, le véritable traitement préventif consisterait à conditionner l'octroi du financement à la mise en place par l'emprunteur d'une couverture de taux. Pour être efficace, cette couverture de taux ne devrait pas laisser l'EURIBOR excéder un niveau de 4,50 % l'an correspondant à un ratio d'ICR de 100 %. Elle pourrait être réalisée au moyen d'un *cap* ou d'un *swap* et il est fortement conseillé de fixer ou caper le taux à une valeur inférieure à 4,50 % afin de conserver une certaine marge de sécurité.

Commentaire

Nous abordons au travers de cette étude de cas le sujet des ventes à la découpe d'immeubles d'habitation. Cela peut paraître au premier abord un sujet très spécifique mais son économie générale et les mécanismes d'amortissement de la dette sont similaires à ceux que l'on rencontre dans toutes les acquisitions de portefeuilles d'immeubles destinés à être revendus lot par lot. Nous reviendrons également sur quelques questions relatives aux calculs de ratios financiers.

1. Les ventes à la découpe

Nous commencerons par un éclairage particulier sur les ventes à la découpe d'immeubles d'habitation. Il est en effet intéressant qu'un actif puisse être valorisé en bloc pour un prix donné et qu'au même moment il puisse avoir une valeur de 25 % supérieure si l'on individualise chacun des lots. Nous rejoignons ici la notion d'arbitrage entre marchés développée dans l'étude de cas n° 8.

L'arbitrage réalisé ici tient à la différence de valorisation de l'immeuble selon qu'il sera détenu :

– en bloc dans le patrimoine d'un investisseur institutionnel, avec les caractéristiques propres à la détention d'un immeuble d'habitation par un institutionnel : protection contre l'inflation, recherche de la plus-value sur le long terme, rendement faible mais reflétant un risque de vacance très limité, gestion plus consommatrice de temps qu'un immeuble de bureaux ;

– ou bien par appartements dans le patrimoine de particuliers pour leur propre usage ou dans le cadre d'une détention patrimoniale avec éventuellement des objectifs en termes de diversification de patrimoine ou de succession.

De la même façon que l'on trouvait dans l'arbitrage de l'étude de cas n° 8 un verrou créant une étanchéité entre ces marchés ainsi qu'une prise de risque particulière, il existe ici aussi un verrou et une prise de risque : le verrou correspond à la mise en copropriété de l'immeuble, avec son délai de mise en œuvre ; la prise de risque vient du délai de mise en copropriété et du temps nécessaire pour commercialiser la totalité des appartements, période pendant laquelle le marché immobilier peut se retourner et effacer les gains potentiels de l'arbitrage. Le rythme de réalisation d'une vente à la découpe est donc un élément essentiel pour le succès de l'opération.

Plus généralement et quelle que soit la nature de l'actif immobilier (habitation, commerces ou bureaux, lots de copropriété ou immeuble entier, etc.), on distingue trois grandes étapes dans la réalisation d'une vente à la découpe :

• *Première étape* : l'analyse de l'immeuble ou du portefeuille d'immeubles préalablement à l'acquisition. Il s'agit pour l'acquéreur de décider d'une stratégie de cession actif par actif en mettant en place une segmentation par groupes d'actifs en fonction de leur typologie : par exemple, ceux qui nécessitent une négociation avec le locataire, ceux qui demandent la réalisation de travaux ou ceux qui peuvent être vendus en l'état. Cette étape comprend également la *due diligence* technique et juridique réalisée en amont de l'acquisition.

• *Deuxième étape* : une fois l'acquisition réalisée, la mise en place juridique et commerciale de la campagne de vente. Cette étape est cruciale car elle correspond à la validation en temps réel de la *due diligence* juridique et technique et des hypothèses commerciales faites avant l'acquisition ; par exemple pour les immeubles d'habitation, elle correspond à la mise en copropriété de l'immeuble (aspects juridiques) et à la première réunion d'information avec les occupants (aspects commerciaux).

• *Troisième étape* : c'est la campagne de vente proprement dite qui se divise elle-même en trois phases.

  – La première phase correspond à la commercialisation du premier tiers de l'immeuble ou du portefeuille, qui se réalise généralement sans difficulté sauf imprévu technique ou juridique. Dans le cas contraire, il conviendra de s'interroger sur la qualité de la *due diligence* qui a été effectuée en amont de l'acquisition.

- La deuxième phase voit le deuxième tiers de l'immeuble ou du portefeuille être cédé : c'est la phase la plus longue mais aussi la plus importante. C'est elle qui va révéler la pertinence de la stratégie initialement décidée, tant sur la grille de prix retenue et son adéquation au marché – ce dernier ayant pu évoluer entre temps – que sur la nature de la segmentation et les négociations menées avec les occupants.
- Enfin, la dernière phase correspond à la commercialisation du reliquat, contenant généralement l'ensemble des lots qui nécessitent un travail plus approfondi et de plus longue haleine pour extraire la valeur des actifs, sur le même modèle que l'exploitation de la fin d'un puits de pétrole. Ce reliquat fera souvent l'objet d'une vente en bloc à un investisseur spécialisé ou d'un refinancement à plus long terme sur la base d'un effet de levier limité.

Pour la banque qui finance l'opération de vente à la découpe de l'immeuble ou du portefeuille d'immeubles, cette décomposition de la campagne de vente en trois phases a son importance. En effet, le remboursement du prêt devra impérativement s'effectuer au cours des deux premières phases afin d'éviter à la banque d'être contrainte de refinancer la dernière partie du portefeuille, moins liquide et à la valorisation plus aléatoire. C'est dans cette nécessité, ainsi que dans le souhait de ne pas laisser le marchand de biens remonter trop rapidement ses fonds propres, que le mécanisme de double accélérateur de l'amortissement bancaire trouve son origine : un pourcentage d'amortissement supérieur au LTC initial – premier accélérateur – est appliqué à un prix de cession lui-même supérieur – second accélérateur – au coût d'acquisition (*cf.* notion d'ALA et de *Release price* dans le commentaire de l'étude de cas n° 6). Sur ces bases, la banque sera en principe complètement dégagée de son risque lorsque les deux tiers de l'immeuble ou de portefeuille auront été vendus.

2. Les calculs de ratios financiers dans les ventes à la découpe

Une problématique classique dans les opérations de vente à la découpe concerne la valeur à retenir dans le calcul du ratio de LTV et par conséquent dans le covenant qui lui sera attaché : s'agit-il de la valeur en bloc ou de la valeur à la découpe ? Chacune de ces deux options bénéficie d'un argumentaire. Les partisans de la valeur en bloc argueront que l'on doit considérer l'immeuble dans son ensemble tant que la mise en copropriété n'a pas été finalisée et que la campagne de commercialisation n'a pas commencé. La valeur à la découpe ne pourrait alors être retenue qu'une fois ces deux conditions réunies.

D'autres considéreront qu'un seul et unique covenant doit être utilisé sur l'ensemble de la durée de l'opération et qu'il faut donc se placer dès le début dans la perspective d'une mise en copropriété réalisée et donc d'une valorisation à la découpe.

Ces deux approches ne sont pas exclusives l'une de l'autre et l'on pourrait tout à fait envisager un système à double covenant : le premier serait appliqué jusqu'à la mise en copropriété ; le second dès que les appartements peuvent être commercialisés. Chaque covenant serait alors défini sur la base d'un seuil spécifique (par exemple, 75 % pour le covenant de valeur en bloc et 60 % pour le covenant de valeur à la découpe).

Dans la pratique on se rend compte que, si le ratio de LTV est effectivement important pour déterminer le niveau d'endettement initial, il devient moins pertinent une fois que l'opération est lancée. Les véritables indicateurs de succès de l'opération sont en réalité la vitesse de commercialisation des appartements et les prix auxquels ils se vendent par rapport à la grille de commercialisation initialement établie.

S'il faut donc éventuellement suivre un ratio financier, ce sera plutôt le ratio d'ICR. En effet, le faible rendement de l'immobilier d'habitation a pour conséquence que ce ratio reste très proche de 100 % en début d'opération, voire même légèrement en deçà de 100 % si l'on intègre tous les impôts et charges dans le calcul. Cependant, l'amortissement accéléré de la dette permet de revenir assez rapidement à une situation d'équilibre. Il est donc intéressant de connaître le point à partir duquel le remboursement de la dette est suffisant pour que l'ICR devienne supérieur à 100 %, en prenant le cas échéant une marge de sécurité supplémentaire permettant un portage de la dette par l'immeuble de façon pérenne. Il est ainsi possible de déterminer le niveau de commercialisation à partir duquel un refinancement de la dette sur le long terme peut être envisagé, quel que soit le déroulement ultérieur de la campagne de vente.

Notons enfin pour mémoire que la méthodologie de calcul de l'ICR devra faire l'objet d'un soin particulier dans les opérations de vente à la découpe : s'il faut de toute façon intégrer l'ensemble des frais de gestion (y compris les charges immobilières supportées par le propriétaire) dans les opérations portant sur des immeubles résidentiels, il faut plus généralement définir une méthodologie précise de comptabilisation du revenu dans toutes les opérations, quelle que soit la nature du portefeuille. Les revenus tirés des ventes doivent en effet être distingués des revenus tirés de la location des lots non encore vendus. Il faut enfin traiter le cas des appartements ou immeubles vendus en cours de trimestre ou faisant l'objet de négociations particulières avec les locataires en place (franchise de loyer en contrepartie d'une éviction ou en attendant une cession, etc.). Une multitude de situations qui doivent être intégrées afin de définir un indicateur fiable.

Cas n° 13
Couverture de taux sur une opération de vente à la découpe

Énoncé

Un marchand de biens acquiert en bloc un immeuble de 160 appartements pour un montant total, tous frais compris, de 64 millions d'euros sur la base d'un rendement locatif de 4,50 % net des charges et des frais de gestion.

Sa stratégie consiste à revendre les appartements individuellement dans un délai de 4 ans à un rythme de 40 appartements par an. Pour les besoins du calcul, les ventes d'appartements s'échelonnant durant une même année sont supposées toutes conclues et perçues le dernier jour de l'année en question.

Pour financer cette acquisition, le marchand de biens apporte 16 millions d'euros de fonds propres et lève un prêt bancaire de 48 millions d'euros d'une durée de 4 ans sur la base d'un taux variable à EURIBOR 12 mois + 150 bp.

L'amortissement du prêt se fera au fur et à mesure de la vente des appartements, par remboursement de la quote-part de prêt initialement allouée à chaque appartement. Tous les appartements sont identiques.

1. Donnez le profil d'amortissement du prêt si l'opération se déroule comme prévu.

Afin de couvrir son exposition au risque de taux, le marchand de biens souscrit, parallèlement à son prêt, un contrat de *swap* de taux. Le contrat de *swap* stipule que le marchand de biens paiera / recevra chaque année les intérêts correspondant au différentiel positif / négatif entre le taux fixe de 4,50 % l'an et le taux variable EURIBOR 12 mois, ceci à la fin de chaque année pendant 4 ans.

Pour que ces différentiels de taux soient exprimés en montants d'intérêts, ils s'appliquent à un montant notionnel dont le profil est fixé de façon ferme et définitive au moment de la signature du contrat de *swap*. Dans notre exemple, le profil d'amortissement du notionnel du *swap* est égal au profil d'amortissement prévisionnel du prêt dans le scénario d'une opération se déroulant strictement comme cela a été prévu par le marchand de biens (*cf.* question 1).

2. En combinant le taux d'intérêt du prêt et les conditions du swap *de taux, quel est le taux d'intérêt « synthétique » que le marchand de biens obtient ?*

3. Calculez les intérêts année par année, en les décomposant entre la part correspondant aux intérêts sur le prêt et la part correspondant à l'application du contrat de swap *(on supposera que l'EURIBOR 12 mois est égal à 2,50 % pendant toute la durée de l'opération).*

4. Calculez le revenu locatif année par année, en tenant compte de la vente des appartements. Commentez le résultat obtenu.

5. Selon vous, cette opération présente-t-elle un risque d'insuffisance de cash-flow si l'EURIBOR 12 mois passe à 5 % l'an à partir de la troisième année (on suppose néanmoins que le rythme de vente des appartements reste conforme aux prévisions initiales) ?

La vente à la découpe se déroule plus rapidement que prévu : les appartements sont bien vendus au rythme de 40 lots par an pendant les deux premières années, mais le solde de 80 appartements est intégralement vendu pendant la troisième année. On suppose également que l'EURIBOR 12 mois est égal à 2,50 % l'an en année 4.

6. Que se passe-t-il alors pendant l'année 4 au plan du revenu locatif, des intérêts sur le prêt et du différentiel d'intérêt sur le contrat de swap *? Commentez cette situation.*

Corrigé

1. Donnez le profil d'amortissement du prêt si l'opération se déroule comme prévu.

L'amortissement du prêt étant réalisé au fur et à mesure de la revente des appartements lot par lot, il faut calculer l'amortissement unitaire par appartement pour répondre à cette question. Celui-ci est égal, selon l'énoncé, à la quote-part de prêt initialement allouée à chaque appartement en supposant que tous les appartements sont identiques.

Amortissement unitaire = 48 M€ [Montant total du prêt] / 160 [Nombre d'appartements]
Amortissement unitaire = 300 000 €

On en déduit le tableau d'encours suivant sur la base de l'hypothèse d'un remboursement du prêt à la fin de chaque année pour l'ensemble des ventes réalisées pendant l'année, c'est-à-dire 40 ventes par an qui représentent un amortissement annuel de 12 millions d'euros.

Année	**1**	**2**	**3**	**4**
Encours début d'année	48 M€	36 M€	24 M€	12 M€
Amortissement	12 M€	12 M€	12 M€	12 M€
Encours fin d'année	36 M€	24 M€	12 M€	0

2. En combinant le taux d'intérêt du prêt et les conditions du swap *de taux, quel est le taux d'intérêt « synthétique » que le marchand de biens obtient ?*

Le montant notionnel du *swap* correspond strictement au profil d'amortissement du prêt, tel que donné ci-dessus.

Le taux d'intérêt synthétique correspond donc au taux de la branche à taux fixe du *swap* (le taux variable du contrat de prêt étant compensé par la branche à taux variable du *swap*) augmenté de la marge bancaire du prêt.

Taux synthétique = EURIBOR 12 mois [Taux du prêt] + 4,50 % [Taux de la branche fixe du *swap*] – EURIBOR 12 mois [Taux de la branche variable du *swap*] + 1,50 % [Marge bancaire du prêt]
Taux synthétique = **6,00 % l'an**.

Il s'agit bien d'un taux fixe.

3. Calculez les intérêts année par année, en les décomposant entre la part correspondant aux intérêts sur le prêt et la part correspondant à l'application du contrat de swap *(on supposera que l'EURIBOR 12 mois est égal à 2,50 % pendant toute la durée de l'opération).*

Les intérêts sur le prêt se calculent sur la base du taux variable EURIBOR égal à 2,50 % l'an augmenté d'une marge de 150 bp soit au total 4,00 % l'an.

Les montants différentiels de taux d'intérêt au titre du *swap* se calculent sur la base d'une différence de taux de 2,00 % l'an (différence entre la branche à taux fixe du *swap* à 4,50 % l'an et le taux de l'EURIBOR 12 mois à 2,50 % l'an).

Ces taux sont appliqués aux montants d'encours précédemment calculés, ce qui correspond au paiement par l'emprunteur d'un taux de 4,00 % l'an à la Banque de Financement au titre du contrat de prêt et au paiement d'un différentiel de *swap* de 2,00 % l'an à la Banque de Couverture au titre du contrat de *swap* (*cf.* commentaire de l'étude de cas n° 2).

Année	**1**	**2**	**3**	**4**
Encours début d'année	48 M€	36 M€	24 M€	12 M€
Intérêts sur prêt (4 %)	1,92 M€	1,44 M€	0,96 M€	0,48 M€
Différentiels de *swap* (2 %)	0,96 M€	0,72 M€	0,48 M€	0,24 M€
Intérêts totaux	**2,88 M€**	**2,16 M€**	**1,44 M€**	**0,72 M€**

4. Calculez le revenu locatif année par année, en tenant compte de la vente des appartements. Commentez le résultat obtenu.

Pour répondre à cette question, il faut d'abord calculer le revenu locatif unitaire par appartement.

Revenu locatif unitaire = 64 M€ [Montant de l'investissement] × 4,50 % [Taux de rendement] / 160 [Nombre d'appartements]
Revenu locatif unitaire = 18 000 € par appartement par an

Le tableau suivant s'en déduit immédiatement :

Année	**1**	**2**	**3**	**4**
Nombre d'appartements (en début d'année)	160	120	80	40
Revenu locatif	**2,88 M€**	**2,16 M€**	**1,44 M€**	**0,72 M€**

Le revenu locatif généré par l'immeuble – ou plus exactement par les lots qui restent propriété de l'emprunteur en attendant d'être cédés dans le cadre de la vente à la découpe – couvre à chaque instant de l'opération exactement le montant de la charge d'intérêt. En d'autres termes, le ratio d'ICR est égal à 100 % pendant toute l'opération.

5. Selon vous, cette opération présente-t-elle un risque d'insuffisance de cash-flow si l'EURIBOR 12 mois passe à 5 % l'an à partir de la troisième année (on suppose néanmoins que le rythme de vente des appartements reste conforme aux prévisions initiales) ?

Un raisonnement (trop) rapide pourrait conduire à penser que, si l'EURIBOR 12 mois passe de 2,50 % l'an à 5,00 % l'an, le service de la dette ne pourra plus être assuré car la charge d'intérêt sera alors bien supérieure au revenu locatif de l'immeuble. En fait, il n'en est rien puisque la souscription par l'emprunteur d'un *swap* de taux vise précisément à le couvrir contre le risque de variation des taux d'intérêt. La charge globale d'intérêt (y compris les différentiels de *swap*) restera donc calculée sur la base du même taux global de 4,50 % l'an augmenté d'une marge de 150 bp.

En revanche, il y aura une modification de l'allocation des montants entre ce qui est payé par l'emprunteur à la Banque de Financement au titre du contrat de prêt et ce qui est payé par l'emprunteur à la Banque de Couverture au titre du contrat de *swap*. Cette modification est telle que l'emprunteur ne paiera pas mais recevra des différentiels de *swap* de la part de la Banque de Couverture, puisque le taux effectif de l'EURIBOR 12 mois (5,00 % l'an) est devenu supérieur au taux de la branche fixe du *swap* (4,50 % l'an).

Sur la base d'un encours de prêt de 24 millions d'euros en année 3, nous pouvons établir le tableau suivant :

Année	**3**	
Encours début d'année	24 M€	
Intérêts sur prêt (6,50 %)	1,56 M€	payé *à* la Banque de Financement
Différentiels de *swap* (– 0,50 %)	(0,12 M€)	payé *par* la Banque de Couverture
Intérêts totaux	**1,44 M€**	

6. Que se passe-t-il pendant l'année 4 [en cas de vente plus rapide que prévu] au plan du revenu locatif, des intérêts sur le prêt et du différentiel d'intérêt sur le contrat de swap *[EURIBOR 12 mois égal à 2,50 % l'an] ? Commentez cette situation.*

Si la totalité des appartements a été vendue lorsque commence l'année 4, l'ensemble du prêt est remboursé. Par définition, l'immeuble ne génère plus de revenu locatif. L'ensemble des contrats et des sûretés liés au financement sont donc éteints, à l'exception du contrat de *swap* qui n'a aucune raison particulière de ne pas continuer pendant l'année 4.

Ainsi, en supposant que l'EURIBOR 12 mois est égal à 2,50 % l'an, l'emprunteur devra continuer à s'acquitter auprès de la Banque de Couverture d'un montant de 240 000 euros au cours de l'année 4, ce montant correspondant au différentiel de *swap* calculé à la question 3. Nous pouvons valablement nous interroger sur la façon dont il va s'acquitter de ce paiement en l'absence de revenu locatif.

La réponse peut se structurer autour de différentes possibilités :

– Tout d'abord une provision pour paiement des différentiels de *swap* peut être constituée afin de prévenir le cas d'un amortissement plus rapide que prévu. Il suffit de prélever une partie du produit des ventes qui interviennent de façon anticipée par rapport au business plan. Par exemple, pour chaque appartement vendu en avance, on retiendra une provision à hauteur d'un montant de 300 000 euros [Amortissement unitaire par appartement] × 4,50 % [Différentiel maximal sauf si – cas exceptionnel – l'EURIBOR devient négatif] × la durée restant à courir par rapport au business plan. Cela représente un montant de 13 500 euros par appartement pour une anticipation d'un an. Ce montant sera porté sur un compte de réserve nanti au profit de la Banque de Couverture et sera libéré après extinction de toutes les obligations de l'emprunteur vis-à-vis de la Banque de Couverture.

– Une autre solution consiste à demander à l'emprunteur – selon une disposition prévue dès l'origine dans le contrat de prêt – d'ajuster son contrat de *swap* au fur et à mesure des ventes lorsque celles-ci interviennent de façon anticipée. L'emprunteur devra alors s'acquitter de la valeur de marché (*mark-to-market*) de la partie du contrat de *swap* qui est annulée, celle-ci étant déterminée en fonction de la différence entre le niveau des taux d'intérêt et le niveau du *swap* au moment de l'annulation. L'éventuel montant à verser (que l'on appelle la « soulte ») sera prélevé sur le prix de vente de l'appartement.

– Une troisième solution, non exclusive des deux premières, consiste à octroyer à la Banque de Couverture une sûreté sur l'actif immobilier. La Banque de Couverture ne relâchera sa sûreté que si elle reçoit un montant suffisant pour couvrir le risque ou pour annuler la quote-part de contrat de couverture correspondant à l'appartement vendu. Cependant, l'éventuel octroi de sûretés à la Banque de Couverture fait systématiquement l'objet de discussions lorsque celle-ci est différente de la Banque de Financement, notamment lorsqu'il s'agit de sûretés hypothécaires. En effet, pour des raisons liées à leur mode de refinancement (banques allemandes avec les *Pfandbriefe*) ou pour de simples questions de politique de gestion des risques, les Banques de Financement sont peu enclines à partager les hypothèques avec des tiers.

– Enfin, une solution pourra être de privilégier les instruments de couverture ayant une forme optionnelle, comme par exemple un *cap* plutôt qu'un *swap*. Dans ce cas, l'emprunteur s'est acquitté de ses obligations auprès de la Banque de Couverture par le paiement initial de la prime. Les obligations contractuelles ne sont plus alors que dans le seul sens de la Banque de Couverture vers l'emprunteur-souscripteur du contrat de *cap*. La seule limite à ce choix reste celui de l'emprunteur qui peut considérer le choix d'un *cap* comme trop onéreux par rapport à celui d'un *swap*, si par exemple il ne dispose pas des fonds ou ne souhaite tout simplement pas les engager pour payer la prime.

Commentaire

Cette étude de cas nous permet de développer une particularité des opérations de vente à la découpe, qu'elles portent sur des immeubles d'habitation ou sur d'autres types d'actifs : il s'agit de la double exposition de l'emprunteur au risque d'augmentation des taux d'intérêt. Nous évoquerons également les sûretés dont une Banque de Couverture peut bénéficier au titre d'un contrat de *swap*.

1. La double exposition au risque de taux dans les ventes à la découpe

Comme nous l'avons vu dans cette étude de cas et dans l'étude de cas précédente, le rythme de commercialisation des lots – appartements ou immeubles entiers à usage ou non d'habitation si l'on parle d'une découpe d'un portefeuille d'immeubles – est un indicateur clé pour ce type d'opération.

Le rythme de commercialisation résulte de l'adéquation entre la stratégie de vente décidée à l'origine – avec notamment la grille de commercialisation listant les prix ciblés pour la vente de chaque lot – et les conditions de marché qui prévalent au moment du lancement effectif de la campagne de vente. Trop rapide, le rythme de commercialisation est le symptôme d'une grille de commercialisation trop favorable aux acquéreurs des lots et il faut donc la réajuster à la hausse quand cela est possible. Trop lent, il peut être le signe d'une grille trop ambitieuse voire même de problèmes structurels liés à l'actif et qui n'ont pas été détectés lors de l'étude du dossier dans la phase initiale de *due diligence*.

Nous nous intéresserons ici non pas aux questions de *due diligence* et de fixation de la grille mais à l'impact du niveau des taux d'intérêt sur ce rythme de commercialisation, au travers notamment de la corrélation entre les taux d'intérêt et le marché immobilier.

S'agissant de l'immobilier résidentiel, cette corrélation est forte, en particulier sur les appartements utilisés comme habitation principale dans le segment de milieu de gamme où les acquéreurs ont majoritairement recours au financement par emprunt bancaire. La capacité d'achat étant alors liée à la capacité d'emprunt, il y a un lien quasi mathématique entre les prix de vente de ces appartements et le niveau des taux d'intérêt à long terme.

Mais le lien existe aussi en immobilier d'entreprise, avec une corrélation moins immédiate et plus centrée sur la partie à moyen terme de la courbe des taux, dans la mesure où les prêts aux investisseurs immobiliers ont généralement des maturités voisines de 5 ans.

En conclusion, quelle que soit la nature de l'actif financé, immobilier d'entreprise ou d'habitation, le rythme de vente et la grille de prix seront influencés par le niveau des taux d'intérêt au moment où la campagne de commercialisation est lancée.

Mais il existe aussi une autre exposition d'une opération de vente à la découpe au risque de taux, c'est celle qui résulte de l'endettement bancaire du marchand de biens. D'aucuns argueront que les instruments de couverture de taux ont précisément pour rôle de limiter cette exposition mais la réalité n'est pas aussi simple.

En effet, les opérations de vente à la découpe sont financées par des prêts comportant un plan d'amortissement prévisionnel mais non figé à l'origine : la dette est remboursée par le produit des ventes dont le rythme est par nature inconnu au début de l'opération. Certes, l'emprunteur et la banque peuvent avoir fixé quelques points de passage obligés : par exemple, l'obligation pour l'emprunteur que l'encours initial de la dette ait été réduit d'au moins 40 % après 2 ans et d'au moins 70 % après 3 ans. Mais c'est avant tout le rythme de commercialisation effectif qui dictera celui de l'amortissement en dehors de ces éventuels points fixes.

Comment dans ces conditions structurer une couverture de taux efficace avec un plan d'amortissement non figé ? La réponse consiste à prendre une marge de sécurité par rapport au business plan. En effet, si l'opération commence à déraper parce que le rythme de commercialisation est trop lent (ce qui peut d'ailleurs provenir d'une hausse inopinée des taux d'intérêt de marché), il est important de ne pas ajouter un facteur de risque supplémentaire sous la forme d'une partie de la dette bancaire qui ne serait plus couverte. Il est donc demandé à l'emprunteur de souscrire une couverture de taux dont le plan d'amortissement du montant notionnel soit décalé dans le temps par rapport au business plan de l'emprunteur. Le graphe ci-dessous illustre le cas de figure d'une couverture de taux décalée de 6 mois par rapport au business plan initial.

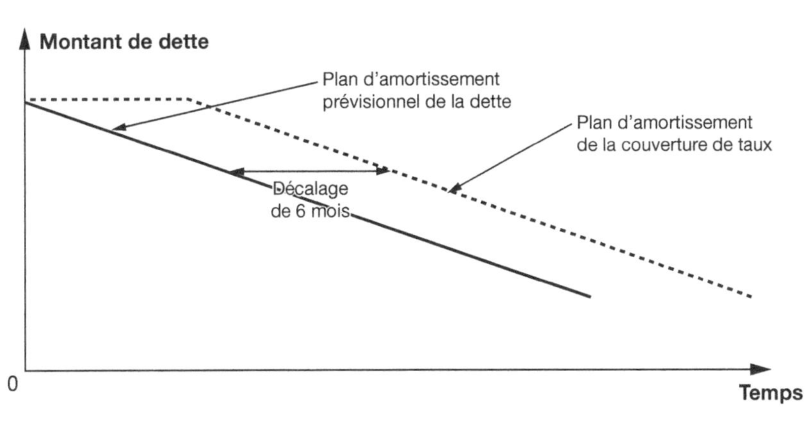

Bien entendu, cela implique un surcoût pour l'emprunteur, que la couverture soit réalisée par *swap* ou par *cap*. Mais dans le cas d'un *swap*, l'emprunteur annulera la quote-part de *swap* en même temps qu'il remboursera le prêt suite à une vente, ce qui impliquera une soulte de débouclage en sa faveur (si les taux d'intérêt ont progressé) ou en faveur de la banque (le cas le plus probable). Et dans le cas d'un *cap*, l'annulation suivra la même logique mais elle se traduira par un remboursement de prime à l'emprunteur, en général moins importante que la quote-part de prime initiale compte tenu de l'érosion de la valeur temps de l'option. De façon générale, les emprunteurs auront plutôt tendance à privilégier les produits de couverture de type *cap* pour les ventes à la découpe afin de limiter les débours postérieurs à l'acquisition.

Nous terminerons notre propos en mentionnant un profil de couverture de taux pouvant être demandé par la banque dans certains cas. Comme nous l'avons vu dans le commentaire de l'étude de cas n° 12, la campagne de commercialisation d'une vente à la découpe comporte généralement trois phases, la première correspondant à la vente des lots les plus liquides. Dans la mesure où il pèse généralement peu d'incertitude sur le bon déroulement de cette première phase, il pourra être acceptable pour la banque de ne pas demander de couverture de taux à l'emprunteur sur la partie du prêt qui finance ce premier tiers. La dette correspondante sera en effet rapidement remboursée quoi qu'il arrive. En contrepartie de cette souplesse, si la banque souhaite prendre des précautions supplémentaires sur les deux derniers tiers de l'opération, elle aura tendance à demander un amortissement du notionnel de la couverture de taux qui soit le plus tardif possible. C'est le cas que nous illustrons ci-dessous avec de façon extrême un notionnel de couverture de taux qui débute en deçà du montant initial du prêt mais qui ne s'amortit pas ensuite. Cette structuration évite tout risque de sous-couverture en cas de retard important dans la commercialisation des lots.

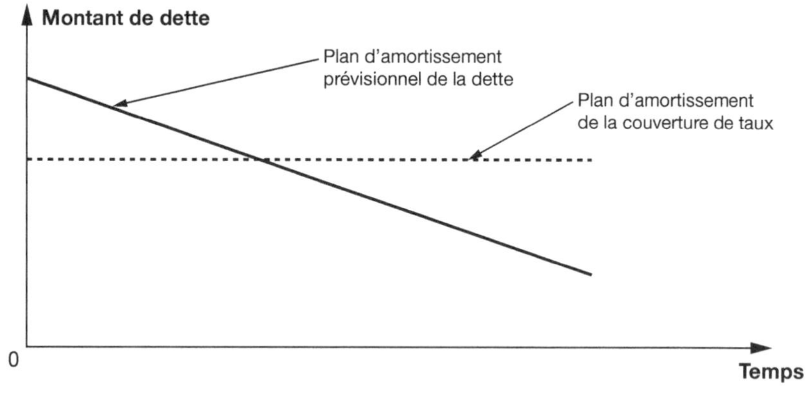

Pour l'emprunteur, ce type de couverture peut rester acceptable, notamment si elle s'effectue sous forme de *cap*. Comme nous l'avons vu précédemment, il pourra obtenir le remboursement des primes (en valeur de marché) correspondant à la couverture excédentaire au fur et à mesure des ventes.

2. Les sûretés de la banque de couverture dans les contrats de *swap*

Nous avons analysé à l'occasion de l'étude de cas n° 2 le fonctionnement détaillé d'un contrat de *swap*, avec la distinction qu'il faut faire entre la Banque de Financement qui octroie le prêt et la Banque de Couverture avec laquelle le contrat de couverture de taux est conclu.

Nous avons également vu que les contrats de *swap* généraient un risque de contrepartie pour la Banque de Couverture car celle-ci doit recevoir des différentiels d'intérêt de la part du souscripteur du *swap*. Ces différentiels peuvent être en faveur de l'une ou l'autre des parties en fonction de l'évolution des taux d'intérêt mais ils sont généralement à percevoir par la Banque de Couverture dans un contexte de courbe des taux à forme habituelle (croissante avec la maturité) et de faible variation des taux (pas de forte hausse des taux après la conclusion du contrat de couverture). La Banque de Couverture dispose donc généralement d'une créance sur le souscripteur du *swap*.

Ce constat étant fait, se pose alors la question des sûretés dont la Banque de Couverture va pouvoir bénéficier afin de garantir le risque de contrepartie sur l'emprunteur / souscripteur du *swap*. Deux cas sont possibles :

– premier cas : l'opération est financée par une seule banque : cela signifie que – sauf cas extrêmement rare – la Banque de Couverture et la Banque de Financement ne sont qu'une seule et même banque ou qu'elles font toutes deux partie du même groupe bancaire. La question pourra alors être réglée par la passation d'une convention interne de partage de garantie stipulant que le bénéfice des hypothèques sera partagé entre Banque de Couverture et Banque de Financement en cas de mise en jeu des garanties ;

– deuxième cas : le financement fait ou doit faire l'objet d'une syndication : souvent, la banque arrangeuse du financement et chef de file du syndicat des banques aura réalisé seule la couverture de taux. Il y aura donc une distinction à faire entre Banque de Couverture (la banque arrangeuse) et Banque de Financement (le syndicat ou *pool* bancaire). Le partage du bénéfice des sûretés hypothécaires sera alors plus compliqué car les banques du *pool* de financement ne seront pas enclines à partager leurs sûretés. Et cela sera d'autant moins compréhensible pour elles que la Banque de Couverture aura par ailleurs perçu une rémunération pour son risque au titre du contrat de *swap*. Cela peut même constituer un obstacle incontournable s'il y a des banques hypothécaires au sein du *pool* bancaire, ces banques n'étant pas autorisées à partager les sûretés avec des tiers. La solution communément retenue sera alors de ne pas donner de sûretés à la Banque de Couverture mais de lui faire bénéficier d'une allocation prioritaire du cash-flow disponible dans la cascade des paiements (*waterfall*).

Nous avons présenté deux grands modèles de résolution de la problématique des sûretés ou allocations prioritaires dont la Banque de Couverture peut bénéficier. Il s'agit bien évidemment de modèles. Dans la pratique, la résolution de cette problématique passera avant tout par la négociation entre la ou les Banque(s) de Couverture et la ou les Banque(s) de Financement impliquées. Il sera ainsi possible de rencontrer des situations – assez rares – où la Banque de Couverture bénéficie à la fois d'un accès aux sûretés et d'une allocation prioritaire aux cash-flows et d'autres situations – tout aussi rares – où elle ne bénéficie d'aucun de ces droits.

Chapitre 4

La gestion de la banque

« Rendez à César ce qui appartient à César »
Matthieu, XXII, 21

Cas n° 14
La rémunération générée par une ouverture de crédit

Énoncé

Une banque met en place pour l'un de ses clients une ouverture de crédit de 50 millions d'euros, d'une durée de 2 ans, assortie de la rémunération suivante :

– commission de non-utilisation (sur la partie non tirée du crédit) de 50 bp (0,50 % l'an) ;

– marge sur intérêts (sur la partie tirée du crédit) de 100 bp (1,00 % l'an) ;

– commission de montage de 20 000 euros perçue en une seule fois au début de l'opération ;

– commission de gestion de 5 000 euros par an, perçue au début de chaque année.

Le crédit dont bénéficie le client n'est pas du tout utilisé pendant la première année puis tiré dans sa totalité pendant toute l'année suivante. On cherche à connaître la rémunération de la banque ainsi que la rentabilité des fonds propres qu'elle aura mobilisés pendant ces deux années.

1. Calculez la rémunération nette globale de la banque pendant la première année, pendant la seconde année et le total sur les deux ans.

2. En considérant que les frais internes de gestion de ce dossier pour la banque (salaires et charges de personnel, frais divers) représentent 250 000 euros par an, quel est le montant de la rémunération nette de la banque (nette des frais internes de gestion) sur l'ensemble de ces deux années, en cumulé et en moyenne annuelle ?

3. En supposant que la banque doive mobiliser chaque année un montant de fonds propres égal à 8 % du montant total du crédit, que le crédit soit tiré ou non, calculez le Return On Equity *de la banque (sur la base de la rémunération nette annuelle). Ce ROE vous apparaît-il suffisant ? Si ce n'est pas le cas, pourquoi et quelle(s) mesure(s) peut-on prendre ?*

Corrigé

1. Calculez la rémunération nette globale de la banque pendant la première année, pendant la seconde année, et le total sur les deux ans.

Pendant la première année de l'opération, la banque va percevoir :

– une commission de non-utilisation de 50 bp sur la partie non tirée du crédit, c'est-à-dire sur 50 millions d'euros puisque le crédit n'est pas utilisé pendant la première année ;

– pas de marge sur intérêts pour la raison ci-dessus ;

– la commission de montage de 20 000 euros perçue en une seule fois au début de l'opération ;

– et la commission de gestion de 5 000 euros par an.

Soit une rémunération nette globale appelée aussi Produit Net Bancaire (« PNB ») de :

PNB année 1 = 50 M€ × 0,50 % [Commission de non-utilisation] + 20 000 € [Commission de montage] + 5 000 € [Commission de gestion]

PNB année 1 = **275 000 €**

Pendant la seconde année, la banque va percevoir :

– une marge sur intérêts de 100 bp sur la partie tirée du crédit, c'est-à-dire sur 50 millions d'euros puisque le crédit est entièrement tiré pendant la seconde année ;

– pas de commission de non-utilisation pour la raison ci-dessus ;

– pas de commission de montage qui n'est perçue qu'au début de l'opération ;

– et la commission de gestion annuelle de 5 000 euros.

Soit :

PNB année 2 = 50 M€ × 1 % [Marge sur intérêts] + 5 000 € [Commission de gestion]

PNB année 2 = **505 000 €**

Le total sur les 2 ans est donc :

PNB total = 275 000 € [PNB année 1] + 505 000 € [PNB année 2]

PNB total = **780 000 €**

2. En considérant que les frais internes de gestion de ce dossier pour la banque (salaires et charges de personnel, frais divers) représentent 250 000 euros par an, quel est le montant de la rémunération nette de la banque (nette des frais internes de gestion) sur l'ensemble de ces deux années, en cumulé et en moyenne annuelle ?

Sur l'ensemble des deux années, les frais de gestion vont représenter un total de 500 000 €.

La rémunération nette de la banque s'établit donc à :

Rémunération nette sur deux ans = 780 000 € [PNB total] – 500 000 € [Frais de gestion totaux]

Rémunération nette sur deux ans = **280 000 €**

Soit en moyenne annuelle **140 000 €**.

3. En supposant que la banque doive mobiliser chaque année un montant de fonds propres égal à 8 % du montant total du crédit, que le crédit soit tiré ou non, calculez le Return On Equity *de la banque (sur la base de la rémunération nette annuelle). Ce ROE vous apparaît-il suffisant ? Si ce n'est pas le cas, pourquoi et quelle(s) mesure(s) peut-on prendre ?*

La banque doit mobiliser un montant de fonds propres équivalent à 8 % du montant total de l'ouverture de crédit.

Fonds propres = 8 % × 50 M€ = **4 M€**

Ces 4 millions d'euros de fonds propres font l'objet d'une rémunération nette annuelle moyenne de 140 000 €, soit un rendement annuel de :

Rendement = 140 000 € [Rémunération nette annuelle moyenne] / 4 M€ [Fonds propres mobilisés]

Rendement = **3,5 % par an**

La rémunération des fonds propres de la banque apparaît donc très faible puisqu'elle est équivalente au rendement habituel d'une obligation d'État (à l'exception des taux très bas enregistrés lors des périodes de surliquidité comme celle maintenue par les banques centrales depuis la crise financière de 2007), dans un contexte où les risques pris par la banque sont plus nettement importants compte tenu de l'effet de levier sur le bilan inhérent à toute activité bancaire. On attendrait plutôt un rendement sur fonds propres compris entre 5 % et 10 % pour les établissements bancaires présentant une structure de bilan particulièrement solide et des rendements supérieurs à 10 % pour des établissements présentant un profil de risque plus élevé.

Les mesures pouvant être mises en œuvre par l'équipe dirigeante de la banque afin de remédier à cette situation sont alors de deux natures :

- augmentation des commissions et des marges facturées aux clients,
- diminution des frais de gestion,
- et le plus souvent une combinaison des deux.

S'agissant de l'augmentation des commissions et des marges, il est tout à fait possible dans notre exemple que la banque ait pratiqué jusqu'à présent une politique tarifaire trop accommodante vis-à-vis de ses clients. Une augmentation des conditions financières ne se traduira alors pas automatiquement par une perte de parts de marché, notamment si les banques concurrentes proposent des conditions tarifaires nettement plus élevées. Mais dans la réalité, il est fort probable que les conditions de la banque correspondent bien à une rémunération de marché pour le risque pris. Deux options s'offrent alors à la banque pour augmenter ses revenus : soit elle propose à sa clientèle d'autres services et d'autres produits à plus forte marge (couverture de taux, gestion des flux, etc.) en capitalisant sur l'octroi du financement comme élément de fidélisation, soit elle se positionne sur un segment de marché plus rémunérateur en acceptant un niveau de risque plus élevé (ratio de LTV plus élevé, acceptation de dossiers présentant un risque locatif, mise en place d'une politique d'*underwriting* et de syndication – *cf.* étude de cas n° 16). Mais dans la seconde option, il faudra veiller à ce que le contrôle des risques soit également renforcé afin de maintenir un équilibre entre la stratégie de prise de risques plus importants et le contrôle de ceux-ci. Cela peut au final générer des coûts supplémentaires en termes d'effectifs ou de qualification des salariés de la banque.

S'agissant de la diminution des frais de gestion, il faudra avant tout rechercher des gains de productivité, en se positionnant par exemple sur des dossiers de montant plus élevé mais qui ne demandent pas plus de personnel pour les traiter ou en organisant plus efficacement les procédures de gestion des crédits. Mais là encore, il faudra être attentif à n'affecter ni les fonctions commerciales, faute de quoi les revenus pourraient s'en trouver diminués, ni les fonctions de contrôle des risques, ce qui pourrait se traduire par une dégradation de la qualité des dossiers.

Le point commun de ces deux types de démarches sera de tendre vers une amélioration du couple rendement / risque : cela peut consister à rechercher une zone de la courbe de risque où ce couple est plus favorable ou bien simplement à essayer d'améliorer le rendement par des gains de productivité sans modifier le niveau de risque. Dans la pratique, la banque essaiera probablement de combiner les deux en fonction de son organisation et des marchés sur lesquels elle est positionnée.

Commentaire

Nous entamons ici une série de trois études de cas consacrées spécifiquement au point de vue de la banque dans les montages de financements immobiliers structurés, avec une analyse de la rémunération de la banque dans la présente étude de cas, une analyse des risques dans l'étude de cas suivante et, dans la dernière étude de cas, une analyse des méthodes de syndication.

Le commentaire ci-dessous abordera dans une première partie divers aspects méthodologiques relatifs aux calculs de rentabilité bancaire et dans une seconde partie quelques notions plus générales concernant la rentabilité dans les activités de financement.

1. Aspects méthodologiques relatifs aux calculs de rentabilité bancaire

Nous commencerons par une remarque concernant la méthode de prise en compte de la commission de montage dans le calcul de la rentabilité bancaire, sachant que cette commission est perçue en une seule fois au début de l'opération.

Pour le calcul du ratio d'ICR, la commission de montage n'était pas prise en compte dans les frais financiers au dénominateur du ratio car elle est attachée à la mise en place du financement et non à l'analyse des flux une fois l'opération lancée. Le ratio d'ICR est avant tout un indicateur de trésorerie et non de coût analytique.

Pour le calcul de la rentabilité bancaire, c'est l'approche inverse qui est retenue avec un étalement de cette commission sur la durée du financement. En effet, cette commission n'est qu'un aspect parmi d'autres de la rémunération globale. Il faut donc neutraliser son timing particulier de paiement afin d'éviter les distorsions qui pourraient en résulter. Par exemple, une banque pourrait avoir pour politique de facturer des commissions fortes en contrepartie de marges faibles ou l'inverse.

Cette approche est d'ailleurs confortée par la doctrine fiscale : les commissions de montage sont assimilées à des produits bancaires équivalents à des marges sur intérêts – non assujetties à la TVA – à condition d'être liées à la mise en place effective d'un financement. Il est donc normal de lisser cette commission sur la durée de l'opération, ou plus exactement sur la durée de vie moyenne pondérée de l'opération (la « duration ») si le prêt est amortissable.

Nous poursuivons l'analyse par la question du montant des fonds propres que les autorités de régulation demandent aux banques européennes de mettre en place en face de leurs financements. Cette exigence du régulateur provient de réglementations successives mises en place par le Comité de Bâle au cours des 35 dernières années : ratio Cooke institué en 1988 ; ratio Mc Donough dans le cadre de la réglementation « Bâle II » ; renforcement et affinement des méthodologies dans le cadre de « Bâle III », processus lancé en 2009 à la suite de la crise financière mondiale, publié en 2010, complété jusqu'en décembre 2017, et dont les derniers éléments se mettent progressivement en place depuis 2022 jusqu'en 2027. L'objectif est de s'assurer que les banques disposent d'un pourcentage suffisamment important de capitaux propres dans leur bilan afin de pouvoir absorber une perte éventuelle dans le portefeuille de crédits sans mettre immédiatement en danger leurs déposants et autres créanciers.

La méthodologie de calcul est bien plus complexe que la simple application du taux de 8 % au montant du financement telle que présentée dans l'étude de cas. Il existe en effet différentes pondérations des actifs bancaires en fonction de leur taux de perte historique et des sûretés dont les facilités peuvent bénéficier. De même, le calcul du montant des capitaux propres distingue plusieurs classes de fonds propres en fonction de la nature exacte des titres émis par la banque. Nous retiendrons néanmoins le principe général de cette allocation des fonds propres de la banque et sa proportionnalité par rapport au montant des financements.

Enfin, une triple approximation a été faite dans l'étude de cas concernant le calcul du ROE lorsque nous avons considéré que la rémunération nette de la banque – hors commissions – correspondait à sa marge bancaire, ce qui revient à dire que le coût de refinancement de la banque pour l'ensemble du crédit est égal à EURIBOR.

En réalité, il y a une première approximation car le coût effectif de refinancement de la banque varie en fonction de sa nature et du marché sur lequel il est réalisé (marché interbancaire, marché obligataire, dépôts clientèle). Il peut ainsi comporter une partie à taux fixe et/ou réglementé (pour une banque collectant des dépôts de particuliers). Il faudra donc affiner le calcul pour chaque banque en fonction de sa propre structure de bilan.

La deuxième approximation est que toutes les banques ne se refinancent pas sur le marché interbancaire au taux EURIBOR, qui n'est qu'une moyenne des taux pratiqués entre banques. Le taux effectif de refinancement sur le marché interbancaire dépendra donc de la qualité de crédit de la banque, telle que perçue par ses consœurs.

Enfin, la troisième approximation est que ce coût moyen de refinancement doit aussi intégrer les 8 % de fonds propres réglementairement alloués à l'opération. Il faudra donc tenir compte de la rentabilité attendue par l'actionnaire sur ces fonds propres et leur allouer un coût de ressource spécifique. Les ressources et les emplois étant fongibles au sein du bilan, ces fonds propres ne sont pas nécessairement investis dans le refinancement du prêt en question. Ils sont peut-être investis dans le siège social de la banque ou dans tout autre actif pouvant lui-même dégager une certaine rentabilité. Cette rentabilité devra donc être déduite du besoin de rémunération des fonds propres.

2. La rentabilité dans les activités de financement

Dans le corrigé de la dernière question de l'étude de cas, nous avons exploré le point de la rentabilité d'une activité de financement immobilier et les moyens pouvant être mis en œuvre pour l'améliorer. Nous nous placerons ici dans le cadre plus général de l'ensemble des activités de financement en évoquant la gestion des risques et des résultats d'un établissement bancaire.

Il est usuel d'entendre dire que la banque est « un métier de risque gros et de gagne petit ». Cela fait référence aux montants importants mis à la disposition des emprunteurs et aux faibles marges des banques en comparaison des rendements sur fonds propres attendus par les investisseurs. S'agissant des rendements comparés des banques et des investisseurs, cette remarque fait bien évidemment abstraction de l'effet de levier interne des banques et de leur rôle d'intermédiation (et non de production) de l'épargne. La rentabilité de la banque n'est pas celle de son bilan mais celle de ses fonds propres. Il reste toutefois une part de vérité dans cet adage : lorsqu'un portefeuille de crédits génère une marge nette de 100 bp (soit 1 % l'an) après déduction des frais de gestion, il suffit d'avoir pris un mauvais risque une fois sur cent pour que l'ensemble de la rémunération d'une année soit perdue.

Certains chercheurs ont par ailleurs modélisé l'activité de financement d'actifs comme la vente de *puts* (options de vente) par la banque à ses emprunteurs, chacun d'eux ayant la possibilité de « vendre » l'actif à la banque pour le montant du prêt mis en place[1]. L'activité de la banque consisterait alors à valoriser convenablement ces *puts* et d'en faire payer les primes aux emprunteurs sous la forme d'intérêts et de commissions.

Mais quel que soit le modèle d'analyse choisi, l'objectif de la banque est d'être profitable, comme toute entreprise industrielle ou commerciale.

La gestion du compte de résultat

Cela dit, en dépit des faibles marges bancaires face aux montants engagés, l'activité bancaire offre la possibilité d'influer plus rapidement et plus directement sur le compte de résultat que ne peut le faire une entreprise industrielle. En effet, une entreprise industrielle doit nécessairement passer par l'innovation technologique ou commerciale pour augmenter sa part de marché sans sacrifier sa marge opérationnelle. C'est moins le cas pour une banque qui peut – dans les périodes de liquidité suffisante – améliorer sa rentabilité immédiate tout en gagnant des parts de marché : il lui suffit pour cela d'ouvrir un peu plus le « robinet du crédit » en ayant une politique commerciale plus agressive et en octroyant des prêts à profil de risque plus élevé. Menée sur un temps réduit, cette politique peut se révéler payante si le marché sur lequel se positionne la banque connaît une forte croissance des valeurs, ce qui permet de gommer les inévitables erreurs d'appréciation des dossiers. Cependant, dans la grande majorité des cas, cette politique se paye après quelques années par une forte augmentation de la sinistralité des dossiers.

---

1. Cette modélisation correspond en fait à une réalisation du gage par la banque dès lors que l'emprunteur est défaillant et que, dans la plupart des cas, la valeur de marché de l'actif est devenue inférieure à l'encours du prêt.

Néanmoins, il existe un élément naturel de modération de ce type de stratégie agressive, élément tenant à la nécessité pour la banque de faire appel à des ressources externes (dépôts clientèle, marché interbancaire, marché obligataire) pour exercer son activité. Ainsi, dès qu'une telle politique de prise de risque est connue des autres banques, des investisseurs ou des déposants, elle se traduit immanquablement par un renchérissement du coût – voire un tarissement – des sources de refinancement de la banque. Il y a donc un élément d'autorégulation par le marché mais cela suppose que les bailleurs de fonds de la banque aient une vision immédiate et précise de son activité et de sa stratégie.

Sans pour autant verser dans les excès ci-dessus, l'équipe dirigeante d'une banque dispose d'une certaine marge de manœuvre pour piloter le couple rendement / risque. La seule réserve sera le maintien de l'équilibre par nature instable entre la recherche de la rentabilité et la maîtrise des risques. La confiance des marchés repose sur ces deux piliers apparemment contradictoires. Le pilotage sera en outre d'autant plus complexe que la banque peut exercer simultanément plusieurs métiers. Il doit aussi être tenu compte de son historique, de ses éventuelles contraintes statutaires et de la qualification des équipes en place. Comme dans l'industrie, il faut ainsi parfois savoir couper dans certaines activités ou refuser de les développer autant que les banques concurrentes si les conditions de rémunération ne sont pas suffisantes au regard des risques encourus.

Un exemple d'arbitrage pour améliorer le couple rendement/risque

Pour prendre l'exemple de l'essor de la titrisation des créances immobilières commerciales dans les années 1990 et 2000, un bon nombre d'établissements bancaires se sont engagés dans cette voie en profitant d'un arbitrage de marché assez simple : les investisseurs actifs sur les marchés de titres acceptaient une rémunération plus faible que les banques pour un niveau de risque donné. Certaines banques se sont alors transformées en simples intermédiaires de crédit, en octroyant des prêts immobiliers et en les cédant aux investisseurs sous forme de portefeuilles.

Cet arbitrage comportait un risque de souscription (risque d'*underwriting*) correspondant à la période de portage des prêts entre leur octroi et leur refinancement par titrisation. De nombreuses banques en ont vécu l'amère expérience lorsque les marchés de titrisation se sont fermés. Elles ne pouvaient alors plus céder leurs créances.

Cet arbitrage comportait aussi une barrière à l'entrée, à savoir la nécessité de maîtriser la technique particulière de la titrisation. Certaines banques ne disposant pas de cette expertise et ne souhaitant pas investir dans son acquisition ont alors pris la décision de limiter fortement le développement de leur activité de financement immobilier et de réduire la taille de leurs équipes. Mais ces exemples ne sont pas légion car il est toujours difficile de prendre une telle décision quand, au même moment, les banques concurrentes réalisent des profits notables sur cette activité.

Les deux piliers de la relation clientèle

En définitive, comme dans toute activité commerciale, la voie de la rentabilité bancaire passe par le développement d'une base solide de clients, leur fidélisation et la mise à disposition d'une offre de produits susceptibles de les satisfaire. Et en matière de banque, les clients entreprises et institutionnels sont systématiquement à la recherche de financements et, de façon ponctuelle, de conseils.

Nous retrouvons ici les deux grands piliers et modèles de la banque de financement et d'investissement : d'une part la banque commerciale qui utilise le crédit comme porte d'entrée pour proposer des produits et services à plus forte valeur ajoutée et demandant une moindre allocation de fonds propres réglementaires ; d'autre part la banque d'investissement avec les fusions-acquisitions comme porte d'entrée relationnelle et stratégique afin de nouer une relation de confiance à haut niveau avec le client et décliner ensuite la gamme des autres produits bancaires. Cette vision binaire peut paraître très simpliste de prime abord, mais elle n'en constitue pas moins une grille d'analyse proche de la réalité.

Dans le cas particulier des financements immobiliers, le crédit constituera bien évidemment le principal vecteur de commercialisations d'autres produits. Ce vecteur sera d'autant plus mis en œuvre que le financement structuré *non-recourse* est par essence une activité transactionnelle où les emprunteurs font jouer la concurrence entre banques à l'occasion de chaque nouvelle opération. Il est donc nécessaire de faire fructifier au maximum chaque financement nouvellement mis en place en proposant au client une palette complète de produits annexes.

Le partage de la rémunération au sein de la banque

Se pose alors régulièrement la question du partage en interne de la rémunération générée par ces produits annexes à plus forte marge : doit-elle aller exclusivement aux équipes en charge de ces produits ou faut-il mettre en place un système de rétrocession partielle des revenus à l'équipe originatrice au sein des financements immobiliers ? Les deux modèles existent mais le plus répandu reste le second, avec une rétrocession pouvant être uniquement budgétaire (reconnaissance pro-forma de l'apport d'affaire) ou bien également pécuniaire (transfert effectif d'une partie de la marge). Il s'agit en effet de faire en sorte que les équipes originatrices soient motivées pour proposer les autres produits à leurs clients.

Si l'on prend l'exemple particulier des produits de couverture de taux, ceux-ci sont habituellement traités par les équipes commerciales de la salle des marchés de la banque. Ces équipes se rémunèrent en ajoutant une marge commerciale à la cotation fournie par les équipes de trading. Par exemple, si le *swap* se traite entre banques à 3,50 % l'an, il sera proposé à 3,55 % l'an au client, la marge de 5 bp ayant été généralement négociée au préalable avec le client. De la même façon, une prime de *cap* cotée 45 bp par les équipes de trading pourra être facturée 48 bp au client souscripteur, la marge commerciale de 3 bp ayant été là aussi généralement actée en amont avec le client.

Dans ces différents cas de figure, il sera courant que l'équipe originatrice se voie rétrocéder l'équivalent d'un an de marge commerciale du contrat de *swap* ou bien 20 % de la marge commerciale sur la prime de *cap* (payée en une seule fois à la conclusion du *cap*). Cela peut constituer un complément de revenus significatif pour un département de financements immobiliers.

L'impact de la réglementation

Nous terminerons en évoquant l'impact de l'évolution de la réglementation sur la rentabilité des banques. Cet impact est significatif puisque l'un des principaux leviers des autorités de régulation est de définir les allocations de fonds propres réglementaires en fonction du type de produit enregistré à l'actif de la banque. Nous distinguerons deux grandes dynamiques qui peuvent se conjuguer ou s'opposer.

– La première dynamique est celle de la course poursuite continuelle entre les autorités de régulation et l'innovation financière. Elle peut s'apparenter à la course industrielle entre les systèmes d'armes et leurs contre-mesures. Mais dans la finance, la vitesse d'évolution de la technologie est beaucoup plus grande que dans l'industrie. La mission du régulateur consiste alors à encadrer les nouveaux domaines de l'activité financière, souvent avec un temps de retard qui se matérialise par une crise liée à l'absence de régulation sur ces nouveaux domaines.

– La seconde dynamique, plus politique, correspond à un mouvement de balancier suivi par le régulateur qui recherche un équilibre entre une réglementation trop permissive conduisant à l'émergence de bulles spéculatives et à leur explosion, et une réglementation trop restrictive empêchant au final les banques de prendre des risques.

Ainsi, dans certaines périodes, l'effet du temps de retard systématique du régulateur sera renforcé par une politique permissive. À l'inverse, dans d'autres périodes, le régulateur souhaitera sur-compenser son temps de retard et risquera alors de prendre des mesures aggravant une récession. Ce sont ces mouvements que nous voyons à l'œuvre dans les périodes de gonflement et de dégonflement des bulles financières.

Cas n° 15

La gestion des risques de liquidité et de taux dans le bilan d'une banque

Énoncé

Une banque met en place les financements suivants :

– un prêt de 100 millions d'euros à taux variable, d'une maturité de 2 ans ;

– un prêt de 100 millions d'euros à taux fixe, d'une maturité de 1 an ;

– un prêt de 100 millions d'euros à taux fixe, d'une maturité de 2 ans.

Elle réalise le même jour les emprunts suivants sur le marché interbancaire :

– un emprunt de 100 millions d'euros à taux variable, d'une maturité de 1 an ;

– un emprunt de 200 millions d'euros à taux fixe, d'une maturité de 2 ans.

Tous ces prêts et emprunts sont *in fine*, c'est-à-dire sans amortissement du principal avant le remboursement final à l'échéance.

1. Ces opérations exposent-elles la banque à un risque de liquidité ?

2. Ces opérations exposent-elles la banque à un risque de taux ?

3. En cas de réponse positive aux précédentes questions, précisez pour quel(s) montant(s) et à partir de quel(s) moment(s).

Corrigé

1. Ces opérations exposent-elles la banque à un risque de liquidité ?

La question de l'exposition au risque de liquidité s'analyse au travers du non-adossement (ou *mismatch*) entre les emplois (les prêts octroyés par la banque) et les ressources (les emprunts réalisés par la banque), ceci sur chacune des échéances du bilan.

Dans notre cas de figure, la banque a emprunté au total 300 millions d'euros et prêté un montant cumulé de 300 millions d'euros. Mais cette simple analyse n'est pas suffisante car il faut la réaliser pour chacune des maturités du bilan de la banque (*cf.* graphe ci-dessous). Ainsi :

– à un horizon d'un an, les emprunts de la banque totalisent 300 millions d'euros et ses prêts également 300 millions d'euros ;

– à un horizon de deux ans, les emprunts de la banque totalisent 200 millions d'euros et ses prêts également 200 millions d'euros.

Analyse de mismatch *de liquidité*

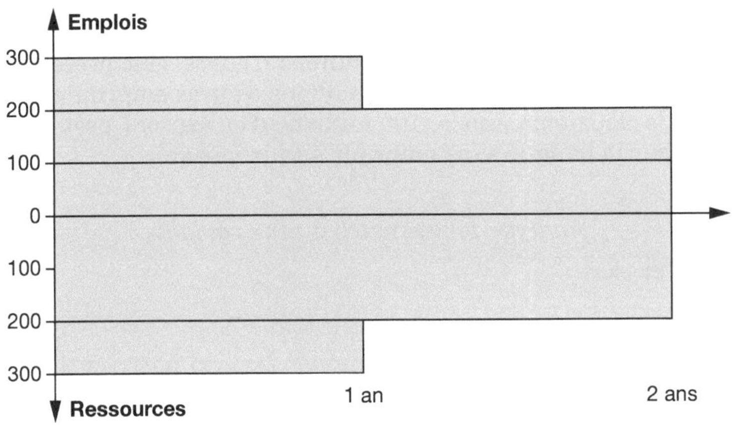

Il y a donc un parfait adossement entre les ressources et les emplois sur chacune des maturités du bilan de la banque. Il n'y a pas d'exposition au risque de liquidité.

2. Ces opérations exposent-elles la banque à un risque de taux ?

L'analyse est menée de la même façon pour le risque de taux que pour le risque de liquidité. On emploie d'ailleurs le terme de « *mismatch* de taux ». Cette fois-ci, les ressources à taux fixe sont comparées aux emplois à taux fixe, puis les ressources à taux variable aux emplois à taux variable sur les différentes maturités du bilan.

Pour les ressources et emplois à taux fixe (*cf.* diagramme ci-dessous) :

– sur la première année, 200 millions d'euros sont prêtés à taux fixe par la banque contre 200 millions d'euros empruntés,

– sur la deuxième année, 100 millions d'euros sont prêtés à taux fixe par la banque contre 200 millions d'euros empruntés.

Analyse de mismatch *à taux fixe*

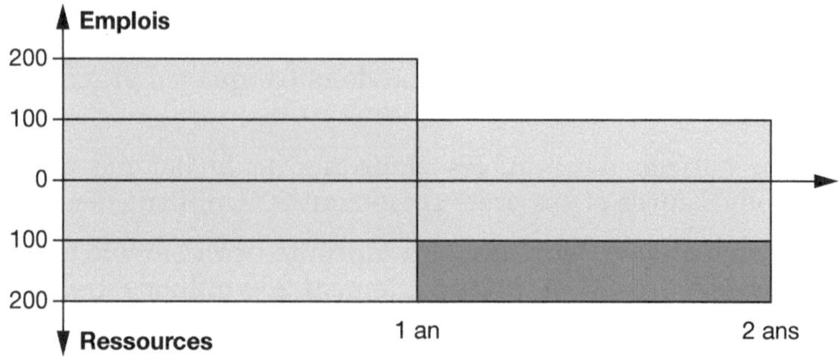

Pour les ressources et emplois à taux variable (*cf.* diagramme ci-dessous) :

– sur la première année, 100 millions d'euros sont prêtés à taux variable par la banque contre 100 millions d'euros empruntés,

– sur la deuxième année, 100 millions d'euros sont prêtés à taux variable par la banque sans emprunt à taux variable.

Analyse de mismatch *à taux variable*

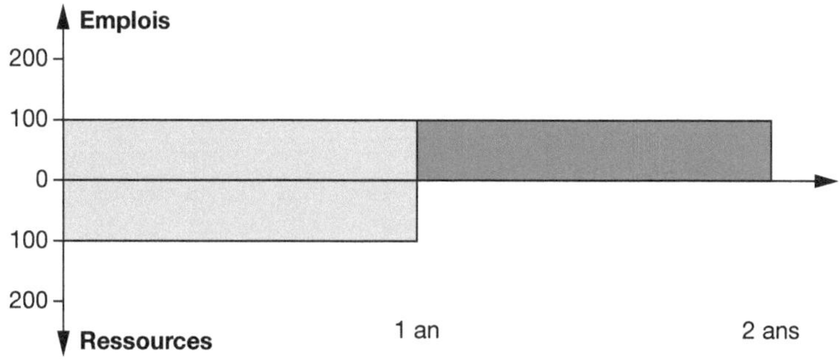

Le *mismatch* est indiqué en grisé rayé dans chacun des deux diagrammes ci-dessus. Il y a bien un adossement imparfait entre les ressources et emplois à taux fixe ainsi qu'entre les ressources et emplois à taux variable. La banque est donc exposée à un risque de taux.

Plus précisément, on dit que la banque est « courte » ou a une « position courte » à taux fixe (moins d'emplois que de ressources à taux fixe) et est « longue » ou a une « position longue » à taux variable (plus d'emplois que de ressources). En conséquence, la banque fera un profit si le taux variable augmente et une perte dans le cas contraire.

3. En cas de réponse positive aux précédentes questions, précisez pour quel(s) montant(s) et à partir de quel(s) moment(s).

Il ressort des analyses et diagrammes précédents que l'exposition de la banque au risque de taux est d'un montant de 100 millions d'euros sur une période d'un an (pendant l'année 2).

La question est maintenant de savoir si cette exposition au risque de taux est effective dès l'origine ou bien uniquement à partir du début de la seconde année. Un raisonnement rapide pourrait nous amener à conclure que l'exposition au risque n'est effective qu'à partir de la seconde année puisque c'est à ce moment que le gain éventuel ou la perte éventuelle se matérialisera. Mais l'exposition à un risque n'est pas synonyme de la matérialisation de ce risque. La meilleure preuve est que la valorisation de marché (*mark-to-market*) des actifs et des passifs de la banque sera affectée en cas d'évolution des taux de marché, à la hausse ou à la baisse, et ce dès la conclusion de ces opérations au début de la première année.

La banque est donc bien exposée au risque de taux dès l'origine. Elle peut d'ailleurs couvrir ce risque en souscrivant un *swap* de taux à départ différé (*swap forward*) d'un montant notionnel de 100 millions d'euros entre l'année 1 et l'année 2.

Commentaire

Nous l'indiquions à la fin du commentaire de l'étude de cas précédente, l'activité bancaire – contrairement aux idées reçues – consiste à prendre des risques. Encore faut-il savoir les définir, les mesurer et les contrôler. Nous analyserons ici en détail les deux risques présentés dans cette étude de cas, le risque de liquidité et le risque de taux, et listerons ensuite les principaux autres risques auxquels une banque est confrontée.

1. Le risque de liquidité

C'est le principal risque auquel une banque de financement est exposée mais aussi l'une de ses principales sources de revenus. L'exposition à ce risque tient à la forme habituelle de la courbe des taux (*cf.* commentaire de l'étude de cas n° 3), croissante avec les maturités.

La banque s'exposant à un risque de liquidité utilise des ressources à court terme, comme les dépôts de la clientèle remboursables en théorie à tout moment, afin de financer des emplois à long terme comme les prêts immobiliers. Le pari fait par la banque est que les déposants ne viendront pas tous ensemble réclamer le solde de leur compte et qu'il existe donc une masse renouvelable de ressources à court terme utilisable pour financer des emplois à long terme. Cela s'appelle dans le jargon bancaire « faire de la transformation » ou « emprunter court pour prêter long ». Une autre façon de faire de la transformation sans mettre à contribution les dépôts de la clientèle consiste à prêter sur des échéances longues (par exemple, à plus de 5 ans) et se refinancer sur les marchés de capitaux avec des échéances plus courtes (par exemple, entre 6 mois et 1 an).

Le degré de transformation d'un bilan bancaire s'évalue par le ratio de couverture des emplois par les ressources en fonction de leurs maturités respectives. Si, par exemple, la maturité moyenne des ressources est de 1 an et que la maturité moyenne des emplois est de 5 ans, le ratio sera de 5. Cela signifie que le bilan de la banque tournera cinq fois plus vite côté ressources que côté emplois, avec le risque de refinancement induit si la banque n'était pas en mesure de renouveler ses ressources chaque année. Notons qu'une banque peut tout à fait fonctionner sur la base d'un ratio de transformation supérieur à 1. C'est d'ailleurs le cas de l'immense majorité des établissements bancaires.

Dans ce contexte, une bonne gestion du risque de liquidité (que l'on appelle aussi parfois le risque de transformation) obéit à quelques préceptes relativement simples :

– diversifier les sources de refinancement en combinant les dépôts clientèle (particuliers, entreprises et institutionnels), les financements interbancaires et les émissions sur les marchés obligataires. Cela permettra à la banque de ne pas être tributaire d'une source unique de financement ;

– mettre en place un contrôle des risques efficace pour tout ce qui concerne l'octroi des crédits afin d'en limiter la sinistralité. En effet, dès qu'une perte est enregistrée sur un dossier, elle vient directement réduire les fonds propres de la banque qui constituent le seul matelas de sécurité avant que les créanciers et déposants de la banque ne soient impactés. Le degré de confiance de ces derniers sera donc proportionnel à la qualité de la politique de crédit de la banque ;

– suivre de façon précise et régulière l'évolution des ratios de liquidité, notamment ceux qui mettent en regard les emplois à moyen terme (maturité de 1 an à 5 ans) et les ressources à court terme (maturité de moins d'1 an) ;

– avoir une communication transparente vis-à-vis des déposants, contreparties bancaires, investisseurs obligataires et actionnaires afin de maintenir une relation de confiance avec chacun d'eux. En définitive, la seule véritable clé de la maîtrise du risque de liquidité, c'est la préservation de la confiance.

Nous terminons cette partie par un aperçu des similitudes et des différences qui existent entre le risque de liquidité et le risque de taux. Ces deux risques correspondent en effet à un déséquilibre entre la nature des actifs et la nature des passifs dans le bilan de la banque : déséquilibre entre les maturités des actifs et des passifs pour le risque de liquidité ; déséquilibre entre les références de taux des actifs et des passifs pour le risque de taux.

Cependant, l'impact de ces deux risques reste fondamentalement différent : le risque de taux joue en premier lieu sur le compte de résultat, avec l'éventualité de voir les intérêts rémunérant les actifs devenir inférieurs aux intérêts à verser sur les passifs ; en revanche, le risque de liquidité joue directement sur le bilan, avec le risque de ne pas pouvoir renouveler les passifs arrivant à échéance. Cela provoquerait la faillite immédiate de la banque.

Nous reviendrons plus en détail sur ces similitudes et différences dans la section suivante consacrée au risque de taux.

2. Le risque de taux

L'exposition au risque de taux pour une banque correspond à un risque de modification de son compte de résultat en cas de variation de l'une des références de taux sur la base desquels elle prête ou se refinance.

Le bilan d'une banque comprend traditionnellement un grand nombre de références de taux à l'actif et au passif : par exemple le taux au jour le jour EONIA, les taux EURIBOR de 1 semaine à 12 mois, etc. L'exposition au risque de taux vient d'un adossement imparfait (ou *mismatch* de taux) entre les références de taux de l'actif et celles du passif de la banque, ce *mismatch* de taux étant calculé en tenant compte des montants et des maturités pour lesquels les actifs et les passifs sont présents dans le bilan de la banque sur chaque référence de taux.

La notion de *mismatch* de taux va au-delà de la simple distinction entre taux fixe et taux variable et vise aussi les différentes références de taux variable entre elles. Par exemple, un actif indexé à EURIBOR 1 mois financé par un passif indexé à EONIA expose la banque à un risque de taux.

Il est également intéressant de poursuivre la réflexion sur les correspondances et différences qui existent entre le risque de taux et le risque de liquidité :

– Par exemple, une banque dont tous les actifs et tous les passifs sont libellés à taux fixe et sont intégralement adossés les uns aux autres en maturité n'est pas exposée à un risque de taux. Elle n'est pas non plus exposée à un risque de liquidité.

– Par ailleurs, pour le risque de taux, il ne suffit pas d'avoir un adossement des références de taux entre les montants prêtés et empruntés, encore faut-il qu'il n'y ait pas non plus de *mismatch* de liquidité dans le futur. Par exemple, un prêt à taux fixe d'une maturité de 2 ans financé par un passif également à taux fixe d'une maturité de 1 an expose la banque à un risque de liquidité mais également à un risque de taux. En effet, bien que passif et actif soient à taux fixe, on ne connaît pas encore le taux auquel le passif pourra être renouvelé dans un an. Un risque de liquidité entraîne donc toujours un risque de taux, sauf si la banque a par ailleurs eu recours à des produits dérivés pour se couvrir (*cf. infra*).

– Historiquement, avant que les références de taux variable et les produits dérivés de taux ne fassent leur apparition, les banques géraient le risque de taux et le risque de liquidité de façon indifférenciée : tous les prêts et emprunts de la banque étaient libellés à taux fixe. Le risque de liquidité était donc synonyme de risque de taux (*cf.* corrigé de la présente étude de cas).

– Cependant, il reste possible d'être exposé à un risque de taux sans être exposé à un risque de liquidité : c'est par exemple le cas lorsqu'un prêt à taux variable est refinancé par un emprunt de même maturité mais à taux fixe.

– Enfin, les produits dérivés de taux permettent aux banques de gérer leur risque de taux indépendamment de leur risque de liquidité : dans le cas ci-dessus d'un prêt à taux fixe d'une maturité de 2 ans financé par un passif à taux fixe d'une maturité de 1 an, il suffit à la banque de trouver une contrepartie pour un *swap* de taux à départ décalé (*swap forward*) afin de couvrir le risque de taux lié au renouvellement de son passif. Après la souscription de cette couverture, la banque ne sera plus exposée à un risque de taux. Elle restera néanmoins exposée au risque de liquidité.

3. Les autres grands risques de l'activité bancaire

Nous listons ci-après les principaux autres risques auxquels une banque est traditionnellement confrontée et en donnons une définition sommaire.

Le risque de change

Comme pour le risque de liquidité et le risque de taux, le risque de change correspond à un déséquilibre dans le bilan de la banque : déséquilibre entre les montants en devises dans lesquels sont libellés les actifs et les montants en devises dans lesquels sont libellés les passifs de la banque.

Le cas de figure le plus simple correspond à une banque qui aura reçu 100 millions de dollars en dépôt dans ses livres et les aura changés pour les prêter en euros. Il y aura donc dans la partie du bilan de la banque qui est libellée en dollars un excédent de 100 millions de dollars de passifs par rapport aux actifs ; et inversement, dans la partie du bilan de la banque qui est libellée en euros un excédent d'actifs par rapport aux passifs pour la contrevaleur en euros de 100 millions de dollars. Une opération de change en sens inverse de la première sera donc nécessaire à la maturité du prêt en euros afin de rembourser l'emprunt contracté par la banque en dollars.

Si le taux de change de l'euro contre dollar baisse entre temps, le risque est que le remboursement des actifs en euros, une fois changés en dollars, ne suffise plus pour couvrir le remboursement des passifs en dollars. La banque est donc exposée à un risque de change euro contre dollar.

*Le risque de souscription (ou risque d'*underwriting*)*

Il s'agit d'un risque que nous avons déjà évoqué dans le commentaire de l'étude de cas n° 14 et que nous évoquerons à nouveau dans l'étude de cas n° 16. Il correspond à la souscription temporaire d'un risque de crédit que l'on envisage de céder rapidement à d'autres banques ou à des investisseurs tiers.

Il permet à la banque prenant ce risque de s'engager auprès d'un client emprunteur pour un financement d'un montant important et de céder ensuite tout ou partie de ce financement à d'autres établissements bancaires ou à d'autres investisseurs sur les marchés de capitaux sur la base de conditions financières inférieures. La banque d'origine conserve ainsi une différence de marge et/ou de commissions, ce qui constitue la rémunération de son risque d'*underwriting*.

Il est possible pour la banque de voir le risque d'*underwriting* se matérialiser dans le cas où le marché évolue de façon adverse entre la souscription du financement et sa distribution. Cela pourra l'amener à constater une perte en cédant le financement sur la base d'une marge plus élevée que celle qui est facturée au client, ou même à renoncer à la distribution de son financement, auquel cas la banque est dite « collée » avec son risque.

Les autres risques de marché

Il est difficile de créer une nomenclature exhaustive des autres risques de marché car ceux-ci évoluent au gré de la création de nouveaux instruments financiers. Nous citerons néanmoins pour mémoire le risque actions, résultant de la prise de position d'une banque sur une action de société, et le risque de volatilité, résultant d'une exposition à des produits optionnels.

Le risque de contrepartie

Le risque de contrepartie concerne plus spécifiquement les activités de financement de la clientèle mais il se retrouve aussi dans les activités de marchés ou dans la gestion du bilan de la banque au travers du marché interbancaire.

Il correspond au risque de voir une contrepartie faire défaut sur tout ou partie de ses obligations contractuelles vis-à-vis de la banque. Il est synonyme de risque de crédit, cette dernière dénomination étant toutefois plutôt réservée aux activités de financement de la clientèle.

Le risque de contrepartie englobe les opérations de marché conclues avec la clientèle, comme nous l'avons vu avec les *swaps* et *collars* dans le commentaire de l'étude de cas n° 2, ainsi que les opérations réalisées avec les contreparties bancaires, que ce soit au travers des prêts entre banques dans le marché interbancaire ou dans le cadre des opérations de change ou de taux.

Nous distinguerons deux sous-catégories dans la catégorie des risques de contrepartie sur opérations de change ou de taux : le risque de livraison et le risque de variation.

Le risque de livraison correspond à un risque *intraday* (dans une même journée[1]) de virer un montant sans en recevoir la contrevaleur. Par exemple, dans une opération de change euro contre dollar, une banque virerait un montant en dollars sans recevoir de l'autre banque la contrevaleur de ce montant en euros, l'autre banque ayant fait faillite entre temps. Ce risque est inévitable dans les opérations de gré à gré (c'est-à-dire qui ne passent pas par des systèmes de compensation) sauf à avoir recours à des mécanismes de comptes séquestres. Mais les comptes séquestres ne sont pas adaptés aux opérations qui doivent se conclure rapidement.

Le risque de variation correspond à la nécessité de retrouver sur le marché un contrat équivalent à celui initialement négocié avec la contrepartie défaillante, avec le risque que la valeur de marché de ce contrat ait évolué entre temps. Cela peut être le cas pour un contrat de *swap* avec, par exemple, la contrepartie de la banque sur un *swap* 5 ans qui ferait défaut au bout de 3 ans. La banque devrait alors chercher une autre contrepartie pour un *swap* sur les deux ans restants au taux initialement contracté sur 5 ans avec la première contrepartie. La perte ou le gain afférent dépendrait de la valorisation de marché du *swap* (*mark-to-market*) positive ou négative au moment du défaut de la contrepartie.

Le risque pays

Ce risque concerne les banques qui exercent leur activité à l'international en finançant des projets, des entreprises ou des banques d'un pays donné ou en achetant des obligations émises par l'État concerné. Il vise autant les financements ou contrats libellés dans la devise du pays concerné que ceux libellés dans une autre devise mais portant sur des contreparties de ce pays.

---

1. Voire sur 48 heures pour certains produits.

Il se matérialise lorsque, pour des raisons économiques ou politiques, l'ensemble des actifs de la banque dans ce pays ou sur des contreparties fortement liées à l'activité de ce pays voient leur valeur affectée. C'est le cas par exemple lorsqu'une crise financière se traduit par une forte inflation, une dévaluation de la monnaie locale ou un défaut des émetteurs publics ou privés dans une devise différente de la monnaie locale. C'est aussi le cas lorsque, sans être en défaut, les avoirs de la banque sont gelés dans un pays donné.

Ce risque est particulièrement sensible pour une banque qui exerce son activité dans un pays étranger au travers d'une succursale. Dans ce cas, c'est directement le bilan de la banque qui est impacté sans avoir la possibilité d'utiliser une filiale de droit local comme fusible. Mais la filiale de droit local n'est pas nécessairement un fusible à toute épreuve, lorsque par exemple son bilan est massivement refinancé par des prêts transfrontaliers de la maison mère ou bien si elle bénéficie d'une garantie de sa maison-mère, de droit ou de fait (si elle porte le même nom). Cette notion de garantie de fait nous amène naturellement au risque de réputation.

Le risque de réputation

C'est un risque important dans la mesure où le fonds de commerce de toute banque est la confiance qu'elle inspire à ses clients, contreparties bancaires, investisseurs institutionnels et actionnaires.

Il se matérialise par exemple lorsque le nom de la banque est associé à des opérations délictueuses de sa clientèle, impliquant le cas échéant certains de ses employés agissant à titre individuel. Il met en évidence la nécessité de maintenir un contrôle interne efficace dans différents domaines comme la lutte anti-blanchiment.

Le risque de réputation peut aussi se manifester comme nous venons de le voir ci-dessus lorsqu'une filiale de banque, qui porte le nom de sa maison-mère, est en difficulté. Sous réserve que les pertes induites soient absorbables, la maison-mère pourra en effet opter pour la couverture du passif de sa filiale afin de préserver sa réputation sur un marché donné, alors qu'elle n'y est pas juridiquement ou contractuellement obligée.

Les risques opérationnels

Ils englobent de façon générique les risques liés à toute activité commerciale et, particulièrement pour les banques, les risques d'erreur ou de fraude. Comme l'activité des banques ne porte pas sur des biens matériels, l'ampleur des erreurs ou des fraudes ainsi que les délais avant qu'elles soient détectées sont potentiellement bien plus importants que dans une activité industrielle ou commerciale. Cela en accroît d'autant les conséquences financières.

Cas n° 16
Syndication, le partage du risque et de la rémunération

Énoncé

Le financement d'un investissement immobilier de 100 millions d'euros est réalisé de la façon suivante :

– un prêt senior de 70 millions d'euros garanti par une hypothèque de 1er rang ;

– un prêt junior de 10 millions d'euros consenti par la même banque et garanti par une hypothèque de 2nd rang ;

– des fonds propres apportés par l'investisseur à hauteur de 20 millions d'euros.

Le prêt senior est rémunéré sur la base de l'EURIBOR[1] augmenté d'une marge de 1,20 % l'an et fait l'objet d'une commission de gestion de 50 000 euros par an. Le prêt junior est rémunéré sur la base de l'EURIBOR augmenté d'une marge de 2,70 % l'an sans commission.

1. Calculez le Produit Net Bancaire annuel (rémunération globale annuelle de la banque, nette de son coût de refinancement que l'on supposera égal à l'EURIBOR).

2. Les frais généraux relatifs à ce dossier (personnel, frais divers) représentant 200 000 euros par an pour la banque, calculez le Résultat Net annuel généré par ce dossier (on ne tient pas compte des éventuels impôts).

3. La banque devant mobiliser d'un point de vue réglementaire un montant de fonds propres égal à 8 % du montant total de ses prêts, calculez son Return On Equity annuel.

La banque décide de syndiquer auprès d'un autre établissement bancaire la moitié de son prêt senior tout en conservant dans ses livres l'intégralité du prêt junior. Dans le cadre de la syndication de ce prêt senior, elle propose une marge de 1,00 % l'an à la banque participante (en conservant pour elle la différence par rapport au taux appliqué à l'investisseur) et lui rétrocède 16 000 euros par an au titre de la commission de gestion.

1. Voir partie « Commentaire » à la fin de l'étude de cas n° 1.

4. En supposant que les frais généraux de la banque d'origine sont inchangés, reprenez les calculs précédents (Produit Net Bancaire, Résultat Net, Return On Equity). Commentez l'évolution de ces résultats.

L'emprunteur fait défaut et l'immeuble est vendu pour un montant net de 75 millions d'euros.

5. Indiquez le montant récupéré par l'investisseur, par la banque participante au titre du prêt senior et par la banque d'origine au titre des prêts senior et junior. Commentez ces résultats.

Corrigé

1. Calculez le Produit Net Bancaire annuel (rémunération globale annuelle de la banque, nette de son coût de refinancement que l'on supposera égal à l'EURIBOR).

Le Produit Net Bancaire (« PNB ») agrège les différents composants de la rémunération annuelle de la banque, nets des coûts de refinancement supposés ici égaux à l'EURIBOR.

PNB = 70 M€ [Montant prêt senior] × 1,20 % [Marge prêt senior] + 50 000 € [Commission de gestion prêt senior] + 10 M€ [Montant prêt junior] × 2,70 % [Marge prêt junior]

PNB = **1,160 M€** par an

2. Les frais généraux relatifs à ce dossier (personnel, frais divers) représentant 200 000 euros par an pour la banque, calculez le Résultat Net annuel généré par ce dossier (on ne tient pas compte des éventuels impôts afin de simplifier l'analyse de cette étude de cas).

Les frais généraux représentant 200 000 euros par an, le Résultat Net annuel (« RN ») est de :

RN = 1,160 M€ [PNB] – 200 000 € [Charges]

RN = **960 000 €** par an

3. La banque devant mobiliser d'un point de vue réglementaire un montant de fonds propres égal à 8 % du montant total de ses prêts, calculez son Return On Equity annuel.

La banque doit mobiliser un montant de fonds propres (« FP ») équivalent à 8 % du montant total de ses prêts.

FP = 8 % × (70 M€ [Montant prêt senior] + 10 M€ [Montant prêt junior])

FP = 6,4 M€

Ces 6,4 millions d'euros de fonds propres font l'objet d'une rémunération nette annuelle moyenne de 960 000 euros, ce qui fait ressortir un rendement annuel sur fonds propres (« R ») de :

R = 960 000 € [Rémunération nette annuelle moyenne] / 6,4 M€ [Fonds propres mobilisés]

R = **15 %** l'an

4. Le prêt senior est syndiqué à une banque tierce. En supposant que les frais généraux de la banque d'origine sont inchangés, reprenez les calculs précédents (Produit Net Bancaire, Résultat Net, Return On Equity). Commentez l'évolution de ces résultats.

La banque d'origine ayant syndiqué la moitié de son prêt senior sur la base des conditions mentionnées dans l'énoncé, son nouveau Produit Net Bancaire annuel (« PNB 2 ») sera de :

PNB 2 = 1,160 M€ [PNB] – 35 M€ [Montant prêt senior syndiqué] × 1,00 % [Marge perçue par la banque participante] – 16 000 € [Quote-part de la commission de gestion perçue par la banque participante]

PNB 2 = **794 000 €** par an

Le Résultat Net annuel (« RN 2 ») est donc, sur la base de frais généraux inchangés :

RN 2 = 794 000 € [PNB 2] – 200 000 € [Charges]

RN 2 = **594 000 €** par an

La consommation de fonds propres (« FP 2 ») a diminué compte tenu de la syndication de la moitié du prêt senior à la banque participante :

FP 2 = 8 % × (35 M€ [Montant prêt senior résiduel] + 10 M€ [Montant prêt junior])

FP 2 = **3,6 M€**

Nouveau rendement sur fonds propres (« R 2 ») suite à la syndication du prêt senior :

R 2 = 594 000 € [Rémunération nette annuelle moyenne] / 3,6 M€ [Fonds propres mobilisés]

R 2 = **16,5 %** l'an

La rémunération de la banque d'origine a baissé mécaniquement du fait de son partage du prêt avec la banque participante. Cependant, la rentabilité sur fonds propres s'est améliorée, en dépit d'un montant de frais généraux inchangés. L'explication de cette amélioration de rentabilité tient aux éléments suivants :

– c'est le prêt senior, le moins bien rémunéré, qui a été partagé, la banque d'origine conservant l'intégralité du prêt junior qui bénéficie d'une marge bancaire plus élevée ;

– en outre, sur le prêt senior qu'elle a syndiqué, la banque d'origine a conservé pour elle une partie de la marge bancaire facturée à l'investisseur (cette partie s'appelle un « préciput ») ;

– un mécanisme similaire de rétrocession partielle a été appliqué à la commission de gestion, avec un taux de rétrocession de 32 % (16 000 € / 50 000 €) alors que la syndication porte sur 50 % du prêt senior.

5. L'emprunteur fait défaut et la vente de l'immeuble permet de récupérer un montant net de 75 millions d'euros. Indiquez le montant récupéré par l'investisseur, par la banque participante au titre du prêt senior et par la banque d'origine au titre des prêts senior et junior. Commentez ces résultats.

Chaque partie prenante à l'opération va être traitée en fonction de la séniorité des tranches souscrites :

– les banques ayant financé le prêt senior seront remboursées en priorité,

– puis la banque ayant financé le prêt junior,

– et enfin l'investisseur.

Comme la vente de l'immeuble permet de récupérer 75 millions d'euros, les banques seniors vont récupérer l'intégralité de leur créance, soit 70 millions d'euros au total répartis en deux parts égales de 35 millions d'euros pour chacune des deux banques seniors.

La banque junior récupérera le reliquat de 5 millions d'euros. Elle devra donc comptabiliser une perte à hauteur de 50 % de sa créance. La récupération des montants n'est pas liée à l'identité des banques mais bien à leur présence dans les différentes tranches. La banque d'origine récupère ainsi l'intégralité de sa créance au titre du prêt senior mais seulement la moitié de sa créance au titre du prêt junior.

Enfin, l'investisseur ne récupère rien puisque les banques se sont d'ores et déjà partagé la totalité du montant disponible.

Cette répartition des montants illustre le mécanisme de séniorité des prêts en cas de défaut. Le surcroît de rentabilité sur fonds propres obtenu par la banque d'origine se traduit par une perte proportionnellement plus importante : 5 millions d'euros perdus rapportés à un prêt de 45 millions d'euros après syndication (soit une perte de 11 %) contre 70 millions d'euros avant syndication (perte de 7 % si la syndication n'avait pas eu lieu).

Commentaire

Dans ce commentaire, nous traiterons principalement des problématiques de syndication des financements immobiliers, avec tout d'abord un point technique concernant les implications d'une syndication senior-junior sur la gestion d'un crédit puis une réflexion plus générale sur les stratégies de syndication et leur mise en œuvre.

1. Implications d'une syndication senior-junior

En complément de l'étude de cas n° 6 qui développait la question de la syndication senior-junior sous l'angle de l'allocation des cash-flows, nous analysons ici ses implications en termes de risque et de rémunération pour la banque d'origine en prenant la question 5 de l'étude de cas comme base de réflexion.

Dans notre étude de cas, la banque d'origine enregistre une perte de 5 millions d'euros sur la tranche junior de la créance. Or, cette perte qui n'affecte que la tranche junior aurait été la même si la banque n'avait pas syndiqué son crédit. La banque d'origine a donc accepté d'abandonner une partie de sa rémunération sur l'ensemble du crédit mais se retrouve seule à enregistrer une perte. Cela semble *a posteriori* une mauvaise décision.

Mais il faut garder à l'esprit que, si la perte globale des banques sur l'opération avait été plus importante – par exemple de 20 millions d'euros – la banque participante aurait été impactée à hauteur de 5 millions d'euros également. En conclusion, la banque d'origine a conservé le risque de première perte tout en le limitant à 50 % d'une tranche de 10 millions d'euros. En contrepartie, elle a pu mobiliser moins de fonds propres réglementaires et augmenter la rentabilité des fonds propres restant mobilisés.

Il s'agit d'une illustration de la course incessante que se livrent le régulateur et l'innovation financière (*cf.* commentaire de l'étude de cas précédente). La banque arrangeuse a réalisé dans cet exemple un arbitrage de la contrainte réglementaire en utilisant le fait que le régulateur ne demandait pas une allocation différenciée de fonds propres en fonction de la séniorité des tranches[1]. Avec une contrainte réglementaire plus élaborée, comme c'est le cas maintenant, le montant des fonds propres requis aurait été plus élevé pour la tranche junior. Cela aurait éventuellement obligé la banque arrangeuse à revoir les conditions de partage de rémunération afin de conserver à sa syndication un caractère relutif.

Au-delà de la simple question de la rémunération se pose aussi la problématique des modalités de partage du risque. Les conventions de subordination (*intercreditor agreement*) organisent traditionnellement les relations entre les créanciers, y compris et surtout en cas de défaut de l'emprunteur.

Les droits du créancier junior restent la plupart du temps limités (i) à une option d'achat de la dette senior en cas de défaut de l'emprunteur – généralement rachat « au pair » de la dette senior c'est-à-dire sur la base du montant sans décote – et (ii) à un droit pour le créancier junior (*cure right*) de rechercher directement avec l'emprunteur,

1. À noter que ce n'est plus le cas en Europe depuis Bâle II.

pendant un certain laps de temps (*standstill period*), une solution au cas de défaut avant que le créancier senior puisse effectivement prononcer l'exigibilité anticipée de la dette.

On constate ainsi que la banque participante disposera d'un véritable pouvoir de nuisance en tant que créancier senior. En particulier, si les termes de la convention de subordination – notamment pour tout ce qui touche aux règles de majorité en cas de défaut de l'emprunteur – sont trop favorables à la banque participante, il y a un risque que celle-ci utilise ce pouvoir de nuisance pour pousser la banque d'origine à lui racheter sa participation. Les termes détaillés de la convention de subordination constitueront donc un élément essentiel de la négociation entre banques au moment de la syndication.

2. Syndication : les stratégies possibles

La définition d'une stratégie de syndication va comporter plusieurs points, dont les principaux sont les suivants.

Fixation du montant de « part finale » que la banque souhaite conserver

Ce montant, qui correspond à la part de crédit que la banque souhaite conserver à terme, est appelé l'objectif de « part finale ». Il est déterminé par la stratégie générale de prise de risque de la banque. Un montant limite s'appliquera ainsi à tout financement mis en place par la banque, quelle que soit la ligne de métier concernée.

Cette limite sera néanmoins individualisée en fonction de la ligne produit. La banque aura tendance à limiter fortement les objectifs de part finale sur les activités perçues comme les plus risquées. L'objectif de part finale devra aussi tenir compte des encours globaux sur un client donné, ce qui met en évidence la nécessité d'un suivi agrégé des risques pour chaque contrepartie, y compris pour les montages *non-recourse*.

Détermination de l'objectif de rémunération sur le montant que conservera la banque

Ce point est souvent le corollaire du précédent car, en fonction des objectifs de rentabilité de la banque, il pourra être nécessaire de syndiquer une part plus ou moins importante du prêt. Cela impactera aussi la façon dont le risque d'underwriting est rémunéré : soit sur les commissions de montage ; soit en prélevant une portion (« préciput ») de la marge de crédit sur la part du prêt qui est syndiquée ; soit une combinaison des deux. Proposer une part de commission aux banques invitées à la syndication leur permettra de percevoir une rémunération supplémentaire à leur entrée dans le crédit. Cela pourra accroître leur motivation à participer.

Choix entre une syndication pari passu et senior-junior

Nous distinguerons deux grands modes de syndication : soit la syndication est réalisée sous forme « pari passu » (c'est-à-dire avec les mêmes droits pour l'ensemble des créanciers) ; soit elle est réalisée sous forme senior-junior, la banque arrangeuse conservant habituellement la tranche junior et syndiquant la tranche senior.

Dans la forme pari passu, les banques qui participent à l'opération demanderont certainement un engagement de la banque « arrangeuse » (c'est-à-dire la banque d'origine ayant arrangé le crédit) de conserver une part incompressible à risque dans le financement, entre 20 % et 35 % au minimum. La conséquence immédiate est que la banque arrangeuse aura tendance à prélever un préciput en commission ou en marge sur les banques participantes afin d'obtenir une rentabilité supérieure à elles.

Dans la forme senior-junior, les banques seniors seront plus enclines à accepter que la banque arrangeuse conserve une part finale plus faible dans la mesure où sa créance leur est subordonnée. En outre, la tranche junior étant mieux rémunérée, l'objectif d'augmentation de rentabilité sera plus facile à atteindre pour la banque arrangeuse.

Il reste néanmoins que, dans les deux cas, le but des banques participantes est de s'assurer que la banque arrangeuse conserve une part de risque suffisamment importante dans le crédit, que ce soit en volume (syndication pari passu) et/ou en intensité (syndication senior-junior). Cela garantit son implication effective dans le cas où il faudrait mettre en jeu les clauses de défaut de la documentation juridique. Il s'agit d'ailleurs d'une spécificité fondamentale par rapport aux opérations de titrisation, dans lesquelles l'arrangeur et souscripteur initial du crédit va tenter de céder la totalité (ou la quasi-totalité) de son risque.

Nombre et typologie des établissements bancaires qui seront approchés

C'est un élément apparemment anodin mais pouvant se révéler crucial à l'usage. En effet, la composition des *pools* (syndicats) bancaires peut avoir un impact significatif sur le déroulement de la négociation en cas de défaut de l'emprunteur.

Les décisions les plus importantes se prenant à la majorité qualifiée voire à l'unanimité des prêteurs, il n'est pas rare qu'un établissement bancaire adopte une position volontairement extrême afin de provoquer une situation de blocage et se faire racheter sa participation par les autres banques du *pool*.

La banque arrangeuse devra donc veiller à inviter dans le *pool* des établissements qui ont des stratégies de financement similaires à la sienne. Cela dit, il faut être conscient que la population des banques actives sur le marché du financement immobilier n'est pas extensible. Les situations où la banque arrangeuse est confrontée à une sursouscription restent rares, y compris dans les périodes de liquidité abondante. Par ailleurs, on essaiera dans la mesure du possible de limiter le nombre de banques dans le crédit car cela peut mener à des situations de blocage dans le cas où toutes les banques n'ont pas la même approche si une décision des prêteurs doit être prise à l'unanimité. Notons que les conventions de *pool* peuvent faire la distinction entre les décisions nécessitant une majorité simple, une majorité qualifiée ou l'unanimité (cette dernière étant typiquement requise pour une modification des sûretés, de la marge bancaire ou de la maturité du crédit).

Citons aussi pour mémoire une forme particulière de syndication : la convention de partage de risque et de trésorerie également appelée « participation silencieuse » ou « sous-participation ». Il s'agit pour l'établissement dit « sous-participant » de ne pas participer ouvertement au *pool* bancaire mais de refinancer une banque du *pool* en passant avec elle une convention spécifique qui lie les deux parties dans des termes similaires à ceux d'une convention de syndication classique. La raison peut en être le souhait de la banque arrangeuse de syndiquer une partie supplémentaire de son risque sans en informer ouvertement les autres banques ou bien le souhait de la banque sous-participante de ne pas apparaître dans le *pool* pour des raisons juridiques ou commerciales.

Quoi qu'il en soit, ce type de convention génère des risques supplémentaires et spécifiques qui n'existent pas dans les *pools* bancaires traditionnels. Risque pour la banque sous-participante tout d'abord : si la banque arrangeuse fait faillite en cours d'opération, il sera difficile pour la banque sous-participante de récupérer ses fonds car elle est doublement en risque de crédit, sur l'opération elle-même comme toute banque participante mais aussi sur la banque arrangeuse au travers de laquelle elle participe à l'opération (en effet si la banque arrangeuse fait faillite, la banque sous-participante n'a aucun droit réel sur la créance sous-jacente). Risque pour la banque arrangeuse aussi : si l'emprunteur fait défaut et qu'une négociation est nécessaire, la banque arrangeuse pourra être mise en porte-à-faux par la banque sous-participante qui sera tentée de jouer le blocage afin d'être remboursée par la banque arrangeuse. Cette forme de syndication doit donc être considérée avec beaucoup de précaution.

Pour conclure sur les aspects stratégiques de la syndication, il s'agit pour la banque arrangeuse d'améliorer sa rentabilité sur fonds propres mobilisés sans avoir à augmenter les marges facturées aux clients ni à baisser ses coûts d'exploitation. Mais comme tout avantage a nécessairement une contrepartie, ce surcroît de rentabilité se paye par la prise d'un risque, le risque de souscription ou risque d'*underwriting* (voir commentaire de l'étude de cas n° 15). Ce risque se matérialise si les conditions de marché ont été imparfaitement analysées au moment de la souscription du risque, si elles évoluent entre la souscription et la distribution du crédit, ou si la qualité intrinsèque de l'opération se dégrade pendant ce laps de temps. Il est donc nécessaire de disposer de procédures de syndication efficaces et rapides, comme nous allons le voir maintenant.

3. Syndication : la mise en œuvre

Une fois la stratégie de syndication définie, il faut s'attacher à sa mise en œuvre, avec ici aussi quelques points importants à souligner.

Le timing de syndication

Il est important de savoir à quel stade du processus de négociation puis de signature de la documentation juridique avec l'emprunteur se fera l'approche du marché bancaire. Du point de vue de la banque arrangeuse, le plus tôt sera le mieux. Cela permet d'ajuster les conditions financières de l'opération aux exigences futures des banques participantes et aussi de préparer celles-ci à passer rapidement leur dossier en comité de crédit. L'objectif ultime pour la banque arrangeuse est de limiter autant que possible la durée d'exposition au risque de souscription.

Cependant, ce souhait de rapidité se heurte à un double obstacle : d'une part, la nécessité de la confidentialité concernant les informations fournies par l'emprunteur ; d'autre part, le risque de donner des indications importantes à une banque potentiellement concurrente, qui en profiterait alors pour obtenir le mandat auprès du client en lui proposant des conditions financières immédiatement inférieures.

Ces deux obstacles peuvent être contournés par la signature d'un accord de confidentialité et de non-concurrence préalablement à la communication des informations sensibles aux autres banques. Mais cela signifie pour la banque invitée qu'elle renonce d'emblée à concourir pour le mandat du financement global. Seules les banques qui sont traditionnellement des banques participantes et non des banques arrangeuses sont susceptibles d'accepter de signer de tels accords. Les banques arrangeuses auront alors tendance à solliciter le plus tôt possible ces banques participantes afin d'assécher le marché de la syndication au détriment des banques arrangeuses concurrentes.

Cela dit, par construction, le mandat sera vraisemblablement accordé par l'emprunteur à la banque qui offrira les conditions commerciales les meilleures pour lui. Une banque trop agressive dans ses conditions commerciales risque de toute façon d'être ensuite « collée » avec son crédit si les autres banques jugent ces conditions trop favorables à l'emprunteur. La marge de manœuvre est donc ténue entre les conditions qui permettent d'obtenir le mandat et celles qui assurent une syndication réussie auprès des autres banques.

En définitive, dans un marché fluide, chaque banque se doit de connaître à quelques points de base près la rémunération attendue par ses concurrentes pour un niveau de risque donné. C'est dans ce contexte que l'assistance d'une équipe de syndication spécifique, comme celles mises en place par la plupart des grands établissements bancaires, peut se révéler particulièrement utile.

Le partage d'une partie du risque de souscription avec l'emprunteur

Pour les opérations de grande envergure ou particulièrement complexes, ainsi que dans les périodes de faible liquidité bancaire, il y a parfois la possibilité pour la banque arrangeuse de faire accepter par l'emprunteur une clause dite de *market flex*. Le principe en est simple : si la syndication ne rencontre pas le succès escompté sur la base des conditions initialement agréées avec l'emprunteur, la banque d'origine aura la possibilité d'augmenter la marge du financement jusqu'à ce qu'elle trouve suffisamment de banques participantes pour constituer son *pool*. Elle pourra ainsi atteindre son objectif de part finale.

Il va de soi que ce mécanisme est particulièrement favorable à la banque arrangeuse et se conçoit uniquement dans un contexte de rareté du crédit. En outre, pour éviter d'exposer l'emprunteur au risque de voir la marge bancaire dépasser des limites acceptables, la *market flex* est traditionnellement plafonnée à quelques dizaines de points de base.

Une autre méthode pour limiter les risques de syndication de la banque arrangeuse sans pour autant les transférer sur l'emprunteur consiste à monter un syndicat primaire de banques et chacune d'elles prendra le risque de syndication sur une partie du crédit. On parle alors de *pool de co-underwriting*. Les banques *co-underwriters* procéderont conjointement à la syndication secondaire du crédit.

La technique de syndication mise en œuvre et le marché visé

L'une des tâches de l'équipe en charge de syndiquer le crédit sera de déterminer quels seront les marchés et les techniques de syndication les plus favorables, c'est-à-dire ceux qui permettent de placer les participations dans le prêt aux conditions financières les plus basses possibles et avec le moins de contraintes pour la banque arrangeuse.

Cela peut être le marché interbancaire avec une syndication sous forme traditionnelle ou en sous-participation. Cela peut aussi être d'autres marchés comme ceux ouverts par la titrisation, cette technique ayant permis aux investisseurs institutionnels d'accéder à la souscription de parts dans des portefeuilles de créances immobilières commerciales.

À cet égard, la période 1990-2010 est intéressante à décrypter car elle a vu se succéder plusieurs formes de syndication en Europe continentale. À partir de la sortie de la crise immobilière des années 1990 et jusqu'à la fin de la décennie, le marché interbancaire des financements immobiliers structurés était relativement fluide et la syndication s'opérait sous sa forme traditionnelle entre banques. À partir du début des années 2000, la technique de titrisation des créances immobilières commerciales (« CMBS » pour *Commercial Mortgage-Backed Securities*) s'est considérablement développée en Europe. Elle a permis aux banques arrangeuses non seulement de syndiquer leurs crédits à des conditions avantageuses mais aussi de ne plus garder qu'une exposition symbolique dans les opérations qu'elles avaient arrangées.

Dès lors, le marché du financement immobilier a commencé à dériver avec trois phénomènes concomitants. Tout d'abord les conditions financières attractives offertes par la titrisation ont rapidement bénéficié en retour aux clients par le jeu de la concurrence entre banques. Le profit s'est ainsi partiellement reporté des banques arrangeuses vers les emprunteurs. Ensuite, les banques arrangeuses se sont de moins en moins focalisées sur l'analyse de crédit puisque les souscripteurs de titres se fondaient principalement sur la notation du crédit par les agences spécialisées. Enfin, les banques du marché ont cessé de s'inviter les unes les autres dans les opérations et n'ont ainsi pas pu bénéficier d'une forme de discipline de place – ou tout au moins d'un dialogue – dans l'octroi des crédits. Ce système a prospéré jusqu'à ce que certaines banques – notamment sur quelques opérations emblématiques – fassent l'expérience douloureuse de la matérialisation du risque d'*underwriting* en même temps que celle du risque de contrepartie sur leur emprunteur.

Le début des années 2010 a été marqué par une liquidité bancaire restreinte, synonyme d'un manque de confiance des banques entre elles. Les crédits syndiqués ne s'envisageaient alors plus que sous la forme de *club-deals* bancaires, dans lesquels plusieurs banques prenaient en même temps une quote-part dans un financement à hauteur d'un montant constituant la part finale de chacune. Il n'y avait donc pas de prise de risque d'*underwriting* par la banque arrangeuse. La syndication était réalisée en amont en invitant – sous le contrôle de l'emprunteur – les autres banques dès la phase de montage et de négociation de la documentation du prêt.

Dans le même temps, les évolutions réglementaires renforçant la consommation de fonds propres pour les banques (Bâle III), ainsi que l'environnement de taux d'intérêt bas poussant les investisseurs obligataires traditionnels vers des produits de dette corporate ou immobilière, ont accéléré l'émergence de nouveaux acteurs du financement immobilier, en l'occurrence les compagnies d'assurance et les fonds de dette. Les compagnies d'assurance, au travers de leurs propres évolutions réglementaires (Solvabilité II), ont vu les actifs obligataires et plus généralement tous les produits assis sur une dette être favorisés par rapport aux autres classes d'actifs en dépit de leur faible rendement.

Ces compagnies d'assurance ont ainsi pu intervenir seules sur le marché de la dette immobilière, ou bien au travers d'une banque arrangeuse assurant l'interface avec l'emprunteur. Lorsqu'elles n'avaient pas la taille suffisante pour maintenir une équipe de financement dédiée, elles se sont regroupées au sein de fonds de dette immobilière levés par des sociétés de gestion d'actifs immobiliers. Ces nouveaux acteurs ont donc complété l'offre bancaire traditionnelle, les banques disposant d'un débouché supplémentaire pour le partage du risque.

Il ne faut cependant pas négliger l'impact de cette évolution pendant la décennie 2010-2020 : les risques financiers ont été progressivement transférés du monde bancaire vers des acteurs non bancaires (ce que l'on qualifie de « *shadow banking* ») : ceux-ci vont des compagnies d'assurance comme nous venons de le voir, jusqu'aux investisseurs particuliers à l'autre extrémité du spectre, au travers des opérations de crowdfunding immobilier (*cf.* étude de cas n° 24), en passant par les fonds d'investissement plus ou moins spéculatifs. Le risque de faillite bancaire est donc minimisé en cas de crise immobilière, mais cela ne signifie pas que le risque financier a disparu : il est simplement distribué sur un plus grand nombre d'acteurs et dans des secteurs qui sont moins régulés que le secteur bancaire. L'avenir dira si cette répartition peut éviter aux États d'avoir à intervenir comme cela a été le cas lors de la crise financière de 2008.

Chapitre 5

Les situations critiques

« Les traités, voyez-vous,
sont comme les jeunes filles et les roses :
ça dure ce que ça dure »

Charles de Gaulle

Cas n° 17
Analyse d'une situation d'impasse de trésorerie

Énoncé

Un investisseur immobilier décide d'acquérir un immeuble loué à un locataire offrant une très bonne solvabilité sur la base d'un bail de 12 ans fermes pour un prix d'acquisition droits compris de 60 millions d'euros. Le taux de rendement de cet investissement ressort à 7 %.

Il obtient de sa banque un financement à 5 ans, d'un montant de 50 millions d'euros, s'amortissant de 1 million d'euros par an sur les 5 ans. L'amortissement annuel est réalisé en fin d'année. Le taux d'intérêt est un taux fixe (taux variable *swapé*) correspondant à un taux de *swap* de 4,50 % l'an augmenté d'une marge de 150 bp.

1. Quel est le montant annuel du loyer sur 5 ans (on supposera l'absence d'indexation) ?

2. Calculez, année par année, le montant du service de la dette (en principal et intérêts).

3. Calculez, année par année, l'évolution du ratio de DSCR ainsi que le montant disponible après service de la dette au sein de la structure détenant l'immeuble (en flux annuel et en cumul depuis le début de l'opération).

Deux mois après l'acquisition et la mise en place du financement, l'investisseur apprend qu'il doit désamianter une partie de l'immeuble. Le prix de revient du désamiantage est estimé à 2 millions d'euros.

4. La structure emprunteuse peut-elle financer elle-même ces travaux ?

5. Si vous êtes l'investisseur, quelle va être votre réaction ?

6. Si vous êtes la banque, quelle va être votre réaction ?

7. Quelles solutions peuvent alors être envisagées ?

Corrigé

1. Quel est le montant annuel du loyer sur 5 ans (on supposera l'absence d'indexation) ?

Le loyer annuel se déduit du montant de l'investissement et de son taux de rendement :

Loyer = 60 M€ [Montant de l'investissement] × 7 % [Taux de rendement]

Loyer = **4,2 M€** par an

2. Calculez, année par année, le montant du service de la dette (en principal et intérêts).

Le montant du service de la dette pour la première année est de :

Service de la dette = 50 M€ [Montant de la dette] × (4,50 % [Taux *swapé*] + 1,50 % [Marge]) + 1 M€ [Amortissement]

Service de la dette = **4 M€**

Le montant du service de la dette pour les années suivantes se calcule en réduisant chaque année le montant nominal de la dette à hauteur de 1 million d'euros afin de tenir compte de l'amortissement pratiqué en fin d'année précédente. Le taux d'intérêt marge comprise reste inchangé à 6 % dans la mesure où l'indice à taux variable a été *swapé*. On obtient le tableau suivant :

	Année 1	**Année 2**	**Année 3**	**Année 4**	**Année 5**
Montant en principal	50 M€	49 M€	48 M€	47 M€	46 M€
Intérêts à 6 %	3 M€	2,94 M€	2,88 M€	2,82 M€	2,76 M€
Amortissement	1 M€	1 M€	1 M€	1 M€	1 M€
Service de la dette	**4 M€**	**3,94 M€**	**3,88 M€**	**3,82 M€**	**3,76 M€**

3. Calculez, année par année, l'évolution du ratio de DSCR ainsi que le montant disponible après service de la dette au sein de la structure détenant l'immeuble (en flux annuel et en cumul depuis le début de l'opération).

Le ratio de DSCR se déduit du tableau ci-dessus en appliquant la formule DSCR = Loyer / Service de la dette.

	Année 1	Année 2	Année 3	Année 4	Année 5
Loyer	4,2 M€	4,2 M€	4,2 M€	4,2 M€	4,2 M€
Service de la dette	4 M€	3,94 M€	3,88 M€	3,82 M€	3,76 M€
DSCR	**105 %**	**107 %**	**108 %**	**110 %**	**112 %**

Le montant disponible après service de la dette (en flux annuel et en cumul sur les 5 ans) se déduit également du tableau ci-dessus.

	Année 1	Année 2	Année 3	Année 4	Année 5
Loyer	4,2 M€	4,2 M€	4,2 M€	4,2 M€	4,2 M€
Service de la dette	4 M€	3,94 M€	3,88 M€	3,82 M€	3,76 M€
Montant disponible (annuel)	**200 000 €**	**260 000 €**	**320 000 €**	**380 000 €**	**440 000 €**
Montant disponible (cumulé)	**200 000 €**	**460 000 €**	**780 000 €**	**1 160 000 €**	**1 600 000 €**

4. Il est nécessaire de désamianter l'immeuble, ce qui implique un coût de 2 millions d'euros. La structure emprunteuse peut-elle financer elle-même ces travaux ?

Les calculs précédents font ressortir une capacité d'autofinancement de la structure emprunteuse limitée à 200 000 euros la première année. Dans la mesure où la réalisation de ces travaux est urgente, il n'est pas possible à la structure emprunteuse de fournir elle-même le financement afférent. Celui-ci doit donc être apporté par l'actionnaire investisseur et/ou par la banque.

5. Si vous êtes l'investisseur, quelle va être votre réaction ?

Pour l'investisseur, il est important de réaliser les travaux de désamiantage au plus tôt afin d'éviter que le locataire ne remette en question sa présence dans l'immeuble au motif que les critères de salubrité ne sont pas remplis. Il faut néanmoins réunir les fonds pour réaliser ces travaux. L'investisseur cherchera avant tout à trouver des sources externes de financement – voire même de prise en charge – afin de ne pas grever la rentabilité de ses fonds propres.

Il se tournera ainsi (par ordre de priorité) :
– vers le précédent propriétaire qui lui a vendu l'immeuble afin d'obtenir une indemnisation mais cela reste fonction du contrat de vente, dont les termes peuvent très bien exclure toute possibilité de recours sur le vendeur concernant l'amiante ;

– vers l'expert qui a réalisé la *due diligence* environnementale d'acquisition. L'investisseur pourra tenter de mettre en cause sa responsabilité si le périmètre de vérification incluait bien la partie amiantée. Cela dit, pour que cette démarche soit efficace, il faudra que le plafond contractuel de responsabilité de l'expert soit suffisamment élevé et que cette responsabilité soit éventuellement couverte par une compagnie d'assurance ;

– vers le locataire, en essayant de le faire participer au financement de ces travaux sous réserve que ceux-ci améliorent la qualité d'usage de l'immeuble ;

– vers la banque, afin d'obtenir un financement à un coût inférieur à la rentabilité des fonds propres de l'investisseur ;

– et en dernier recours vers lui-même ou ses actionnaires, en finançant directement ce surcoût sur ses fonds propres, ce qui sera sans doute la solution la plus pénalisante d'un point de vue financier.

6. Si vous êtes la banque, quelle va être votre réaction ?

La réaction de la banque sera de considérer que la négligence ayant conduit à cette situation est en premier lieu celle de l'investisseur (et/ou de ses prestataires). C'est donc à l'investisseur de trouver une solution sans avoir recours à sa banque.

En outre, la position de créancier senior offre à la banque une certaine marge de sécurité car le risque de première perte est supporté par l'investisseur. C'est donc sur ce dernier que pèse l'essentiel de la pression.

Cela dit, la banque ne bénéficie pas pour autant d'une position très confortable :

– elle prête sur la base d'une quotité de financement élevée, avec une LTC initiale de 83 % (50 millions d'euros de dette bancaire pour un investissement de 60 millions d'euros) ;

– si le problème d'amiante persiste, il y a un risque de départ du locataire. Cela impliquera l'absence de cash-flows pour servir la dette et pourra se traduire par une baisse significative de la valeur de l'actif. Cette baisse, si elle va au-delà des 10 millions d'euros de fonds propres de l'investisseur, pourrait directement impacter la banque ;

– enfin la banque aurait pu elle-même détecter le problème en mandatant ses propres experts techniques pour réaliser la *due diligence* environnementale.

7. Quelles solutions peuvent alors être envisagées ?

Au-delà de leurs intérêts divergents liés à leur rang de priorité sur la valeur de l'immeuble, la banque et l'investisseur ont des intérêts convergents liés au maintien de la présence du locataire, ce qui va les inciter à trouver ensemble une solution.

La solution pour sortir de cette impasse, dans le cas où les recours sur le vendeur et sur l'expert environnemental sont inopérants et où la participation du locataire n'est pas envisageable, passe probablement par un effort conjoint de la banque et de l'investisseur pour financer les travaux de désamiantage.

Un compromis entre les deux parties pourrait correspondre au schéma ci-dessous, celui-ci restant purement indicatif car tout schéma ne sera au final que le résultat de la négociation entre l'investisseur et sa banque :

– apport de fonds propres supplémentaires par l'investisseur à hauteur d'un montant de 1 million d'euros ;

– mise en place par la banque d'une ouverture de crédit complémentaire pour un montant de 1 million d'euros. Cela permet d'obtenir un total de 2 millions d'euros de financement additionnel si l'on tient compte des fonds propres supplémentaires apportés par l'investisseur ;

– cette ouverture de crédit complémentaire sera remboursée sur les 5 ans du prêt par utilisation du montant disponible après service de la dette de 1,6 million d'euros identifié à la question 3. Pour ce faire, la structure emprunteuse aura interdiction de distribuer cette liquidité à l'investisseur (clause de *cash sweep*).

Quelques commentaires complémentaires :

– en finançant une partie de l'impasse de trésorerie, la banque joue véritablement son rôle car elle procure en année 1 une liquidité que l'emprunteur est en mesure de rembourser sur la durée de l'opération, comme mis en évidence à la question 3 ;

– en outre, le confort d'un bail de 12 ans fermes permet à la banque de faire preuve d'une certaine souplesse dans la négociation, sous réserve que les taux d'intérêt n'augmentent pas à l'horizon de 5 ans qui correspond à la maturité du *swap* ;

– enfin, cette renégociation peut permettre à la banque de revoir à la hausse ses conditions de financement et donc d'augmenter la marge du prêt afin de refléter l'accroissement du risque bancaire.

Commentaire

Nous abordons avec cette étude de cas une de notre ouvrage consacrée aux situations critiques dans lesquelles une tension peut exister entre l'emprunteur et sa banque. Ce sont des situations particulièrement riches d'enseignements car elles révèlent les divergences d'intérêts des acteurs économiques, ces divergences n'étant pas toujours visibles lorsque l'opération se déroule conformément aux prévisions.

Connaître ces divergences, c'est pour chaque acteur mieux comprendre la nature profonde du rôle et des intérêts de la partie adverse ainsi que les siens propres. En fait, on peut même dire qu'il n'est possible de véritablement négocier un contrat de financement – tant du point de vue du prêteur que de celui de l'emprunteur – que si l'on a déjà été confronté à ce type de situation permettant de distinguer ce qui est négociable de ce qui ne l'est pas.

Dans le commentaire qui suit, nous traiterons du rôle et du déroulement de la *due diligence* préalable à l'acquisition d'un actif, du processus d'octroi de crédit dans les établissements bancaires et enfin du rapport de force entre la banque et l'emprunteur dans les situations critiques.

1. Le rôle et le déroulement de la *due diligence*

Dans toute acquisition immobilière comme plus généralement dans toute acquisition d'actif, il existe au départ une asymétrie d'information entre le vendeur et l'acquéreur : le premier détient des informations qu'il ne souhaite pas nécessairement communiquer sur l'immeuble ou sur lui-même (raison et timing espéré pour la vente) ; de son côté, l'acquéreur dispose lui aussi de quelques informations qu'il ne souhaite pas communiquer au vendeur, comme ses contraintes de financement ou sa stratégie future de gestion de l'actif. Cela dit, l'asymétrie reste globalement en faveur du vendeur car elle concerne essentiellement l'immeuble.

Pour cette raison, l'acquéreur doit former sa propre opinion sur l'immeuble en mandatant des experts qui vont analyser les points clés de l'acquisition : aspects financiers (solvabilité des locataires), commerciaux (analyse de marché), techniques (qualité de la construction), environnementaux (pollution des sols, amiante, etc.), juridiques, comptables et fiscaux (notamment pour les acquisitions d'immeubles au travers d'acquisitions de parts ou actions de sociétés).

Ces analyses, que l'on regroupe sous le terme générique de *due diligence*, sont réalisées sur la base de constats visuels (visite d'immeuble) ou d'études de documents mis à disposition par le vendeur et consultables par l'acquéreur. L'ensemble de ces documents est désigné par le terme de *data room*.

De façon générale, l'acquéreur potentiel aura accès à la *data room* pendant une période limitée dans le temps, déterminée en fonction de la durée de négociation exclusive qui a été agréée avec le vendeur. Il faut souligner l'importance pour l'acquéreur de s'être construit rapidement une première opinion sur l'immeuble et sur la viabilité de l'opération avant même de lancer la *due diligence*. En effet, une *due diligence* mobilise de nombreuses compétences, ce qui représente un coût significatif pour l'acquéreur voire même une perte s'il décide finalement de ne pas acquérir l'immeuble.

S'agissant de la banque, il faudrait théoriquement que celle-ci puisse conduire sa propre analyse indépendamment de celle de l'acquéreur et en mandatant ses propres conseils. En fait, c'est rarement le cas en raison de la duplication des coûts que cela occasionnerait, surtout si l'on garde à l'esprit que la quasi-totalité de ces coûts sera au final refacturée par la banque à l'acquéreur. Il y a donc traditionnellement plusieurs façons pour l'acquéreur et la banque de recourir aux prestataires de service.

– Le cas le plus simple est celui d'experts mandatés par l'acquéreur pour lesquels la banque considère que les rapports ne sont pas essentiels à la mise en place du crédit. Cela peut concerner par exemple les rapports des experts fiscaux relatifs à une société holding qui ne sera pas directement emprunteuse. Par acquit de conscience, la banque pourra éventuellement demander une copie de ces rapports pour information mais elle ne demandera pas à en être officiellement destinataire au même titre que l'acquéreur.

– Un autre cas de figure correspond aux experts techniques et environnementaux – dont les honoraires seront supportés par l'acquéreur – qui agiront pour les deux parties et pourront parfois être directement mandatés par la banque. S'ils sont mandatés uniquement par l'acquéreur[1], leurs rapports feront l'objet d'une diffusion à la banque : soit sur la base d'une simple lettre de diffusion (*release letter*) incluant la banque dans la liste des destinataires autorisés ; soit accompagnés d'une lettre d'engagement (*reliance letter*) permettant à la banque – au même titre que l'acquéreur – de mettre en jeu la responsabilité de l'expert et son assurance professionnelle si celui-ci a fait preuve de négligence au cours de sa mission de vérification.

– Un cas spécifique correspond aux experts qui seront directement instruits par la banque et non par l'acquéreur mais avec la possibilité pour les deux parties d'utiliser les mêmes rapports d'expertise. C'est par exemple le cas de l'expert immobilier qui valorise l'immeuble pour le compte de l'acquéreur : il est très souvent mandaté directement par la banque afin que celle-ci puisse le considérer comme un expert indépendant. Son rôle est en effet crucial pour la banque lorsque le dimensionnement initial du financement dépend de la valeur attribuée à l'actif (ratio de LTV initial). Son rapport d'expertise pourra néanmoins être utilisé par l'acquéreur à d'autres fins, d'autant plus que c'est ce dernier qui en supportera finalement les honoraires.

– Dans le même ordre d'idées et concernant le point particulier de l'expertise immobilière, certaines banques – notamment les banques hypothécaires allemandes – disposent directement d'experts internes, dont le coût est ou n'est pas refacturé à l'emprunteur selon les établissements.

1. Ce qui est le cas le plus fréquent.

– Bien que cela ne concerne pas uniquement la *due diligence* juridique, on notera que les honoraires des avocats utilisés par la banque lors de la négociation du prêt sont traditionnellement refacturés à l'emprunteur jusqu'à un montant limite agréé préalablement entre les deux parties. Cependant, ce cas ne correspond pas strictement à une duplication de coûts puisque l'acquéreur et la banque doivent nécessairement utiliser des avocats différents lorsqu'ils négocient la documentation du prêt.

– Il arrive enfin que la banque souhaite un complément de vérification sur un point précis de la *due diligence* ou souhaite faire revoir par ses propres conseils les rapports des experts mandatés par l'acquéreur. Dans ce cas, la prise en charge du coût de ces expertises supplémentaires fera l'objet d'une discussion spécifique entre la banque et l'emprunteur.

Après la réalisation de la *due diligence* et le partage des conclusions avec la banque, l'acquéreur peut finaliser la documentation juridique d'acquisition avec le vendeur et la documentation juridique de financement avec la banque. Mais la réalisation de la *due diligence* ne dédouanera pas l'acquéreur de prendre certaines précautions vis-à-vis du vendeur. En effet, les experts ayant travaillé pour l'acquéreur ont très bien pu ne pas avoir accès à toute l'information ou bien commettre des erreurs ou approximations dans leur mission. Certes, l'acquéreur pourra engager leur responsabilité – généralement couverte par une compagnie d'assurance – mais cette couverture est dans le meilleur des cas de l'ordre de quelques millions d'euros. Cela peut se révéler nettement insuffisant si le risque concerne un immeuble valorisé à plusieurs dizaines de millions d'euros.

Il est donc nécessaire pour l'acquéreur d'obtenir de la part du vendeur un ensemble de déclarations et d'engagements – en anglais de *Representations and Warranties* – afin de couvrir la portion de risque qui n'est pas couverte par les assurances des experts. Ces *Representations and Warranties* sont souvent les termes les plus délicats à négocier car, par définition, ils concernent des éléments qui n'étaient pas connus lors de la négociation initiale des principales conditions de la transaction en amont de la phase de *due diligence*. Et ils sont d'autant plus complexes qu'ils peuvent être relatifs à des garanties sur l'immeuble mais aussi, en cas de s*hare deal*, à des garanties sur la société détenant l'immeuble (garantie de passif, etc.). Ces garanties pourront, le cas échéant, être couvertes par une provision sur un compte séquestre ou par une garantie bancaire.

2. Le processus d'octroi de crédit dans les établissements bancaires

À l'occasion de cette étude de cas, nous évoquerons deux points importants concernant le mécanisme d'octroi de crédit dans les banques, notamment lorsqu'il s'agit de financement d'actifs.

Sans entrer dans le détail de ce processus qui reste propre à chaque établissement bancaire, il faut néanmoins mentionner le principe systématique de la double lecture des notes de crédit dans toutes les banques. En effet, les demandes de crédit rédigées par les équipes qui sont en relation avec la clientèle font systématiquement l'objet d'une seconde lecture avant d'être soumises au comité de crédit. Cette seconde lecture peut être, selon les établissements, réalisée par la filière hiérarchique de l'équipe commerciale ou bien au sein d'une équipe spécifique indépendante de la filière commerciale. Cette équipe spécifique, qui prend le nom de « Département du Crédit », « Département des Engagements » ou « Département des Risques » dans la plupart des banques, aura pour rôle de porter un regard critique sur l'analyse effectuée par l'équipe commerciale. Cependant, dans le cas particulier des financements d'actifs, cette critique reste délicate car il s'agit d'une activité de spécialiste qui nécessite une connaissance pointue des actifs et de leurs marchés. Cette connaissance reste généralement cantonnée aux équipes commerciales elles-mêmes. Il est donc très rare de trouver des équipes de Département des Risques – par nature pluridisciplinaires – qui possèdent la même connaissance que les équipes commerciales. Cela dit, ce mode d'organisation conserve son utilité car le Département des Risques joue un rôle de garde-fou en obligeant les équipes commerciales à formaliser leur réflexion et à porter un soin particulier à l'expression de leur raisonnement.

L'autre point important, spécifique aux opérations de financement *non-recourse*, est la réalisation de tests de sensibilité sur les projections financières de l'opération. Toute note de crédit devra obligatoirement comporter une projection financière correspondant à un scénario raisonnablement optimiste de déroulement de l'opération (« cas de base » ou *base case*) ainsi qu'un ou plusieurs scénarios où sont testées certaines variables de l'opération (« cas dégradé » ou *downside case*). Ces cas dégradés permettront par exemple d'analyser la sensibilité et la résistance du service de la dette par rapport à des variables comme le niveau des taux d'intérêt, le niveau des taux de rendement immobiliers, la proportion de renouvellement des baux par les locataires, la faillite d'un ou de plusieurs locataires de l'immeuble. Des scénarios extrêmes, qualifiés de *stress case*, pourront aussi être étudiés en accentuant fortement la dégradation d'une variable particulière, notamment si celle-ci joue un rôle déterminant dans le bon déroulement de l'opération. On pourra enfin modéliser un niveau correspondant au point mort de l'opération dans le cas d'un *break-even case*.

3. Le rapport de force entre la banque et l'emprunteur

Dans les réponses aux questions 5, 6 et 7 de l'étude de cas, nous avons inventorié les différentes options s'offrant à la banque et à l'investisseur pour sortir de la situation d'impasse et avons esquissé une possibilité de compromis. Nous approfondirons ici l'analyse des ressorts de la négociation et les éléments pouvant faire pencher la balance en faveur de l'investisseur ou de la banque.

En premier lieu, les rapports de force véritables ne sont pas toujours apparents dans les périodes où l'opération se déroule conformément aux prévisions. Dans ces périodes, les intérêts des parties sont en effet généralement alignés. Il faut donc nécessairement l'intervention d'une perturbation extérieure pour révéler les rapports de force. En immobilier, cette perturbation peut prendre de nombreuses formes : départ inopiné ou faillite d'un locataire ; retard de location si le projet comportait une prise de risque locatif ; retard dans les ventes s'il s'agissait d'une vente à la découpe d'un immeuble d'habitation ou d'un portefeuille d'immeubles ; sinistre sur un immeuble ne bénéficiant pas d'une bonne assurance ; défaut de conception ou de construction ; baisse des valeurs de marché déclenchant un défaut sur le covenant de LTV ; augmentation des taux d'intérêt sur un financement à taux variable ; faillite de la banque de couverture rendant inopérante la couverture de taux ; etc.

Après l'arrivée du facteur de perturbation, chacune des parties en présence évalue son propre pouvoir de négociation en analysant les enjeux tels qu'elle les perçoit pour elle-même ainsi que pour l'autre partie. Dans les opérations immobilières, cette réflexion comportera l'analyse des ratios de LTV et LTC : le ratio de LTV parce qu'il permet à chaque partie d'estimer sa perte et la possibilité de récupérer ses fonds en fonction de l'évolution du marché ; le ratio de LTC car il s'agit de déterminer à quel point chaque partie a engagé des fonds dans le projet (*cf.* commentaire de l'étude de cas n° 8).

De ces deux ratios, celui de LTC est probablement le plus important dans les situations de crise car, à la différence du ratio de LTV qui se positionne comme un ratio d'analyse des intérêts convergents de la banque et de l'emprunteur (si le ratio s'améliore, cela profite aux deux parties), le ratio de LTC mesure plutôt les éléments de divergence. En effet, chaque pourcentage de LTC gagné par la banque est un pourcentage de LTC concédé par l'investisseur et inversement. Cette analyse du ratio est cruciale lorsque l'effet de levier est élevé.

Ainsi, lorsque le ratio de LTC est de 80 %, chaque pourcentage négocié par l'investisseur se traduit pour lui par une économie de 5 % des fonds propres investis (en relatif, 1 % gagné sur 20 % de fonds propres). À l'inverse, tout investisseur ayant déjà contribué à hauteur de 50 % des coûts dans une opération pourra se montrer plus flexible s'il faut ajouter l'équivalent de 1 % de LTC supplémentaire, car cela ne représente que 2 % des fonds propres qu'il a initialement investis.

Au-delà du ratio de LTC et pour sortir d'une approche purement financière, la question se pose aussi pour chaque partie de savoir quel est exactement son métier et son rôle. En ce sens, notre étude de cas illustre le fait que la banque a peu de raisons de refuser un complément de prêt à l'emprunteur à hauteur de 1 million d'euros, car ce montant est couvert par la capacité excédentaire de l'emprunteur sur les 5 années suivantes. Il s'agit donc pour la banque d'exercer l'essence-même de son métier en fournissant aujourd'hui une liquidité que l'emprunteur a toutes les chances de rembourser demain. On illustre ici le fait que la compréhension par chaque partie de son rôle économique profond est souvent une étape importante pour aboutir à des solutions de compromis.

En conclusion, la gestion des situations critiques entre l'emprunteur et sa banque s'effectue en consultant les clauses du contrat de financement mais aussi et surtout en évaluant le rapport de force au moment de la survenance de la crise et en ayant une réflexion sur le rôle essentiel de chacun. En d'autres termes, le rapport de force effectif entre la banque et l'investisseur prime souvent sur les termes du contrat de financement initialement négocié entre les parties.

Nous verrons aussi dans les études de cas suivantes dans quelle mesure la sûreté, élément essentiel du rapport de force entre la banque et l'emprunteur, peut primer sur le covenant, élément purement contractuel.

Cas n° 18
Crédit en défaut sur une opération de promotion

Énoncé

Vous êtes un banquier spécialisé dans le financement des promoteurs immobiliers. L'un de vos clients a lancé il y a deux ans une opération de promotion en blanc sur un immeuble de bureaux. Cette opération représente une surface totale de 40 000 m^2 pour un prix de revient global de 240 millions d'euros, tous frais inclus (y compris les frais financiers).

La stratégie initiale du promoteur consistait à construire l'immeuble en deux ans, tout en recherchant pendant la période de construction un locataire unique sur la base d'un loyer annuel de 525 €/m^2. Une fois l'immeuble pré-loué, le promoteur envisageait de le revendre à un investisseur sur la base d'un taux de capitalisation de 7,00 %.

Pour réaliser son opération, le promoteur avait obtenu de votre part une ouverture de crédit hypothécaire d'une durée de deux ans pour un montant maximal de 75 % du prix de revient global, frais financiers inclus, remboursable intégralement à l'échéance.

1. En supposant que l'opération se soit déroulée comme prévu, quel aurait été le profit du promoteur ? Exprimez ce profit en montant absolu et en rentabilité annuelle sur les fonds propres investis par le promoteur.

2. À titre de comparaison, calculez la rémunération de la banque sur cette opération en supposant que la commission de montage est de 150 bp (appliquée au montant maximal du crédit), que le crédit a été progressivement tiré de façon linéaire sur les deux ans, que la commission de non-utilisation est de 120 bp et que la marge sur intérêts est de 180 bp. Commentez.

En réalité, à l'issue des deux ans, l'immeuble n'est loué que pour 50 % de sa surface et sur la base d'un loyer de 420 €/m^2 et il n'est toujours pas revendu à un investisseur. Votre crédit, intégralement tiré, est arrivé à échéance. Faute de revente à un investisseur, le promoteur ne dispose pas de capitaux pour vous rembourser. Votre crédit est donc en défaut.

3. En supposant que l'immeuble puisse être revendu sur la base d'un taux de capitalisation de 7,00 %, quel devrait être le niveau du loyer par m², sur les 50 % restant à louer :

a) pour que le promoteur réalise la même marge qu'au point 1 ?

b) pour que le promoteur atteigne son point mort ?

c) pour que la banque couvre intégralement son exposition ?

4. Au travers du résultat du point 3b, expliquez quelle logique a pu pousser le promoteur à accepter de louer la première moitié de l'immeuble sur la base d'un loyer inférieur à ses prévisions initiales.

5. En supposant que le crédit porte intérêt au taux de EURIBOR 12 mois + marge de 180 bp, avec un EURIBOR 12 mois égal à 2,20 % l'an à l'échéance, quelle pourrait être votre décision en tant que banquier sur ce crédit en défaut ? Expliquez votre raisonnement.

6. Même question qu'au point 5 avec un EURIBOR 12 mois égal à 4,20 % l'an à l'échéance. Expliquez votre raisonnement.

Corrigé

1. En supposant que l'opération se soit déroulée comme prévu, quel aurait été le profit du promoteur ? Exprimez ce profit en montant absolu et en rentabilité annuelle sur les fonds propres investis par le promoteur.

Le prix de vente prévu par le promoteur était de :
Prix de vente = 525 € [Loyer par m²] × 40 000 [Surface] / 7 % [Taux de capitalisation]
Prix de vente = 300 M€

Le profit escompté était donc de :
Profit = 300 M€ [Prix de vente] – 240 M€ [Prix de revient]
Profit = **60 M€**

Le promoteur ayant financé son opération en ayant recours à une dette bancaire à hauteur de 75 % du prix de revient, son investissement initial en fonds propres était de :
Fonds propres = 25 % × 240 M€ [Prix de revient]
Fonds propres = 60 M€

Le promoteur réalise donc un profit avant impôt de 100 % sur sa mise initiale de fonds propres et ce, sur une durée de deux ans. En première approximation (c'est-à-dire en négligeant l'effet actuariel) le promoteur obtient une rentabilité annuelle (taux de rendement interne ou TRI) avant impôt sur ses fonds propres de l'ordre de 50 %.

2. À titre de comparaison, calculez la rémunération de la banque sur cette opération en supposant que la commission de montage est de 150 bp (appliquée au montant maximal du crédit), que le crédit a été progressivement tiré de façon linéaire sur les deux ans, que la commission de non-utilisation est de 120 bp et que la marge sur intérêts est de 180 bp. Commentez.

La rémunération de la banque comporte les trois éléments suivants :

– la commission de montage ;

– la marge bancaire sur les intérêts perçus sur les montants utilisés ;

– la commission de non-utilisation sur les montants engagés mais non utilisés.

Le profil d'utilisation du crédit sur les deux ans s'établit comme suit :

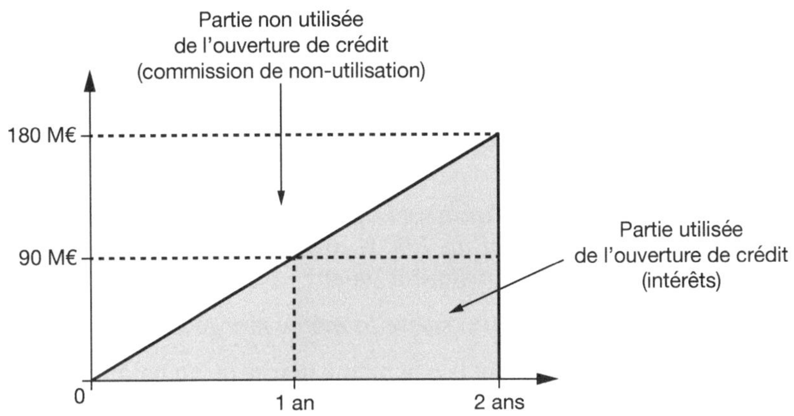

Le tirage de l'ouverture de crédit se faisant de façon linéaire sur deux ans, cela revient à considérer que le tirage moyen sur les deux ans est de 50 % du montant de l'ouverture de crédit. On en déduit la rémunération de la banque :

Rémunération de la banque = 1,50 % [Commission de montage] × 180 M€ [Montant total de l'ouverture de crédit] + 1,80 % [Marge bancaire] × 90 M€ [Montant moyen utilisé sur les deux ans] × 2 [Durée d'utilisation] + 1,20 % [Commission de non-utilisation] × 90 M€ [Montant moyen non utilisé sur les deux ans] × 2 [Durée de l'ouverture de crédit]

Rémunération de la banque = 2,7 M€ + 3,24 M€ + 2,16 M€

Rémunération de la banque = **8,1 M€** au total sur les deux ans

Il est intéressant de rapprocher les rémunérations respectives de la banque et du promoteur avec les montants mis à risque dans l'opération. Le promoteur réalise un profit avant impôt de 60 millions d'euros sur deux ans en ayant investi un montant de fonds propres de 60 millions d'euros, soit un rendement annuel des fonds propres de l'ordre de 50 %. De son côté, la banque perçoit une rémunération totale de 8,1 millions d'euros en ayant prêté au total 180 millions d'euros, soit un Return on Asset de 2,25 % l'an.

L'écart entre ces niveaux de rémunération tient essentiellement à la différence de prise de risque : le promoteur est exposé au risque de première perte tandis que la banque dispose d'un matelas de sécurité de 60 millions d'euros constitué par les fonds propres du promoteur.

Mais il faut aussi tenir compte de l'effet de levier interne propre à l'activité bancaire (*cf.* étude de cas n° 14). Grâce à cet effet de levier interne, les fonds propres mobilisés par la banque pour cette opération ne sont pas de 180 millions d'euros mais plutôt de l'ordre de 15 millions d'euros (sur la base d'un ratio de fonds propres réglementaires d'environ 8 %). En supposant par exemple que les frais généraux sur cette opération représentent 600 000 €, on obtient 7,5 millions d'euros de profit avant impôt pour la banque, soit une rentabilité avant impôt des fonds propres de la banque de l'ordre de 25 % l'an. Cette rentabilité est plus en ligne avec celle du promoteur, tout en reflétant un niveau de risque moins élevé.

3. En supposant que l'immeuble puisse être revendu sur la base d'un taux de capitalisation de 7,00 %, quel devrait être le niveau du loyer par m², sur les 50 % restant à louer :

a) pour que le promoteur réalise la même marge qu'au point 1 ?

Pour que le promoteur réalise la même marge qu'au point 1, il lui est nécessaire de retrouver un loyer moyen de 525 €/m² sur l'ensemble des surfaces. Or, la première moitié de l'immeuble a été louée sur la base de 420 €/m² soit avec une décote de 105 €/m². Il est donc nécessaire de louer l'autre moitié de l'immeuble avec une surcote de 105 €/m² par rapport à l'objectif initial, soit sur la base d'un **loyer de 630 €/m²**.

Cela apparaît un objectif difficile à atteindre dans la mesure où ce loyer est 50 % supérieur à celui de 420 €/m² qui reflète vraisemblablement le niveau effectif auquel se situe le marché locatif puisque la première moitié de l'immeuble peut servir de référence.

b) pour que le promoteur atteigne son point mort ?

– Le point mort correspond à un prix de vente de l'immeuble équivalent à son prix de revient, soit 240 millions d'euros. Il suffit donc de résoudre l'équation suivante :

240 M€ [Valeur point mort] = (420 € [Loyer pour la première partie louée] × 20 000 [Surface louée] + Loyer point mort × 20 000 [Surface à louer]) / 7 %

D'où :
Loyer point mort = (16,8 M€ – 8,4 M€) / 20 000
Loyer point mort = **420 €/m²**

Le Loyer point mort correspond au loyer auquel la première moitié de l'immeuble a été louée. Ce n'est d'ailleurs pas une coïncidence (*cf. infra*).

c) pour que la banque couvre intégralement son exposition ?

Le loyer minimal pour que la banque couvre son exposition (« Loyer banque ») correspond à un prix de vente égal au montant de l'ouverture de crédit. Il faut donc résoudre l'équation suivante :

180 M€ [Montant de la dette] = (420 € [Loyer pour la première partie louée] × 20 000 [Surface louée] + Loyer banque × 20 000 [Surface à louer]) / 7 %

D'où :
Loyer banque = (12,6 M€ – 8,4 M€) / 20 000
Loyer banque = **210 €/m²**

La position de la banque est sécurisée car son encours n'est impacté que si l'autre moitié de l'immeuble est louée à une valeur inférieure de 50 % au loyer actuel de marché de 420 €/m².

4. Au travers du résultat du point 3b, expliquez quelle logique a pu pousser le promoteur à accepter de louer la première moitié de l'immeuble sur la base d'un loyer inférieur à ses prévisions initiales.

Il ressort des résultats précédents que le loyer de 420 €/m² sur la base duquel la première moitié de l'immeuble a été louée correspond au point mort de l'opération pour le promoteur. En outre, la location de cette première moitié de l'immeuble permet de donner un important degré de confort à la banque : elle montre que l'immeuble rencontre effectivement une demande locative – certes à un niveau de loyer inférieur à celui initialement escompté – et que la marge de sécurité est significative pour la location de la seconde moitié de l'immeuble avant que l'exposition de la banque soit compromise.

En d'autres termes, le promoteur a accepté de sacrifier son profit sur la première moitié de l'opération afin de procurer du confort à la banque, tout en se réservant la possibilité de dégager un profit sur la seconde moitié de l'opération.

5. En supposant que le crédit porte intérêt au taux de EURIBOR 12 mois + marge de 180 bp, avec un EURIBOR 12 mois égal à 2,20 % l'an à l'échéance, quelle pourrait être votre décision en tant que banquier sur ce crédit en défaut ? Expliquez votre raisonnement.

Le crédit ayant une maturité de deux ans, il est mécaniquement en défaut si l'immeuble n'est pas revendu. Il s'agit alors de déterminer si le loyer permet de couvrir le service de la dette, notamment le paiement des intérêts. On calcule donc la charge d'intérêt annuelle sur la base des hypothèses ci-dessus :

Intérêts = 180 M€ [Montant de la dette] × (2,20 % + 1,80 %) [Taux d'intérêt]

Intérêts = 7,2 M€ par an

Cette charge d'intérêt annuelle est à mettre en regard du revenu locatif généré par l'immeuble qui s'établit à 8,4 millions d'euros par an. Il y a donc 1,2 million d'euros d'excédent de loyer par rapport au paiement des intérêts.

Cette marge de sécurité peut permettre d'engager une négociation avec le promoteur dont les principaux éléments pourraient être les suivants :

– prorogation du crédit sur une durée à déterminer (par exemple entre 12 et 24 mois) ;

– mise en place d'une couverture de taux sur la durée de la prorogation ;

– captation du cash-flow excédentaire et affectation à l'amortissement de la dette ;

– le cas échéant, apport de fonds propres complémentaires par le promoteur ;

– engagement du promoteur sur une stratégie de commercialisation des surfaces restantes et sur un plan de cession de l'actif à un horizon déterminé.

Cette liste reste indicative et non exhaustive.

6. Même question qu'au point 5 avec un EURIBOR 12 mois égal à 4,20 % l'an à l'échéance. Expliquez votre raisonnement.

Calcul de la charge d'intérêt annuelle sur la base des nouvelles hypothèses :

Intérêts = 180 M€ [Montant de la dette] × (4,20 % + 1,80 %) [Taux d'intérêt]

Intérêts = 10,8 M€ par an

Au vu du revenu locatif généré par l'immeuble de 8,4 millions d'euros par an, la situation s'est nettement dégradée par rapport au cas précédent puisque le promoteur doit désormais faire face à une impasse de 2,4 millions d'euros par an dans son compte d'exploitation.

La position de la banque n'en sera que plus ferme : faute d'obtenir du promoteur des fonds propres supplémentaires permettant de ramener la charge d'intérêt en deçà du loyer, le crédit sera placé en exigibilité anticipée.

Il est d'ailleurs possible de calculer le montant de fonds propres que doit au minimum apporter le promoteur pour que la charge d'intérêt redevienne inférieure ou égale au loyer. Il suffit de résoudre l'équation suivante :

(180 M€ [Dette en place] – Fonds propres) × 6 % [Taux d'intérêt marge comprise] = 8,4 M€ [Loyer]

D'où

Fonds propres = 180 M€ – (8,4 M€ / 6 %)

Fonds propres = **40 M€**

C'est un montant significatif qui obligera le promoteur à se poser de nouveau la question de l'opportunité de remettre des fonds dans l'opération, ou bien laisser la banque devenir propriétaire du projet.

Commentaire

Nous ferons tout d'abord un commentaire sur la stratégie locative du promoteur telle que nous l'avons envisagée pour cette étude de cas puis nous continuerons à développer la problématique du rapport de force entre la banque et son client déjà abordée dans les commentaires des études de cas précédentes.

1. Stratégie locative

L'hypothèse d'une location de la première moitié de l'immeuble à 420 €/m^2 dans cette étude de cas correspond à l'acceptation par le promoteur de l'abandon de la moitié de son profit. Cette décision résulte d'une approche mathématiquement rationnelle. Cependant, il peut y avoir d'autres enjeux ou des conditions de marché perçues par le promoteur qui peuvent l'inciter à adopter une stratégie locative plus agressive que celle proposée dans l'étude de cas.

En effet, en acceptant de considérer sur la première moitié de l'immeuble un niveau de loyer de 420 €/m^2, le promoteur prend acte de ce loyer comme correspondant au marché. Cela signifie notamment qu'il risque de perdre toute perspective de profit dans cette opération. En effet, la première moitié de l'immeuble va vraisemblablement servir de repère aux négociations avec les futurs locataires pour la seconde moitié. Cette seconde moitié risque même d'être encore plus difficile à louer puisque l'étude de cas fait implicitement l'hypothèse d'un marché orienté à la baisse. Cette baisse est mise en évidence par la diminution du niveau de loyer entre les hypothèses du promoteur au moment du lancement de la promotion (525 €/m^2) et celles qui prévalent lors de la commercialisation des surfaces (420 €/m^2).

Il est donc probable que, dans la réalité, le promoteur aura fait le choix d'une stratégie locative plus agressive – en tout cas dans son affichage – que celle proposée dans l'étude de cas. Par exemple, il aura pu négocier un loyer facial plus important que 420 €/m^2 avec son locataire, en lui faisant bénéficier en contrepartie d'une franchise de loyer. Les franchises faisant moins fréquemment l'objet d'une communication au marché, le promoteur pourra espérer que le loyer facial plus élevé puisse servir de référence lors de la commercialisation de la seconde moitié de l'immeuble. Il pourra également accepter de signer des baux plus courts, de type 3/6/9, en contrepartie d'un loyer plus élevé là où sa stratégie initiale pouvait être de demander un engagement ferme d'au moins 6 ans au locataire.

Ces réserves étant faites, l'hypothèse d'un promoteur qui accepterait de signer un bail sur la base d'un loyer correspondant à son point mort n'est pas complètement théorique. Cela peut être le cas s'il prévoit une poursuite de la baisse des loyers de marché et qu'il souhaite dans ce contexte se donner un peu de marge de manœuvre vis-à-vis de sa banque en signant un bail, synonyme de cash-flow. Cela peut aussi être lié à l'existence d'autres opérations en cours, financées par la même banque, et au souhait du promoteur de ne pas aller à l'épreuve de force sur ce dossier afin de préserver la pérennité de la relation avec sa banque.

Les facteurs d'une attitude plutôt agressive ou plutôt conservatrice du promoteur, en ligne ou pas avec les intérêts de la banque, sont nombreux et variés. Plus généralement, le principal enseignement que l'on pourra tirer de cet exemple est la nécessité pour la banque de prêter une grande attention, dès l'analyse initiale du dossier, aux hypothèses locatives du promoteur et de s'assurer qu'elles intègrent bien des marges de sécurité suffisantes par rapport aux variations possibles du marché.

2. Le rapport de force entre la banque et le promoteur

Comme nous l'avons vu dans une précédente étude de cas, ce sont généralement les facteurs extérieurs, les modifications de l'environnement, qui révèlent les divergences d'intérêts et les rapports de force entre la banque et l'emprunteur.

Dans le cas présent, c'est la conjonction entre la baisse du marché locatif et le niveau des taux d'intérêt qui fait apparaître cette divergence. Nous pouvons d'ailleurs calculer le taux d'intérêt limite à partir duquel le loyer ne couvre plus la charge d'intérêt. Il correspond au montant du loyer (8,4 millions d'euros) rapporté à l'encours de la dette (180 millions d'euros), soit un taux d'intérêt de 4,67 % marge comprise, ou de 2,87 % hors marge bancaire.

Cela nous amène à détailler le raisonnement d'une banque qui doit prendre une décision entre la prorogation du crédit et sa mise en exigibilité anticipée suite au défaut de l'emprunteur. Pour proroger le crédit, la banque examinera essentiellement la capacité de l'emprunteur à supporter le paiement des intérêts, le cas échéant augmentés de l'amortissement. La question du respect des covenants d'ICR ou de DSCR restera secondaire face à celle du simple service de la dette qui correspond à un ratio de DSCR de 100 %.

Et pour examiner l'autre volet de l'alternative, à savoir la mise en exigibilité anticipée du crédit, la banque se posera d'abord la question de la qualité de ses sûretés et de la couverture de son encours de crédit par la valeur de l'immeuble. C'est-à-dire qu'elle se souciera plus du niveau du ratio de LTV dans l'absolu que par rapport à celui du covenant de LTV. Tout cela peut être résumé en disant qu'en situation de crise, le rapport de force juridique, financier et commercial résulte essentiellement de la qualité des sûretés, du niveau des ratios de LTV et DSCR, et des autres enjeux de la relation clientèle. Cela primera sur le respect effectif des covenants.

Par ailleurs, cette étude de cas nous permet de revoir une problématique déjà évoquée à l'occasion des études de cas n° 8 et n° 11, à savoir le ratio de LTC et la question des conditions préalables de versement des fonds propres. Nous avions indiqué qu'il était essentiel pour la banque de s'assurer, avant de mettre en place ses garanties et de débloquer son crédit, que le promoteur avait bien apporté à l'opération l'ensemble des fonds propres prévus. Il ne s'agit pas d'une vaine précaution : imaginons que, dans notre cas de figure, le promoteur n'ait versé qu'une partie des fonds propres prévus dans l'opération au moment où la situation locative se dégrade. La tentation serait alors grande pour lui de ne pas verser le complément de fonds propres. La banque se retrouverait alors dans l'obligation de financer l'impasse de trésorerie en lieu et place du promoteur, faute de quoi le chantier ne pourrait pas être terminé. Dans le financement des promoteurs plus que dans tout autre type d'opération, il est essentiel d'être attentif au ratio de LTC et à son évolution au cours de l'opération.

Enfin, pour revenir à la question du désalignement d'intérêts, il apparaît important de se doter d'éléments susceptibles de servir de soupape dans le cas où l'opération ne se déroulerait pas comme prévu. C'est par exemple le cas lorsqu'un dispositif de financement d'une opération de promotion ne prévoit pas le remboursement du crédit dès l'achèvement de la construction mais laisse au minimum 6 mois, voire même jusqu'à deux ans, entre la date d'achèvement prévisionnel de la construction et l'échéance du crédit. Bien entendu, pour que cette souplesse soit acceptable du point de vue de la banque, le promoteur devra avoir préalablement doté un compte spécifique d'un montant suffisant pour couvrir le paiement des intérêts pendant cette période dans le cas où l'immeuble ne serait pas loué. Un tel mécanisme permet ainsi de préserver la convergence des intérêts pendant une plus longue période.

Cas n° 19
Covenant à déclenchement gradué

Énoncé

Un investisseur a acquis une galerie marchande au sein d'un centre commercial représentant un investissement de 100 millions d'euros et générant un rendement net annuel de 6 %.

Pour financer cette opération, il a levé une dette bancaire d'une maturité de 5 ans, amortissable *in fine*, correspondant à un ratio de *Loan To Cost* (LTC) de 60 %. La dette porte intérêt à un taux d'EURIBOR 3 mois + marge de 1,50 % l'an.

Cette dette a fait l'objet d'une couverture de taux sous la forme d'un *swap* à taux fixe de 3,50 % l'an contre EURIBOR 3 mois (taux de l'EURIBOR 3 mois : 1,00 % l'an).

Le contrat de financement comporte un covenant de *Loan To Value* (LTV) à 65 % et un covenant d'*Interest Coverage Ratio* (ICR) à 180 %.

Plusieurs locataires quittent la galerie à la fin de la première année, ce qui entraîne une baisse du revenu locatif de 5 %. Cela se traduit aussi par une baisse de valeur de la galerie qui tombe à 90 millions d'euros. Enfin, au même moment, l'EURIBOR 3 mois passe de 1,00 % l'an à 5,00 % l'an.

1. Les covenants de LTV et d'ICR sont-ils respectés à la fin de la première année sur la base de ces nouvelles hypothèses ?

2. Si l'un des deux ou les deux covenants ne sont pas respectés, comment peut-on selon vous résoudre le cas de défaut ?

Indépendamment des résultats ci-dessus, on suppose maintenant que le covenant de LTV, initialement fixé à 65 %, fait l'objet d'une modification contractuelle selon les termes suivants :

– jusqu'à un ratio de LTV de 62,5 %, le covenant est respecté ;

– au-delà d'un ratio de LTV de 67,5 %, le crédit passe en défaut ;

– si le ratio de LTV se situe entre 62,5 % et 67,5 %, l'ensemble du revenu excédentaire dégagé après paiement des intérêts vient alimenter un compte de réserve. Ce compte de réserve est nanti au profit de la banque. Son solde amortira automatiquement le crédit si le ratio de LTV n'est pas repassé sous la barre des 62,5 % au bout d'un an. En revanche, si le ratio de LTV repasse bien sous la barre des 62,5 % au cours de l'année, le solde du compte de réserve sera libéré au profit de l'emprunteur.

3. Quel est selon vous le raisonnement justifiant que le revenu excédentaire ne vienne pas immédiatement amortir le crédit ?

4. En tant que banque, préférez-vous le schéma de covenant de LTV simple à 65 % ou bien le schéma de covenant avec double seuil à 62,5 % et 67,5 % ? Expliquez pourquoi.

Corrigé

1. Les covenants de LTV et d'ICR sont-ils respectés à la fin de la première année sur la base de ces nouvelles hypothèses ?

Calcul du montant initial de la dette :

Dette = 100 M€ [Montant de l'investissement] × 60 % [Ratio de LTC]

Dette = 60 M€

Le prêt étant remboursable *in fine* à l'échéance des 5 ans, son montant nominal n'a pas varié au bout d'un an. On calcule donc le ratio de LTV à la fin de la première année comme suit :

LTV = 60 M€ [Montant de la dette] / 90 M€ [Valeur de la galerie]

LTV = **66,7 %**

Le seuil du covenant de LTV ayant été fixé à 65 %, il n'est pas respecté.

S'agissant du calcul du ratio d'ICR, il ne faut pas se laisser influencer par l'énoncé qui mentionne une forte augmentation de l'indice EURIBOR 3 mois. En effet, l'emprunteur ayant souscrit une couverture de taux sous forme de *swap*, les frais financiers seront calculés sur la base de la branche à taux fixe du *swap* augmentée de la marge bancaire. En revanche, il faut tenir compte de la baisse du revenu locatif dans le calcul du ratio. On a donc :

ICR = 100 M€ [Montant de l'investissement] × 6 % [Rendement locatif initial] × 0,95 % [Baisse de revenu de 5 %] / (60 M€ [Montant de la dette] × (3,50 % [Taux *swapé*] + 1,50 % [Marge]))

ICR = **190 %**

Le covenant d'ICR, dont le seuil est fixé à 180 %, est respecté.

2. Si l'un des deux ou les deux covenants ne sont pas respectés, comment peut-on selon vous résoudre le cas de défaut ?

Le principal moyen de résoudre un cas de défaut relatif à un covenant financier, à conditions immobilières inchangées (c'est-à-dire sans amélioration du revenu locatif et/ou de la valeur de l'immeuble) consiste à réduire le montant de la dette en réalisant un apport de fonds propres par l'investisseur.

Dans notre cas de figure, le montant minimum nécessaire se calcule de la façon suivante :

Fonds propres additionnels = 60 M€ [Montant actuel de la dette] – 90 M€ [Valeur de l'immeuble] × 65 % [Niveau du covenant à respecter] = 60 M€ – 58,5 M€

Fonds propres additionnels = **1,5 M€**

Ces fonds propres peuvent être apportés directement par l'investisseur ou être prélevés sur le cash-flow excédentaire de l'opération. La différence entre le revenu locatif (5,7 millions d'euros) et la charge d'intérêt annuelle (3 millions d'euros) permet en effet de dégager un excédent de 2,7 millions d'euros par an. Cela revient à appliquer une clause de *cash sweep* jusqu'à ce que le covenant de LTV soit respecté.

D'autres schémas peuvent être envisagés comme :

– la mise en place par l'investisseur d'une réserve de liquidité qui ne vient pas immédiatement amortir la dette mais reste nanti au profit de la banque ;

– l'ajout d'autres actifs au dispositif de sûretés ;

– la fourniture d'une garantie supplémentaire de la part de l'investisseur ;

– etc.

3. Dans le schéma proposé de covenant à déclenchement gradué, quel est selon vous le raisonnement justifiant que le revenu excédentaire ne vienne pas immédiatement amortir le crédit ?

La valorisation d'un actif immobilier est, comme toute estimation, entachée d'une marge d'erreur. Elle peut en outre varier ensuite à la hausse ou à la baisse sans que les autres caractéristiques de l'investissement aient été modifiés.

Dans notre cas de figure, la mise en place d'un système à déclenchement gradué permet d'éviter de demander à l'emprunteur d'apporter des fonds propres supplémentaires en cas de baisse de valeur soudaine rapidement suivie d'une hausse qui viendrait rétablir le ratio de LTV à un niveau respectant le covenant.

4. En tant que banque, préférez-vous le schéma de covenant de LTV simple à 65 % ou bien le schéma avec double seuil à 62,5 % et 67,5 % ? Expliquez pourquoi.

Le système de covenant à double seuil permet d'anticiper la situation de défaut en disposant d'un premier niveau d'alerte positionné dès 62,5 %. La gestion est alors plus fine et plus élaborée qu'avec un seuil unique à 65 %.

Certes, dans le schéma gradué, le défaut effectif est déplacé à un seuil de 67,5 %, ce qui laisse un peu moins de marge de sécurité en cas de baisse de la valeur de l'actif. En revanche, la constitution d'un compte de réserve par captation du cash-flow excédentaire dès le niveau de 62,5 % de LTV permet de lisser l'effort de l'emprunteur et de prévenir une situation de tension qui ne manquerait pas d'apparaître dans le cas du covenant basique.

Par ailleurs, le mécanisme de basculement du compte de réserve vers l'amortissement automatique du prêt peut être modulé en jouant :

– sur le seuil de déclenchement de ce basculement, qui pourrait être situé à un niveau supérieur à 62,5 %, par exemple à 65 %,

– sur la durée de la période avant basculement (un an dans notre cas), en la réduisant ou l'allongeant, voire en la supprimant pour ne conserver qu'un concept de seuil de basculement qui serait supérieur au seuil de constitution du compte de réserve.

De nombreuses adaptations sont donc possibles en partant du concept de base de covenant à déclenchement gradué.

Commentaire

Nous poursuivons l'analyse des situations critiques avec quelques réflexions sur la prévention des cas de défaut, sur leur gestion dans le cas où la prévention n'a pas été suffisante et plus généralement sur l'organisation du traitement des situations critiques au sein des établissements de crédit.

1. La prévention des cas de défaut

L'adage « mieux vaut prévenir que guérir » s'applique aussi au financement des opérations immobilières. Le rôle des covenants est essentiel dans la prévention des situations critiques. Nous avons déjà traité en partie cette question dans le cadre de la définition des covenants (*cf.* études de cas n° 1 et n° 2) et de l'introduction de la notion de covenant *look-forward* (*cf.* étude de cas n° 7). Le concept de covenant à déclenchement gradué correspond à la même logique en introduisant un compte de réserve alimenté dès que le covenant n'est plus respecté.

De façon plus générale, deux grands principes se retrouvent dans tous les mécanismes financiers de prévention des situations critiques :

– des délais permettant de gérer les risques de dérapage : c'est ce que nous avons déjà vu dans le financement des opérations de promotion, avec une échéance du crédit qui n'est jamais strictement calquée sur la date prévisionnelle d'achèvement de la construction mais qui laisse généralement au moins 6 mois pour que le promoteur puisse finaliser la vente à un investisseur. De la même façon, la majorité des covenants prévoit, en cas de non-respect par l'emprunteur, un délai de grâce (ou *cure period*) pour que l'emprunteur puisse rapidement rétablir la situation de son propre chef. Cela se fera la plupart du temps en injectant des fonds propres supplémentaires dans l'opération. Mais ne nous méprenons pas, ces délais de grâce ont systématiquement une contrepartie se traduisant habituellement par des mécanismes de constitution de réserves de liquidités par l'emprunteur, ce qui est le second pilier de la prévention des situations critiques ;

– la constitution de réserves de liquidités par l'emprunteur : ces réserves peuvent être constituées dès l'origine de l'opération ou bien par prélèvement sur le cash-flow courant en cas de dégradation de l'opération. Dans le second cas, un équilibre doit être trouvé pour le réglage du seuil d'alerte. Ce réglage ne doit pas être trop sensible pour éviter que le mécanisme de provisionnement du compte de réserve ne se déclenche de façon intempestive à la moindre dégradation. Il doit néanmoins avoir un seuil suffisamment bas afin de s'assurer qu'il y aura bien du cash-flow excédentaire à capter lorsqu'il faudra effectivement procéder à la dotation du compte de réserve. Comme pour toute clause, la fixation des seuils et la détermination des modalités de provisionnement fait partie de la négociation globale entre la banque et l'emprunteur au moment de la rédaction du contrat de crédit.

Mais il arrive que la prévention ne soit pas suffisante et que l'on s'achemine vers un cas de défaut, qu'il faut alors gérer.

2. La gestion des cas de défaut

Le cas de défaut étant constaté, la banque et l'emprunteur doivent engager une discussion pour gérer la situation. La première question posée sera celle de la nature du défaut : s'agit-il d'un défaut consécutif à une rupture de covenant ? Si c'est le cas, est-ce un covenant de flux (ICR, DSCR) relatif au service de la dette ou un covenant de stock (LTV) concernant la valeur du gage qui garantit la dette ? S'agit-il d'un défaut de paiement sur une échéance du prêt ? L'emprunteur n'a-t-il pas respecté une autre obligation du prêt, à caractère non financier ?

Nous ferons ici la distinction entre la rupture de covenant et le défaut de paiement sur une échéance du prêt. Il existe en effet une gradation dans l'échelle des défauts, le concept sous-jacent étant celui des obligations essentielles de l'emprunteur. Ces obligations essentielles consistent pour l'emprunteur à honorer le service de la dette en principal et intérêts et à gérer l'actif de façon à ne pas mettre à risque le gage du créancier. Dès lors, la question du défaut d'un covenant devient secondaire si ces obligations essentielles restent respectées. Quel est en effet le préjudice effectif de la banque lorsque le ratio de DSCR tombe à 105 % pour un covenant à 110 % ou lorsque le ratio de LTV monte à 65 % pour un covenant à 60 %, alors même que l'emprunteur continue à honorer à bonne date les intérêts et le principal de la dette ? Un juge saisi par un créancier aura probablement une analyse favorable à l'emprunteur dans de tels cas de figure.

Nous touchons ici aux limites de l'ingénierie financière qui, bien qu'ayant défini un cadre contractuel détaillé au prix de moults efforts et négociations, se heurte ensuite à l'application pratique du droit. Nous retrouvons le principe développé dans l'étude de cas précédente, à savoir qu'en situation de crise le rapport de force juridique, financier et commercial prime sur la question du simple respect des covenants contractuels.

Nous terminerons cette partie en traitant du cas où le service de la dette est partiellement honoré par l'emprunteur, en particulier quand il dispose de suffisamment de cash-flow pour payer l'intégralité des intérêts mais seulement une partie de l'amortissement. Dans ce cas et sous réserve que l'on puisse avoir une certaine visibilité sur les cash-flows futurs et que l'emplacement de l'immeuble lui confère une pérennité de valeur, la banque pourra peut-être faire preuve de souplesse. Par exemple, elle pourra accepter de surseoir temporairement au paiement de l'amortissement ou reporter de quelques mois l'échéance de la dette sous réserve que les intérêts continuent à être intégralement payés.

Cette souplesse possible tient à la nature de l'actif immobilier dont la valeur s'érode avec le temps moins rapidement que celle des autres actifs (avions, navires, etc.). Cela se traduit par des taux de rendement à l'acquisition plus faibles et par la quasi-absence – dans l'immobilier d'investissement – d'un amortissement de la dette sur la durée du prêt. Il subsiste donc presque toujours une part de prêt remboursable *in fine*, soit par la vente de l'immeuble, soit en refinançant le prêt sur une nouvelle échéance lorsqu'il arrive à maturité. Dans ce contexte, accepter de reporter un amortissement n'est pas une question de principe pour la banque mais plutôt un aménagement du montant à rembourser *in fine*, ce qui facilite les discussions par rapport à d'autres classes d'actifs à obsolescence plus rapide.

3. L'organisation du traitement des situations critiques au sein des établissements de crédit

Nous venons de le voir, la gestion d'un crédit en défaut constitue un exercice délicat pour la banque car elle demande une fine compréhension du rapport de force juridique, financier et commercial avec l'emprunteur. Elle nécessite aussi de faire preuve de patience compte tenu d'un cadre juridique moins favorable aux créanciers en France que dans les juridictions anglo-saxonnes.

En outre, les crédits en défaut peuvent être très pénalisants pour la banque notamment lorsque celle-ci est contrainte de passer des provisions puis de constater des pertes. Ils peuvent être aussi très rémunérateurs dans la mesure où le taux d'intérêt acquitté par l'emprunteur est majoré en cas de défaut mais cela suppose que l'emprunteur puisse effectivement continuer à servir les intérêts de la dette et que le dossier retrouve rapidement une meilleure fortune.

La gestion de ces dossiers demande donc une grande attention et reste très consommatrice de temps. Elle peut aussi nécessiter un changement d'interlocuteur de l'emprunteur au sein de la banque afin de donner une nouvelle tonalité à la relation : plus sereine si la relation s'est tendue avec l'équipe originatrice ou plus ferme si l'emprunteur maintient par ailleurs une bonne relation avec cette équipe en raison d'autres dossiers en cours. Pour ces raisons, il est d'usage que les dossiers difficiles (les « créances douteuses ») fassent l'objet d'un traitement par des équipes spécifiques au sein des banques.

Cependant, dans le cas de financements d'actifs, le transfert de l'équipe d'origine vers l'équipe spécialisée dans la gestion des créances douteuses se heurte souvent à la technicité des montages et à la spécificité des marchés sur lesquels les actifs concernés sont traités. La décision de transférer ce type de dossiers résulte donc du mode d'organisation de chaque banque et il n'est pas rare que la solution retenue soit d'assurer un suivi conjoint par les deux équipes (financements d'actifs et gestion des créances douteuses).

À cette occasion, il convient d'évoquer un volet particulier de la gestion des dossiers difficiles, à savoir la constitution des provisions et le traitement de ces dossiers d'un point de vue budgétaire : dès qu'un dossier commence à connaître des difficultés, la question se pose de son provisionnement c'est-à-dire de la constitution dans les comptes de la banque d'une réserve pouvant être utilisée en cas de perte effective. Le montant de cette provision est généralement décidé par un comité spécifique qui statue sur la base des recommandations des équipes en charge du dossier (équipe commerciale ou équipe des créances douteuses ainsi que le département d'analyse des risques afin d'avoir une vision indépendante), celles-ci ayant préalablement estimé la probabilité de perte en fonction des caractéristiques de l'opération et de l'état du marché.

Les provisions jouent un rôle clé dans la gestion de la banque à plusieurs titres :

– l'impact sur le compte de résultat de la banque : la constitution des provisions est par nature un exercice d'approximation puisqu'il s'agit d'évaluer – avec prudence – la perte qui sera enregistrée sur un dossier dans le futur. Et il ne s'agit pas d'un exercice virtuel : la provision constituée sera enregistrée comme une perte dans le compte de résultat de la banque lors de sa constitution. Inversement la reprise d'une provision (c'est-à-dire son annulation) viendra gonfler les profits de la banque. La marge d'approximation est importante lorsque le dossier vient d'être classé dans la catégorie des créances douteuses. En revanche, l'analyse devient plus précise lorsque l'on s'approche de la fin de vie du dossier puisque les aléas sont par nature moins nombreux. Il peut donc être tentant pour la banque d'utiliser ce réservoir au début du provisionnement de chaque dossier afin de lisser les résultats, en ayant une politique de provisionnement et de reprise de provision plus ou moins sévère en fonction de la nécessité de dégager du résultat. Pour cette raison, les dotations et reprises de provisions font l'objet d'une attention particulière de la part du régulateur, des commissaires aux comptes et du fisc ;

– un dossier étant provisionné, s'il est décidé de son transfert d'une équipe vers une autre, la question va se poser de son prix budgétaire de transfert. C'est notamment le cas si l'équipe devant recevoir le dossier est administrée en centre de profit et non en centre de coût. En théorie, le prix de transfert devrait être égal à l'encours de la dette déduction faite des provisions. Mais comme nous venons de le voir, le provisionnement n'est pas une science exacte. Les incertitudes qui l'accompagnent peuvent donner lieu à de longues discussions entre l'équipe originatrice et l'équipe de gestion des dossiers douteux, surtout lorsque cette dernière est organisée en centre de profit ;

– le coût budgétaire de refinancement des dossiers provisionnés fait aussi parfois l'objet d'un traitement particulier. En effet, comme la partie provisionnée a fait l'objet d'une déduction du compte de résultat, il arrive dans certaines banques que le coût budgétaire de refinancement de la portion provisionnée soit nul. Ainsi, dans le cas où le dossier est provisionné mais que le client continue à servir les intérêts, ce n'est pas seulement la marge bancaire mais l'ensemble du taux d'intérêt – indice compris – qui peut être enregistré comme Produit Net Bancaire dans les revenus nets de l'activité des financements immobiliers. Cela peut constituer une forte incitation à ne pas laisser le dossier être géré par une autre équipe ;

– rappelons enfin qu'il est préférable que l'emprunteur n'ait pas connaissance du niveau de provision correspondant à son dossier car cette information pourrait lui donner un avantage lors de la négociation éventuelle du rachat de sa propre créance à la banque. Ces négociations font l'objet d'un développement dans l'étude de cas suivante consacrée aux rachats de portefeuilles de créances douteuses.

Cas n° 20
Acquisition d'un portefeuille de créances non performantes

Énoncé

Une banque détient un portefeuille de crédits de mauvaise qualité (« créances non performantes » ou « créances douteuses ») représentant un montant total facial de dette de 500 millions d'euros (N.B. : le montant facial correspond à l'encours total des dettes dont les emprunteurs sont redevables). Le taux d'intérêt contractuel moyen sur ce portefeuille est de 5,00 % l'an. Cependant, les emprunteurs ne paient en moyenne que 80 % des intérêts qui leur sont facturés.

1. Calculez le montant annuel des intérêts effectivement générés par ce portefeuille.

Ce portefeuille est racheté à la banque par un investisseur sur la base d'un prix de cession faisant ressortir une décote moyenne de 40 % par rapport au montant facial des créances.

2. Quel est le montant de l'investissement ?

3. Calculez le rendement courant pour l'investisseur.

4. En supposant que 28 % des emprunteurs fassent défaut, l'investisseur ne récupérant finalement rien sur ces créances, et que les 72 % restants remboursent intégralement leur dette, quel est le montant de la plus-value ou de la moins-value que réalisera l'investisseur ? Exprimez ce montant en pourcentage de son investissement. Commentez.

5. Si ce portefeuille avait été acheté par l'investisseur avec une décote de 20 % par rapport au montant total facial des créances, quelles auraient été les réponses aux questions 2, 3 et 4 ?

6. Si vous êtes l'un des emprunteurs du portefeuille et que vous proposez à l'investisseur d'annuler votre dette contre le paiement de 70 % du nominal de la créance, quelle sera selon vous la réaction de l'investisseur selon qu'il aura acquis le portefeuille avec 40 % ou avec 20 % de décote ? Commentez.

Corrigé

1. Calculez le montant annuel des intérêts effectivement générés par ce portefeuille.

Le montant annuel des intérêts effectivement perçus se calcule comme suit :

Intérêts perçus = 500 M€ [Montant facial des dettes] × 5,00 % [Taux d'intérêt contractuel] × 80 % [Taux de recouvrement des intérêts]

Intérêts perçus = **20 M€** par an

2. Quel est le montant de l'investissement ?

Si le rachat du portefeuille de créances a été réalisé sur la base d'une décote de 40 % par rapport au montant facial de la dette, le montant de l'investissement est le suivant :

Investissement = 500 M€ [Montant facial des dettes] × (1 – 40 % [Décote])

Investissement = **300 M€**

3. Calculez le rendement courant pour l'investisseur.

Le rendement courant pour l'investisseur se calcule en rapportant le montant des intérêts effectivement perçus au montant de l'investissement effectivement réalisé.

Rendement = 20 M€ [Intérêts perçus] / 300 M€ [Investissement]

Rendement = **6,67** % l'an

En dépit d'un paiement partiel des intérêts par les emprunteurs, le rendement courant du portefeuille pour l'investisseur (6,67 %) est meilleur que le rendement théorique initial (5,00 %) grâce à la décote négociée à l'acquisition.

Signalons toutefois que ce rendement correspond à l'hypothèse d'un taux de perception des intérêts restant inchangé, celui-ci pouvant varier à la hausse ou à la baisse au cours du temps en fonction de l'évolution de la situation financière des emprunteurs.

4. En supposant que 28 % des emprunteurs fassent défaut, l'investisseur ne récupérant finalement rien sur ces créances, et que les 72 % restants remboursent intégralement leur dette, quel est le montant de la plus-value ou de la moins-value que réalisera l'investisseur ? Exprimez ce montant en pourcentage de son investissement. Commentez.

Si 72 % des emprunteurs remboursent intégralement leur dette et les 28 % restants doivent être intégralement passés en perte, le portefeuille offre un remboursement global de :

Remboursement = 500 M€ [Montant facial des dettes] × 72 % [Taux moyen de recouvrement du principal des dettes]
Remboursement = **360 M€**

En conséquence, l'investisseur réalise une plus-value de 60 millions d'euros par rapport à son investissement initial de 300 millions d'euros, ce qui représente un gain de 20 %.

En dépit d'un taux de recouvrement du principal de la dette (72 %) inférieur au taux de recouvrement des intérêts (80 %), l'investisseur réalise une plus-value significative sur son investissement. C'est en fait au moment de la négociation de la décote d'acquisition du portefeuille (40 %), supérieure à la décote finale liée au taux de recouvrement du principal de la dette (28 %) que l'investisseur a réalisé l'essentiel de son profit.

5. Si ce portefeuille avait été acheté par l'investisseur avec une décote de 20 % par rapport au montant total facial des créances, quelles auraient été les réponses aux questions 2, 3 et 4 ?

En remplaçant la décote de 40 % par une décote de 20 %, on obtient les résultats suivants :
Investissement = **400 M€**
Rendement = **5,00 %** l'an

Le remboursement de 360 millions d'euros reste inchangé. En revanche, le portefeuille ayant été acheté pour 400 millions d'euros, il fait ressortir une moins-value de 40 millions d'euros (soit 10 %).

Cela met de nouveau en évidence le point que nous soulignions à la question précédente, à savoir le caractère crucial de la décote d'acquisition pour la profitabilité d'un investissement de cette nature.

6. Si vous êtes l'un des emprunteurs du portefeuille et que vous proposez à l'investisseur d'annuler votre dette contre le paiement de 70 % du nominal de la créance, quelle sera selon vous la réaction de l'investisseur selon qu'il aura acquis le portefeuille avec 40 % ou avec 20 % de décote ? Commentez.

La situation envisagée ici est assez courante lors d'un changement de créancier, l'emprunteur en difficulté y voyant la possibilité de reprendre une négociation sur de nouvelles bases avec le nouveau créancier. L'initiative d'une telle discussion peut également être prise par le nouveau propriétaire de la créance.

L'enjeu essentiel pour chaque partie est – comme dans toute négociation – de connaître la marge de manœuvre dont dispose l'autre partie. L'investisseur peut éventuellement être désavantagé par le fait que les taux de décote globaux sur les portefeuilles sont souvent connus par le marché. En revanche, cette décote moyenne ne présage pas du taux de décote individuellement appliqué à une créance en particulier. Cette information individuelle sera précieusement conservée par l'investisseur afin de ne pas donner à l'emprunteur un quelconque avantage dans la négociation.

Dans l'exemple proposé, il sera effectivement tentant pour l'investisseur d'accepter rapidement la proposition de rachat par l'emprunteur avec une décote de 30 % s'il a acquis le portefeuille sur la base d'une décote de 40 %. Inversement, il pourra souhaiter négocier plus durement si la décote moyenne d'acquisition du portefeuille est de 20 %. Mais il faut bien garder à l'esprit que le taux de décote moyen d'acquisition du portefeuille est habituellement le résultat d'une analyse ligne par ligne, réalisée en amont de l'acquisition et attribuant une probabilité de recouvrement et une stratégie de négociation à chaque créance. Il conviendra donc de se référer au taux individuel de décote plutôt qu'au taux de décote global, tout en intégrant d'autres facteurs comme l'horizon de sortie initialement prévu pour cette créance.

Commentaire

Nous abordons ici un aspect particulier des financements immobiliers : le rachat avec décote des créances non performantes (ou créances douteuses) et leur gestion. Il faut savoir que cette activité est nettement plus rémunératrice qu'une activité traditionnelle de crédit, reflétant en cela un risque plus élevé.

Le rachat de créances avec décote permet en effet d'obtenir des rendements bien supérieurs à ceux des crédits sous-jacents. D'une part, il comporte à la fois un effet mécanique sur le rendement courant si le taux de décote à l'acquisition est supérieur au taux de non-paiement des intérêts par les emprunteurs. Et d'autre part, un effet de plus-value si la créance est finalement cédée ou remboursée avec un taux de décote inférieur au taux de décote à l'acquisition. L'effet de plus-value peut même être renforcé si l'investisseur devient propriétaire de l'actif en faisant jouer la sûreté attachée à la créance et qu'il revend finalement l'immeuble plus cher.

Ce niveau de rémunération peut difficilement être atteint sur une activité traditionnelle de financement car les intérêts générés par celle-ci sont légalement plafonnés au taux d'usure. Les deux activités ne sont cependant pas strictement comparables car le rachat et la gestion de créances non performantes ne sont pas considérés par les autorités de régulation comme une activité bancaire, sous réserve que de nouveaux crédits ne soient pas accordés par le nouveau propriétaire des créances.

Nous analyserons ici les raisons pour lesquelles les banques se dessaisissent de leurs portefeuilles de créances en acceptant des décotes importantes, comment se déroule habituellement la négociation du niveau de décote et comment ces créances sont ensuite gérées par l'investisseur qui les a rachetées.

1. Pourquoi les banques se dessaisissent-elles de leurs portefeuilles de créances ?

Il est légitime de s'interroger sur les motivations d'une banque à céder un portefeuille de créances douteuses compte tenu des décotes significatives (généralement entre 30 % et 70 %) dont ces transactions font habituellement l'objet. Plusieurs facteurs permettent d'expliquer cela :

– la pression de l'actionnaire : une fois les provisions constatées (qui coûtent cher en fonds propres réglementaires) puis les pertes actées sur un pan d'activité, il est tentant pour l'actionnaire de repositionner la banque sur d'autres secteurs. Il est alors nécessaire pour cela de créer une nouvelle dynamique, la cession rapide et globale des portefeuilles de créances non performantes (avec parfois les créances performantes dans le même bloc) ou leur isolement dans une structure de cantonnement avant cession apparaissant généralement comme la seule solution. Ce repositionnement est d'autant plus aisé pour une activité de financement d'actifs comme l'immobilier que ce type d'activité concerne une clientèle bien identifiée, fonctionnant habituellement sur un mode transactionnel plutôt que relationnel, et que les interactions avec les autres lignes de métier de la banque restent limitées ;

– la difficulté à gérer ces dossiers en interne : les banques sont hors de leur métier traditionnel lorsqu'il faut gérer ces dossiers et convertir le cas échéant les créances en actifs par mise en jeu des sûretés. Il faut en effet être capable de (i) prendre des décisions rapidement, (ii) savoir sacrifier une source potentielle de cash-flow pour repositionner l'actif ou bien (iii) être en mesure de réinjecter des fonds dans l'actif afin de le sortir de l'ornière. Ces trois exigences sont à l'opposé d'une approche de créancier traditionnel, dont le souci principal est de préserver l'existant et d'éviter toute prise de risque supplémentaire ;

– le facteur humain : pour revenir sur les trois exigences ci-dessus, chacune d'entre elles demanderait de la part des décideurs de la banque une prise de risque personnelle importante car ils devraient aller à l'encontre du mode de gestion traditionnel des banques. Il y aurait alors pour eux une asymétrie entre l'importante sanction dont ils feraient l'objet si la décision de remettre de l'argent était erronée – « errare humanum est, perseverare diabolicum » – et la faible reconnaissance obtenue si cette décision était la bonne. La légitimité des dirigeants de la banque étant généralement déjà fragilisée dans ces moments-là, qui leur saura gré d'avoir limité à 20 % une perte initialement prévue à 40 % ? Il peut donc être tentant pour eux de gérer le dossier sans prendre de risque en attendant la vente du portefeuille en bloc plutôt que d'avoir une approche proactive créance par créance.

2. Comment se déroule la négociation du niveau de décote du portefeuille ?

On distingue généralement trois piliers dans l'analyse et la négociation du niveau de décote du point de vue de l'acquéreur :

– l'analyse ligne par ligne du portefeuille de créances : il s'agit, sur la base des informations disponibles en *data room* et d'une analyse de marché propre à chaque actif, de déterminer une stratégie de sortie. Celle-ci s'appuiera sur une modélisation de cash-flows et comportera un mode de sortie (conversion ou non de la créance en actif, cession immédiate, négociation avec les locataires, réalisation de travaux, etc.), une valeur cible et un horizon de temps pour cette sortie. On en déduit la décote d'acquisition nécessaire pour obtenir une certaine rentabilité interne de l'investissement (méthode DCF – *Discounted Cash-Flows* – *cf.* ci-après) en fonction du degré de risque estimé de l'actif ;

– la confrontation avec l'approche globale : au-delà de l'analyse ligne par ligne que l'on peut qualifier de *bottom-up*, il faut ensuite estimer le niveau global de décote acceptable par le vendeur (approche *top-down*). Cette estimation prend en compte des éléments tels que la pression pouvant exister sur la banque si celle-ci ou ses actionnaires sont des sociétés cotées, les éventuelles annonces faites au marché par les dirigeants de la banque à propos d'un échéancier de sortie, la connaissance des stratégies des investisseurs concurrents pour l'acquisition du portefeuille. La confrontation entre cette approche globale et l'analyse ligne par ligne permet d'établir une stratégie de prix à proposer au vendeur des créances ;

– l'habillage de l'offre : c'est un élément crucial du processus consistant à intégrer les attentes du vendeur dans un dispositif qui lui rende acceptable une forte décote. En effet, au-delà de la pression des dirigeants s'exerçant sur les équipes opérationnelles pour réaliser une cession rapide et au meilleur prix, il faut être attentif à ce que ces équipes – qui gardent un certain pouvoir de blocage – ne perdent pas la face, alors même qu'elles sont souvent conscientes de la bonne affaire que réalise l'acquéreur.

On citera à titre d'exemple le rachat au milieu des années 1990 de plusieurs portefeuilles de créances immobilières par des fonds américains auprès de grandes banques et compagnies d'assurance françaises. L'ingéniosité de ces fonds a été de valoriser les créances en utilisant la méthode DCF (*Discounted Cash-Flows*), jusqu'alors peu ou pas utilisée par les équipes immobilières en France. Cela facilita la négociation car les acquéreurs pouvaient alors expliquer aux cédants que leur valorisation était fondée sur une approche purement mathématique. Cela permettait d'obérer le constat qu'une dette garantie par un actif réel et rachetée à 30 % de son nominal est très probablement une excellente affaire. Cela démontre aussi que les négociations financières, comme les batailles militaires, se gagnent en premier lieu par le choix des armes et du terrain, les armes de la finance correspondant aux méthodologies de valorisation utilisées dans la négociation.

Pour donner un autre exemple plus récent, dans certaines acquisitions de créances réalisées au cours de la crise financière de 2007, l'acquéreur a proposé au cédant de continuer à être présent à 50 % dans l'opération, avec un partage adéquat de la rémunération si la sortie se déroulait bien. Cette forme de collaboration permettait au cédant d'accepter le principe d'une cession dans un contexte où les difficultés ne viennent pas nécessairement des emprunteurs mais plutôt des banques elles-mêmes.

3. Comment sont ensuite gérées ces créances ?

Pour bien comprendre la stratégie de gestion d'un portefeuille de créances douteuses après son acquisition, il est utile de rappeler que l'acquéreur du portefeuille ne se comporte pas comme un créancier mais comme un véritable investisseur. Par ailleurs, la notification de la cession de la créance va souvent être utilisée comme un point d'accroche pour nouer un dialogue avec l'emprunteur et repartir avec lui sur la base d'une relation différente.

Ainsi, plusieurs stratégies s'offrent à l'investisseur en fonction de l'analyse qu'il aura réalisée initialement et de la nouvelle relation qui s'instaure avec l'emprunteur :

– le rachat de la créance directement par l'emprunteur, sur la base d'une décote inférieure à celle négociée avec la banque d'origine, ce qui permet à l'investisseur d'engranger un profit rapide en étant immédiatement dégagé du risque ;

– pour certains emprunteurs qui continuent à payer tout ou partie des intérêts, la poursuite de la relation sur un mode traditionnel de créancier avec l'attente d'une amélioration progressive de la capacité de l'emprunteur à servir intégralement la dette. En fonction de la décote négociée, un service de la dette – même partiel – pourra être acceptable par l'investisseur pendant un certain temps ;

– enfin l'acquisition de l'actif par la mise en jeu des garanties, avec ensuite plusieurs scénarios comme la vente en bloc au locataire ou à un tiers, la vente à la découpe, la cession d'une partie de l'actif (par exemple, un terrain attenant qui sera cédé à un promoteur), la réalisation de travaux pour repositionner l'actif, la recherche de locataires supplémentaires sur la base d'un loyer plus bas.

Comme pour les opérations de vente à la découpe d'immeubles ou de portefeuilles, il restera toujours une partie du portefeuille sur laquelle l'investisseur ne parviendra pas à trouver une sortie dans le timing qu'il s'est fixé. Cette partie pourra alors faire l'objet d'une vente en bloc à un autre investisseur.

Chapitre 6

Le point de vue de l'investisseur

« Tout le succès d'une opération réside dans sa préparation »

Sun-Tzu

Cas n° 21
Amélioration de la rentabilité des fonds propres par effet de levier

Énoncé

Un investisseur souhaite acquérir un ensemble immobilier et se pose la question de l'opportunité d'un financement bancaire. L'ensemble immobilier représente un investissement de 100 millions d'euros générant une rentabilité nette de 5 % l'an. L'objectif est d'acquérir cet immeuble au tout début de l'année 1 et de le revendre en fin d'année 10 en espérant atteindre un prix de cession de 125 millions d'euros à la fin de la 10e année. Les loyers sont perçus annuellement à terme échu. Ils ne sont pas indexés.

L'investisseur dispose d'une proposition de financement de la part d'un établissement bancaire à hauteur de 50 millions d'euros, pour une durée de 5 ans sans amortissement, avec un coût de la dette équivalent à un intérêt de 3 % l'an au total, ce coût incluant le taux de base, la marge bancaire, la couverture à taux fixe ainsi que les différents coûts de mise en place (commission de montage, frais et honoraires de constitution des sûretés) dont l'impact financier a été lissé sur les 5 ans.

On supposera que le financement est mis en place le jour de l'acquisition de l'immeuble puis remboursé selon les hypothèses de la question 2. Par ailleurs, on considérera que le coût équivalent de la dette au taux de 3 % est perçu sous forme d'intérêts payés annuellement à terme échu.

*1. Calculez la rentabilité courante sur fonds propres, le taux de rendement interne (TRI) et l'*Equity Multiple *(EM) pour l'investisseur s'il finance cette opération sur ses fonds propres uniquement.*

2. Reprenez ces calculs en supposant que l'investisseur a recours au financement proposé, que la banque renouvelle son financement aux mêmes conditions entre l'année 5 et l'année 10, et que le remboursement final de la dette est réalisé au moment même de la cession de l'immeuble en fin d'année 10.

3. Commentez les résultats des questions 1 et 2. Expliquez notamment quels risques supplémentaires l'investisseur prend en ayant recours à un financement bancaire.

Corrigé

*1. Calculez la rentabilité courante sur fonds propres, le taux de rendement interne (TRI) et l'*Equity Multiple *(EM) pour l'investisseur s'il finance cette opération sur ses fonds propres uniquement.*

Dans le cas où cet investissement est financé sur fonds propres exclusivement, la rentabilité courante sur fonds propres est égale à la rentabilité courante de l'investissement lui-même.

Rentabilité courante sur fonds propres = **5 %**

Le taux de rendement interne de l'investissement ou TRI (ou *IRR* pour *Internal Return Rate* en anglais) correspond au taux d'actualisation pour lequel la somme de tous les flux de cet investissement, actualisés à ce taux, est égale à zéro.

La séquence des flux pour cet investissement est assez simple puisque l'on a un flux sortant de 100 millions d'euros en début d'année 1, puis une succession de flux entrants de 5 millions d'euros (rendement courant de 5 %) de l'année 1 à l'année 10, et enfin un flux entrant de 125 millions d'euros en fin d'année 10 correspondant à la cession de l'immeuble.

Sur ces bases, le TRI ressort à environ **7 %** (le calcul sur tableur ou calculatrice donne 6,82 %).

L'*Equity Multiple* ou *EM* correspond au ratio entre d'une part l'ensemble des revenus nets générés par l'investissement, en ce compris les revenus de cession, et d'autre part les fonds propres investis.

Revenus nets = Revenus locatifs nets sur 10 ans + Revenus nets de cession

Revenus nets = 10 × 5 M€ + 125 M€

Revenus nets = 175 M€

Fonds propres investis = 100 M€

Equity Multiple = Revenus nets/Fonds propres investis

Equity Multiple = 175 M€/100 M€

Equity Multiple = **1,75**

Cela signifie que, pour 1 euro investi initialement, 1,75 euro auront été retournés, c'est-à-dire que l'investissement aura généré 0,75 euro supplémentaire.

2. Reprenez ces calculs en supposant que l'investisseur a recours au financement proposé, que la banque renouvelle son financement aux mêmes conditions entre l'année 5 et l'année 10, et que le remboursement final de la dette est réalisé au moment même de la cession de l'immeuble en fin d'année 10.

Tout d'abord on calcule le montant net de fonds propres initialement investis en tenant compte de la dette qui vient les refinancer en partie dès le premier jour.

Fonds propres nets investis = Fonds propres initialement investis – Dette mise en place

Fonds propres nets investis = 100 M€ – 50 M€

Fonds propres nets investis = 50 M€

On calcule ensuite les revenus nets annuels en déduisant les charges d'intérêt du revenu locatif.

Revenus nets annuels = 5 M€ – (50 M€ × 3 %) = 5 M€ – 1,5 M€

Revenus nets annuels = 3,5 M€

La rentabilité courante sur fonds propres s'en déduit immédiatement, comme le rapport entre les revenus nets annuels et le montant net de fonds propres investis.

Rentabilité courante = 3,5 M€/50 M€

Rentabilité courante = **7 %**

On voit donc que l'effet de levier par la dette bancaire a permis de faire passer la rentabilité courante des fonds propres (ou rendement courant sur fonds propres, ou encore « cash on cash return » en anglais) de 5 % à 7 %.

Pour le calcul du TRI avec prise en compte de l'effet de levier, on a tout d'abord un flux sortant qui correspond aux fonds propres nets investis de 50 millions d'euros en début d'année 1 (100 millions d'euros d'acquisition dont 50 millions d'euros sont financés par la dette), puis une succession de flux entrants de 3,5 millions d'euros (rendement courant de 7 % net des intérêts) de l'année 1 à l'année 10, et enfin un flux entrant de 75 millions d'euros en fin d'année 10. Ces 75 millions d'euros correspondent à la cession de l'immeuble pour 125 millions d'euros dont on déduit 50 millions d'euros alloués au remboursement de la dette.

On notera à cette occasion que le refinancement de la dette aux mêmes conditions en fin d'année 5 est neutre puisque le flux sortant de remboursement de la dette à cette date est immédiatement compensé par un flux entrant équivalent.

Sur ces bases, le TRI ressort à environ **10 %** (le calcul sur tableur ou calculatrice donne 10,12 %).

L'*Equity Multiple* se calcule de la même façon sur la base des flux nets d'intérêts et des fonds propres investis nets de la dette.

Revenus nets = Revenus locatifs nets sur 10 ans + Revenus nets de cession

Revenus nets = 10 × 3,5 M€ + 75 M€

Revenus nets = 110 M€

Fonds propres investis = 50 M€

Equity Multiple = Revenus nets/Fonds propres investis

Equity Multiple = 110 M€/50 M€

Equity Multiple = **2,20**

Cela signifie que, pour 1 euro investi initialement, 2,20 euros auront été retournés, c'est-à-dire que l'investissement aura généré 1,20 euro supplémentaire.

3. Commentez les résultats des questions 1 et 2. Expliquez notamment quels risques supplémentaires l'investisseur prend en ayant recours à un financement bancaire.

On constate que le recours à l'effet de levier, c'est-à-dire à la dette, permet d'améliorer la rentabilité de l'investissement dans ses différentes formes de calcul. Ainsi, la rentabilité courante, le Taux de Rendement Interne et l'*Equity Multiple* se trouvent significativement améliorés.

Il s'agit de l'illustration du fonctionnement de l'effet de levier :
– concernant le rendement courant, on a remplacé la moitié des fonds propres par de la dette, avec un coût de cette dette qui est inférieur au rendement de l'investissement. Par conséquent, le rendement de l'investissement qui auparavant venait servir exclusivement les fonds propres va désormais servir d'une part la dette qui demande un rendement plus faible, et d'autre part les fonds propres résiduels. Ceux-ci sont alors rémunérés au rendement de l'investissement auquel vient s'ajouter l'excédent de rendement qui a été libéré sur la partie dette ;
– il y a également un effet de levier sur la plus-value de sortie : auparavant cette plus-value était rapportée à des fonds propres

représentant la totalité de l'investissement. Désormais, cette même plus-value est rapportée à des fonds propres divisés par deux, donc un rendement sur capital qui est doublé.

Il faut néanmoins garder à l'esprit que cet effet de levier peut se transformer en effet de massue (que l'on appelle aussi effet de levier négatif) si le coût de la dette devient supérieur au rendement de l'investissement. Dans ce cas, c'est la rentabilité sur fonds propres qui servira d'amortisseur, de la même façon que cette rentabilité bénéficiait d'un coût de la dette moindre dans le cas d'un effet de levier positif. Notons que cela n'impacte que le rendement courant car l'effet de levier sur la plus-value reste le même si seul le coût de la dette est modifié. En revanche, en cas de moins-value de cession, l'effet de massue est constaté sur cette composante puisque la dette doit être remboursée intégralement malgré la moins-value, et c'est alors les fonds propres qui servent d'amortisseur.

Si l'on revient à l'impact de l'effet de levier sur le rendement courant, il y a deux façons pour qu'il se transforme en effet de massue : soit le rendement de l'investissement baisse, c'est par exemple le cas si des locataires quittent l'immeuble ou font défaut, soit le coût de la dette augmente. C'est cette seconde éventualité qui peut se matérialiser dans cette étude de cas.

En effet, si notre investisseur a bien pris le soin de souscrire une dette à taux fixe, il s'est en revanche exposé à un risque de refinancement : son horizon d'investissement est de 10 ans alors que la dette qu'il a souscrite a une maturité de 5 ans seulement. Par conséquent, à la fin de la 5e année, il doit absolument trouver une autre dette pour remplacer celle qui arrive à échéance, au risque de devoir combler cette impasse de trésorerie par des fonds propres à réinjecter dans l'opération. Bien évidemment, la banque la mieux placée pour refinancer l'opération pour 5 nouvelles années est la banque qui a financé l'investissement à l'origine. Mais que se passe-t-il si sa stratégie a évolué depuis et qu'elle ne souhaite plus prêter ?

Par ailleurs, il serait erroné de limiter cette question à un seul impact sur le taux d'intérêt. Le risque de taux associé au risque de refinancement pourrait en effet être couvert dès l'origine en souscrivant une couverture à terme couvrant le risque entre l'année 5 et l'année 10 (option ou *swap « forward »*). Mais le risque est ici plutôt un risque de liquidité, dont le risque de taux n'est qu'une conséquence. En effet, le risque n'est pas uniquement de trouver un taux d'intérêt plus cher, mais en fait de ne pas retrouver du tout de liquidité bancaire, ou le cas échéant de la retrouver à un taux d'intérêt absolument prohibitif.

Il apparaît donc que l'investisseur a obtenu le bénéfice d'un effet de levier plus puissant en prenant en contrepartie un risque de refinancement à 5 ans. Peut-être était-ce parce qu'il ne trouvait pas de liquidité bancaire au-delà du terme de 5 ans, ou parce que cette liquidité était disponible mais à un taux d'intérêt trop élevé, ou tout simplement parce que l'investisseur a fait sciemment ce pari en se disant qu'il aurait peut-être l'opportunité de revendre l'immeuble au prix cible sans devoir attendre les 10 ans, et que de toute façon sa rentabilité courante serait meilleure à court terme. On obtient rarement un surcroît de rentabilité sans prendre un surcroît de risque d'une manière ou d'une autre.

Commentaire

1. Les indicateurs de performance financière de l'immobilier

Cette étude de cas permet de mettre en évidence l'intérêt du recours à l'effet de levier et son impact sur les grandeurs intensives d'un investissement. On parle ici de grandeurs intensives sans unité que sont les calculs de rentabilité ou de rendement (rendement courant, TRI, *Equity Multiple*) par opposition aux grandeurs extensives qui sont exprimées en euros (résultat net, plus-value, etc.).

Les trois principales grandeurs intensives utilisées dans la mesure de la performance de l'immobilier sont le rendement courant (ou rendement *cash-on-cash*), le Taux de Rendement Interne et l'*Equity Multiple*.

Le rendement courant correspond au revenu net de l'investissement divisé selon les cas par la valeur ou par le coût d'acquisition de cet investissement. Dans son acception stricte, le rendement courant correspond au calcul avec la valeur de marché au dénominateur tandis que le rendement *cash-on-cash* correspond au calcul avec le montant effectivement investi initialement. Comme la valeur de marché d'un investissement varie au cours du temps, ces deux notions sont bien distinctes pour les produits qui disposent d'une bonne liquidité et d'une valorisation périodique par le marché. En revanche, pour l'investissement immobilier qui est par nature illiquide et qui ne dispose que d'estimations de sa valeur de marché en l'absence d'une transaction effective, ces deux notions sont plus entremêlées.

Le rendement courant sert principalement à mesurer la part de la rentabilité qui entre effectivement dans la poche de l'investisseur au fur et à mesure du déroulement de l'opération. Cela est utile dans les opérations où l'on dispose d'une bonne visibilité sur les cash-flows futurs. C'est par exemple le cas si l'immeuble est loué à des locataires solvables dans le cadre de baux à long terme, ou si sa localisation est de toute première qualité et permet d'envisager une relocation rapide et à de bonnes conditions en cas de vacance locative. Dans ce cas, le rendement courant est assimilable à la partie de la rentabilité qui est la moins aléatoire, par opposition à la plus-value de sortie qui reste entièrement soumise aux conditions de marché au moment de la cession. Pour cette raison, bon nombre d'investisseurs – notamment ceux qui sont le plus averses au risque – utilisent l'indicateur du rendement courant pour analyser la performance prévisionnelle avant de prendre leur décision d'investissement.

La seconde grandeur intensive – et c'est d'ailleurs celle qui est le plus fréquemment utilisée – est le Taux de Rendement Interne (TRI ou *IRR* en anglais pour *Internal Return Rate*). C'est en effet l'indicateur de référence en raison de son caractère exhaustif et universel : exhaustif car il agrège les deux composantes de la performance de l'investissement immobilier, à savoir le rendement courant et la plus-value de sortie ; universel car il est adapté à toutes les classes d'actifs immobiliers, et plus généralement à toutes les classes d'investissement.

Les deux principales critiques que l'on peut faire à cet indicateur lorsqu'il est appliqué à l'immobilier sont l'inadéquation pour les durées de détention longues et son caractère trop optimiste (ou pessimiste) pour les durées de détention courtes.

Si l'on prend par exemple le cas de l'investissement en immobilier d'habitation, dans les grandes villes, le rendement courant est faible en raison notamment de la concurrence pour les mêmes produits entre les investisseurs locatifs et les propriétaires occupants. Ces derniers sont prêts à payer des prix plus élevés que les premiers car l'acquisition correspond pour eux à la satisfaction d'un besoin élémentaire (la sécurité du logement). Cela est particulièrement visible lorsque les taux d'intérêt sont faibles en raison du mode de financement des propriétaires occupants.

Les investisseurs institutionnels voient l'immobilier d'habitation non pas comme un produit de rendement mais comme un produit d'investissement à long terme qui peut servir de réserve de plus-value. En effet, après une détention de 20, 30 ou 50 ans, la plus-value à la revente peut être significative, voire supérieure à la somme des revenus courants perçus.

Si l'on applique maintenant la méthodologie du calcul du TRI à cette séquence de flux, la plus-value à long terme et la durée au bout de laquelle elle intervient sont tellement incertaines que les prévisions de TRI, ou même les calculs de sensibilité, n'auront aucun sens. Le TRI ne sera donc pas un bon outil d'analyse. Seule reste alors pour se décider la conviction de l'investisseur immobilier quant à la qualité de l'emplacement, au prix proposé, et aux évolutions démographiques à long terme.

De la même façon, la seconde réserve concernant l'utilisation du TRI pour mesurer la performance concerne les durées d'investissement courtes. En effet, un TRI pourra doubler selon que l'on a porté l'investissement pendant 3 mois ou bien pendant 6 mois. Il peut donc être un indicateur trompeur qui va pousser à revendre un actif dans un délai très court, même si au final le gain reste limité en pourcentage de l'investissement initial, tout simplement parce que ce gain est rapporté à une durée courte. C'est précisément pour éviter ce biais que l'on utilise en parallèle l'*Equity Multiple* afin de disposer d'une mesure de performance complémentaire au TRI.

L'*Equity Multiple* ou EM correspond en effet au ratio entre, d'une part, l'ensemble des revenus nets générés par l'investissement et, d'autre part, les fonds propres investis. Ce n'est donc pas une grandeur mesurant l'équivalent d'un taux d'intérêt comme c'est le cas pour le rendement courant ou pour le TRI. Il s'agit plutôt d'une grandeur indépendante de la durée de l'investissement puisque les flux sont agrégés et comparés indépendamment de la date à laquelle ils surviennent et sans leur appliquer aucun taux d'actualisation. On pourrait dire que l'EM calcule le gain en euros courants, ou le gain dans un contexte de taux d'intérêt nul.

Bien entendu, l'*Equity Multiple* utilisé seul ne rend pas correctement compte de la réalité de la performance financière. Mais, combiné au TRI, il permet d'apprécier plus précisément cette performance, notamment pour les investissements sur des durées courtes.

2. La relation entre stratégie d'investissement et utilisation de l'effet de levier

On peut être tenté de considérer que les caractéristiques de la dette souscrite par un investisseur immobilier dans un montage « sans recours » sont indépendantes de la nature de l'investisseur, ou plus exactement de sa stratégie d'investissement. Il n'en est rien comme nous allons l'expliquer. Nous listerons d'abord les grandes catégories de stratégies d'investissement, en donnant leurs caractéristiques respectives, puis nous indiquerons vers quels types de dette ces stratégies se tournent en priorité.

Les stratégies d'investissement sont traditionnellement classées en 4 catégories en fonction du degré de prise de risque souhaité par l'investisseur : « Core », « Core+ », « Value-Add » et « Opportuniste ».

Core : il s'agit des stratégies les moins risquées. Elles correspondent généralement à des immeubles situés dans les quartiers d'affaires ou en centre-ville (ou dans les principales localisations de la classe d'actif considérée) et bénéficiant de baux à long terme avec des locataires de bonne qualité. La clé est la bonne visibilité sur les cash-flows futurs ainsi que sur la pérennité de la valeur de marché de l'immeuble. Ces caractéristiques peuvent être aussi reconstituées avec des immeubles de qualité légèrement moins bonne mais dans le cadre d'une bonne diversification du risque par effet portefeuille, que ce soit par la multiplication des implantations ou des locataires. Par ailleurs, à l'extrême du spectre de la qualité, on trouvera les immeubles « prime » qui constituent en général les quelques pourcents d'actifs de meilleure qualité dans un marché donné. On ne parle cependant pas de stratégie « Prime » en tant que telle pour ces immeubles. En effet, bien qu'offrant une quasi-certitude d'occupation, ils voient en revanche leur prix fluctuer de façon plus importante que les immeubles Core, cette volatilité résultant d'une exposition plus marquée au cycle de marché dans la mesure où ces immeubles réagissent comme des indicateurs avancés de la conjoncture. Ils sont donc généralement achetés pour des durées longues, avec une stratégie de plus-value à long terme analogue à celle de l'investissement institutionnel en immobilier d'habitation. Bien entendu, une stratégie Core pourra tout à fait intégrer l'acquisition de quelques immeubles Prime au sein d'un portefeuille d'immeubles Core, ainsi que quelques immeubles Core+ qui constituent la catégorie suivante de classification du risque.

Core+ : cela correspond aux stratégies légèrement plus risquées. Les immeubles entrant dans cette catégorie seront, par exemple, situés à la limite des zones les plus demandées, ou bien seront loués dans le cadre de baux plus courts que les immeubles Core, ou à des locataires de moins bonne qualité, ou encore présenteront une vacance de l'ordre de 10 % à 20 % qui peut cependant être résorbée dans un délai raisonnable. Ces immeubles offriront une visibilité correcte sur les cash-flows, ce qui permettra d'envisager un financement par dette. La frontière avec les stratégies et les immeubles Core est assez ténue, de sorte que l'on rencontre assez régulièrement dans le marché des investisseurs qui ont des stratégies dites « Core/Core+ ».

Value-Add : il s'agit du degré suivant dans la prise de risque. Les immeubles correspondants nécessiteront un repositionnement pour être pleinement productifs. Cela passera la plupart du temps par une injection de capital visant à améliorer la qualité de l'actif. Les immeubles concernés souffriront souvent d'une vacance de l'ordre de 30 % à 50 %, n'auront pas bénéficié d'une gestion active de la part du propriétaire précédent, mais seront situés dans des localisations pouvant bénéficier d'un regain de demande locative dont l'immeuble profitera pour autant qu'il soit transformé afin d'être adapté au marché. Très souvent ces actifs seront acquis avec une décote, le vendeur acceptant de céder l'immeuble à un prix inférieur à son prix d'acquisition dans la mesure où il ne peut pas ou ne souhaite pas injecter plus de capitaux, et prévoit que les cash-flows futurs deviendront négatifs.

Opportuniste : c'est le segment correspondant à la prise de risque la plus élevée. L'investisseur sera prêt à acquérir des immeubles vides ou quasiment vides, ou bien des terrains à bâtir, sans avoir de locataire identifié. Son objectif sera de parier sur l'écart entre, d'une part, la valeur de l'immeuble vide ou du terrain nu à laquelle il faudra ajouter des injections de capitaux pour rénover l'immeuble ou tout simplement le construire et, d'autre part, la valeur de marché de l'immeuble occupé pour autant que celle-ci n'ait pas baissé entre le lancement de l'opération et sa conclusion. C'est typiquement le segment sur lequel interviennent les promoteurs immobiliers.

Les différentes catégories de risque étant listées, voyons maintenant les typologies de dette auxquelles elles sont associées, en jouant sur les trois grandes caractéristiques de la dette que sont l'existence ou non d'un recours sur l'investisseur, le niveau optimal de l'effet de levier en pourcentage de la valeur de l'actif, et la maturité de la dette.

Le fait que la dette soit avec ou sans recours tout d'abord. Dans les stratégies Core, Core+ ou même Value-Add, l'analyse du risque par la banque est centrée sur l'immeuble. Généralement, le surcroît de risque se traduit par une gradation de la marge du prêt sans avoir à rechercher auprès de l'investisseur des garanties externes à l'opération. Le montage restera donc sans recours. Cela dit, dans les opérations Value-Add, il est fréquent que le repositionnement de l'actif nécessite des capitaux supplémentaires. Quand ceux-ci ne peuvent pas être prélevés sur l'excédent de cash-flow provenant des loyers, il faut alors qu'une ressource externe soit sollicitée. En général, le business plan initial de l'opération prévoit quelle sera cette source de financement, que ce soit une partie de la dette destinée à être libérée après l'acquisition, ou bien des fonds propres supplémentaires qui doivent être apportés. Dans ce dernier cas, il peut arriver que la banque demande à l'investisseur de garantir le fait qu'il apportera bien ces fonds propres additionnels le moment venu. Il peut donc y avoir un recours partiel sur l'investisseur à hauteur de cet apport futur, recours qui disparaît lorsque ces fonds propres ont été effectivement apportés.

Si l'on étudie maintenant le cas des opérations opportunistes, notamment les promotions immobilières mais pas seulement, la question de la demande par la banque d'un recours sur l'investisseur n'est pas la question centrale. Dans la pratique, les investisseurs opportunistes et les promoteurs ne seront pas prêts à accorder leur garantie personnelle à l'opération car ils souhaiteront isoler le risque de chaque projet. Il s'agit donc de savoir à quelles conditions une banque est prête à financer sans recours sur l'investisseur. Si aucun prêteur ne souhaite prendre ce risque, ou si les conditions sont trop défavorables, que ce soit la marge ou le montant des fonds propres demandés, alors l'opération ne se fera pas.

La seule exception que l'on peut citer est celle des projets de promotion par des promoteurs indépendants. Il n'est pas rare que la banque demande un recours sur les personnes physiques qui possèdent l'entreprise de promotion, ou bien sur certains éléments de leur patrimoine propre. Ce n'est pas tant pour diminuer le montant du risque – il y a habituellement une forte disproportion (un rapport de 1 à 10 au minimum) entre ce patrimoine et le montant du projet – que pour assurer un alignement d'intérêts entre l'investisseur et le promoteur. Les dirigeants du promoteur seront d'autant plus motivés que leur patrimoine propre est en jeu.

Regardons maintenant les deux grandeurs que sont le montant de la dette rapporté à l'investissement (*Loan to Cost*) et la maturité de la dette. La règle de base à retenir est que plus l'investisseur aura une stratégie Core, moins il utilisera l'effet de levier (ou plus précisément moins le *Loan to Cost* sera élevé) et plus il recherchera des maturités longues.

Ainsi les investisseurs à stratégie Core ou Core+ rechercheront des effets de levier de l'ordre de 30 % à 40 %, voire 50 % au maximum, sur des maturités de 7 ans à 10 ans, le cas échéant à 5 ans si cela correspond à un optimum de marché en termes de marge bancaire rapportée à l'effet de levier. Pour ces investisseurs, l'un des objectifs de l'effet de levier, en dehors de l'amélioration du rendement sur fonds propres qu'il procure, est d'optimiser la fiscalité en profitant de la déductibilité des intérêts payés à des tiers. Dans de nombreuses juridictions, le législateur a d'ailleurs mis en place des restrictions ne permettant pas aux intérêts d'être déduits du résultat imposable au-delà d'un certain montant (en général autour de 30 % de l'EBITDA) et qui excluent les intérêts payés sur la dette intragroupe, d'où l'utilisation de la dette bancaire dans une proportion modérée.

S'agissant des stratégies Value-Add et Opportunistes, la dette sera moins recherchée pour l'optimisation fiscale que pour le simple effet multiplicateur sur le rendement des fonds propres. Cet effet est d'ailleurs extrêmement puissant dès lors que l'on dépasse 50 % de levier. Par exemple, un investisseur qui obtient 67 % de dette pour financer son opération bénéficiera d'un apport de 2 euros de dette (67 %) pour 1 euro de fonds propres (33 %). En comparaison, un investisseur ayant levé 75 % de dette pour son opération (donc seulement 8 % de levier en plus) bénéficiera d'un ratio de levier de 3 euros de dette (75 %) pour 1 euro de fonds propres (33 %). Si le coût de la dette est nettement inférieur au rendement de l'actif, l'effet multiplicateur sur le rendement des fonds propres est donc particulièrement puissant, sans parler aussi de l'effet démultiplicateur sur le rendement de la plus-value dans la mesure où la même plus-value de sortie est appliquée à un montant de fonds propres moindre. Dans ces stratégies, l'investisseur sera donc à la recherche de la dette la plus élevée possible de la part des banques, en restant toutefois attentif à son coût : il ne faudrait pas que le taux d'intérêt sur la dette se rapproche trop du rendement de l'actif, au risque de transformer l'effet de levier en effet de massue.

Concernant enfin la maturité de cette dette pour les investisseurs Value-Add et Opportunistes, leur souhait est bien évidemment de bénéficier de la dette la plus longue possible, mais ils se heurteront alors à plusieurs écueils. En premier lieu, une banque qui finance une opération sans recours sur l'investisseur avec un fort effet de levier souhaitera bénéficier d'un amortissement de la dette dès que celle-ci dépasse 2 ans à 3 ans de maturité. Un tel amortissement viendra obérer le cash-flow disponible pour l'investisseur, limitant ainsi le TRI.

Par ailleurs, la banque ou tout autre prêteur souhaitera rester sur une maturité courte afin de pouvoir conserver une certaine maîtrise de l'opération, notamment la possibilité de faire pression sur l'investisseur si le business plan ne se réalise pas conformément aux prévisions initiales ou si la valeur de marché de l'investissement commence à baisser.

Enfin, une plus grande maturité se traduira à la fois par une marge bancaire plus élevée et par un taux fixe ou un coût de couverture également plus élevé. Ce coût globalement plus élevé de la dette se traduira alors par une diminution de la rentabilité des fonds propres, alors même qu'une maturité longue n'est pas nécessairement souhaitée par l'investisseur. En effet, la majorité des opérations Value-Add ou Opportunistes correspondent à un horizon d'investissement de 24 à 36 mois, chaque mois passé venant négativement impacter le TRI qui reste la mesure principale pour le versement d'une commission de performance au gestionnaire d'actif en cas de succès de l'opération.

On peut donc retenir que les investisseurs à stratégie Value-Add et Opportuniste rechercheront l'effet de levier maximal – sous réserve que cela reste financièrement intéressant – et seront prêts à accepter des maturités de dette plus courtes que les investisseurs à stratégies moins risquées.

Cas n° 22

Les avantages et contraintes stratégiques de l'endettement

Énoncé

Un investisseur possède un patrimoine de 5 immeubles identiques représentant une valeur unitaire initiale de 100 millions d'euros chacun, soit un patrimoine total de 500 millions d'euros en valeur d'acquisition. Les 4 premiers de ces immeubles ont été logés dans une même société *ad hoc* financée par la banque A à hauteur de 200 millions d'euros. Le 5e et dernier immeuble a été logé dans une structure *ad hoc* distincte financée par la banque B à hauteur de 50 millions d'euros.

1. Calculez le ratio initial de LTV pour les 4 premiers immeubles financés par la banque A ainsi que pour l'immeuble financé par la banque B.

2. Selon vous, si l'on fait abstraction du rapport de 1 pour 4 entre les montants financés, quel est celui des deux financements qui offre le profil le moins risqué pour le prêteur ?

Chacun des immeubles génère un rendement locatif net de 6 %. Les prêts mis en place par les banques A et B ont les mêmes conditions financières, à savoir une maturité de 5 ans et un intérêt au taux EURIBOR augmenté d'une marge de 1,60 % l'an. Une couverture de taux a été mise en place pour chacun de ces prêts sous la forme d'un swap EURIBOR contre taux fixe de 1,40 % l'an.

3. Calculez le rendement courant sur fonds propres pour l'investissement dans ce portefeuille d'immeubles. Commentez.

Deux ans après la mise en place des prêts, une expertise en valeur est diligentée par les banques A et B. Le résultat de cette expertise est que les immeubles ont tous perdu 20 % de leur valeur initiale. Les 4 premiers immeubles valent donc désormais 320 millions d'euros et le dernier immeuble 80 millions d'euros.

4. Sachant que les deux prêts font l'objet d'un covenant de LTV à 60 %, indiquez si les prêts sont potentiellement en défaut et quel montant de remboursement est nécessaire sur chacun des prêts.

À l'issue des discussions entre l'investisseur et les banques, il ressort que la banque A se montre peu flexible et souhaite toujours un remboursement partiel de son prêt. À l'inverse, la banque B accepte de relever son seuil de covenant de LTV à 65 % pendant un an jusqu'à la prochaine expertise, tout en augmentant temporairement la marge du prêt à 1,80 % l'an.

Par ailleurs, la banque B accepte :
– soit de mettre en place une dette junior avec une marge de 5,00 % l'an sur les 4 premiers immeubles afin de rembourser la banque A du montant qu'elle réclame pour que le covenant soit respecté,
– soit de refinancer l'ensemble du prêt de 200 millions d'euros de la banque A sur la base d'une marge de 1,80 %.

5. Calculez le surcroît de rémunération sur une année que la nouvelle marge de 1,80 % va procurer à la banque B sur son prêt initial.

6. Calculez également la rémunération nette annuelle que la banque B peut espérer sur la tranche junior venant refinancer la partie excédentaire du prêt A si celle-ci est mise en place.

7. D'un point de vue purement financier, l'investisseur a-t-il intérêt à accepter la structuration junior / senior proposée ou bien à refinancer intégralement le prêt A aux conditions proposées par la banque B ?

8. Commentez ces résultats sur le plan de la relation commerciale entre l'investisseur et chacune des banques.

Corrigé

1. Calculez le ratio initial de LTV pour les 4 premiers immeubles financés par la banque A ainsi que pour l'immeuble financé par la banque B.

La valeur des immeubles financés par la banque A et la banque B est respectivement de 400 millions d'euros et de 100 millions d'euros, pour des prêts respectifs de 200 millions d'euros et 50 millions d'euros.

Le ratio initial de Loan to Value est donc le même pour les deux prêts, et est égal à 50 %.

En effet, LTV = 200/400 = 50/100 = **50 %**

2. Selon vous, si l'on fait abstraction du rapport de 1 pour 4 entre les montants financés, quel est celui des deux financements qui offre le profil le moins risqué pour le prêteur ?

Dans la mesure où le ratio de LTV est le même pour les deux prêts, on pourrait être tenté de considérer que le risque est similaire pour les deux banques. La similarité des conditions financières décrites ensuite nous inciterait d'ailleurs à conclure dans ce sens. Cependant, le risque du prêt de la banque A est diversifié sur 4 immeubles, alors que le risque du prêt de la banque B est concentré sur un seul immeuble. Pour cette raison, nous pourrons estimer que le prêt le moins risqué pour le prêteur est celui de la banque A.

On remarquera également que la question posée nous demande de faire abstraction des tailles respectives des prêts. En effet, un prêt de montant 4 fois plus élevé peut engendrer des risques de liquidité ou de refinancement plus importants, par exemple si l'emprunteur n'est pas en mesure de refinancer son prêt à l'échéance car aucun autre prêteur sur le marché n'a la capacité de prêter un montant unitaire aussi élevé, ou bien si le prêteur initial subit une quelconque pression sur son propre bilan et doit alors syndiquer son prêt.

3. Calculez le rendement courant sur fonds propres pour l'investissement dans ce portefeuille d'immeubles. Commentez.

Les rendements étant les mêmes pour tous les immeubles et les conditions financières étant les mêmes pour les deux prêts, on effectue le calcul pour l'ensemble du portefeuille.

Fonds propres = Investissement total – Montant total des prêts

Fonds propres = 5 × 100 M€ – (200 M€ + 50 M€) = 250 M€

Revenus courants nets = Revenus courants sur investissement – Coût de la dette

Revenus courants nets = 500 M€ × 6 % – (250 M€ × (1,40 % + 1,60 %)) = 30 M€ – 7,5 M€

Revenus courants nets = **22,5** M€

Rendement courant sur fonds propres = Revenus courants nets/ Fonds propres

Rendement courant sur fonds propres = 22,5 M€/250 M€

Rendement courant sur fonds propres = **9 %**

L'effet de levier permet donc d'augmenter significativement la rentabilité sur fonds propres. On peut d'ailleurs procéder à ce calcul plus rapidement : la dette représentant un montant égal à celui des fonds propres (LTV de 50 %), le rendement sur fonds propres est alors le symétrique du coût de la dette par rapport au rendement sur actif. Ainsi, le rendement sur actif étant de 6 % et la dette coûtant 3 %, on ajoute au rendement sur actif (6 %) l'écart entre ces deux rendements (soit 3 %) pour obtenir un total de 9 %.

Si, par exemple, le ratio entre montant des fonds propres et montant de la dette avait été de 1 pour 3 (ce serait le cas pour un effet de levier de 75 % avec des fonds propres représentant donc 25 %), on aurait alors réalisé la même symétrie, mais avec coefficient multiplicateur. Dans notre cas de figure, on aurait ajouté au rendement sur actif (6 %) l'équivalent de 3 fois l'écart avec le rendement sur dette (soit 3 fois l'écart de 3 %) pour obtenir ainsi un rendement sur fonds propres de 15 %.

Ce calcul n'est que le reflet de la conservation des flux et du fait que le rendement sur actif est par définition le barycentre du rendement sur fonds propres et du coût de la dette, ces deux rendements étant affectés de coefficients multiplicateurs correspondant aux proportions respectives des fonds propres et de la dette.

4. Sachant que les deux prêts font l'objet d'un covenant de LTV à 60 %, indiquez si les prêts sont potentiellement en défaut et quel montant de remboursement est nécessaire sur chacun des prêts.

On suppose ici que chacun des groupes d'immeubles a perdu 20 % de sa valeur pour aboutir à des valorisations de 320 millions d'euros et 80 millions d'euros respectivement. On calcule donc les ratios de LTV sur ces nouvelles bases pour chacun des prêts.

LTV prêt A = Montant du prêt A/Valeur du sous-portefeuille A

LTV prêt A = 200 M€/320 M€

LTV prêt A = **62,5 %**

Le covenant de 60 % de LTV n'est donc pas respecté. Le prêt A est potentiellement en défaut. Pour faire revenir le covenant au seuil maximal de 60 %, il faut injecter un montant de 8 millions d'euros de fonds propres supplémentaires dans le sous-portefeuille A, ce qui correspond au surplus de dette qu'il faut résorber :

Fonds propres à injecter = Dette initiale – Dette maximale pour un ratio à 60 %

Fonds propres à injecter = 200 M€ – (320 M€ × 60 %) = 200 M€ – 192 M€

Fonds propres à injecter = **8** M€

On reprend ces mêmes calculs pour le prêt B.

LTV prêt B = Montant du prêt B/Valeur du sous-portefeuille B

LTV prêt B = 50 M€/80 M€

LTV prêt B = **62,5 %**

Le covenant de 60 % de LTV n'est donc pas respecté. Le prêt B est potentiellement en défaut. Pour faire revenir le covenant au seuil de 60 %, il faut injecter un montant de 2 millions d'euros de fonds propres supplémentaires dans le sous-portefeuille B, ce qui correspond au surplus de dette qu'il faut résorber :

Fonds propres à injecter = Dette initiale – Dette maximale pour un ratio à 60 %

Fonds propres à injecter = 50 M€ – (80 M€ × 60 %) = 50 M€ – 48 M€

Fonds propres à injecter = **2** M€

5. Calculez le surcroît de rémunération sur une année que la nouvelle marge de 1,80 % va procurer à la banque B sur son prêt initial.

Si l'on ne modifie pas le montant du prêt B, la rémunération supplémentaire dont pourrait bénéficier la banque B correspond à une augmentation de marge bancaire de 20 points de base, celle-ci passant de 1,60 % l'an à 1,80 % l'an.

Par conséquent, sur une année, le montant correspondant est le suivant :

Surcroît de rémunération = Montant du prêt × Surcroît de marge bancaire

Surcroît de rémunération = 50 M€ × 0,20 %

Surcroît de rémunération = **100 000 €**

Cette rémunération additionnelle de 100 000 euros est à mettre en parallèle avec la rémunération nette initiale sur l'ensemble du prêt, soit un montant de 50 M€ × 1,6 % l'an = 800 000 euros par an. Il est donc très intéressant pour la banque B de pouvoir augmenter sa rémunération annuelle de 12,5 % (100 000 euros en plus des 800 000 euros annuels) contre un dépassement de covenant somme toute mineur (2,5 % de dépassement pour un covenant à 60 %).

6. Calculez également la rémunération nette annuelle que la banque B peut espérer sur la tranche junior venant refinancer la partie excédentaire du prêt A si celle-ci est mise en place.

La rémunération nette sur la tranche junior – dont le montant est de 8 millions d'euros comme calculé auparavant – est la suivante :

Rémunération nette annuelle = Montant du prêt junior × Marge nette

Rémunération nette annuelle = 8 M€ × 5 % l'an

Rémunération nette annuelle = **400 000 €**

On constate ici encore que la capacité à offrir une solution financière quand la banque A se montre intransigeante est une opportunité pour la banque B de générer des profits substantiels.

7. D'un point de vue purement financier, l'investisseur a-t-il intérêt à accepter la structuration junior / senior proposée ou bien à refinancer intégralement le prêt A aux conditions proposées par la banque B ?

Le calcul est assez simple puisqu'il s'agit de comparer la rémunération nette annuelle cumulée des banques dans les deux cas de figure.

Dans le cas d'une structuration senior/junior, le montant de la rémunération nette annuelle des deux banques est le suivant :

Rémunération annuelle cumulée = Montant du prêt A (après amortissement) × Marge sur le prêt A + Montant du prêt junior (octroyé par la banque B) × Marge sur le prêt junior

Rémunération annuelle cumulée = 192 M€ × 1,6 % + 8 M€ × 5 % = 3 072 000 € + 400 000 €

Rémunération annuelle cumulée = **3 472 000 €**

Dans le cas où la banque B vient intégralement refinancer le prêt de la banque A sur la base d'une marge supérieure, le montant de la rémunération nette annuelle se calcule comme suit :

Rémunération annuelle = Montant du nouveau prêt de la banque B sur les 4 immeubles × Marge sur ce nouveau prêt

Rémunération annuelle = 200 M€ × 1,80 %

Rémunération annuelle = **3 600 000 €**

Si l'on s'en tient à la pure arithmétique, l'investisseur aura tendance à privilégier la structuration senior/junior qui lui fait économiser 128 000 euros par an par rapport à la solution d'une nouvelle dette unique par la banque B.

Cependant, d'autres considérations entreront en jeu, parmi lesquelles la complexité juridique et financière d'une structure senior/junior (avec les coûts de mise en place et de gestion que cela entraîne par rapport à un financement unique), ainsi que la nécessité d'avoir à gérer une relation avec deux interlocuteurs financiers (dont les objectifs ne seront pas toujours alignés) au lieu d'un seul.

En ce sens, les cotations proposées par la banque B sont assez astucieuses car elles reflètent cette préférence possible pour la simplicité en lui attribuant une valeur financière implicite (les 128 000 euros d'écart annuel) et obligent donc l'investisseur à se positionner en intégrant ce facteur.

8. Commentez ces résultats sur le plan de la relation commerciale entre l'investisseur et chacune des banques.

La relation entre l'investisseur et la banque A est sur une mauvaise pente. En effet, celle-ci refuse de faire preuve de la moindre flexibilité concernant la rupture de covenant, quand bien même cette flexibilité pourrait lui permettre de générer une rémunération supplémentaire particulièrement attractive. Ce type de situation est loin d'être purement académique, notamment lorsqu'une banque n'a aucune marge de manœuvre pour accepter un surcroît de risque, que ce soit pour des raisons stratégiques (décision de se retirer d'un marché spécifique, besoin de limiter la taille du bilan), réglementaires (contraintes liées au régulateur) ou bien humaines (luttes de pouvoir au sein de la banque obérant les prises de décisions).

Mais quelles que soient les explications qui peuvent être fournies par la banque A, l'investisseur se concentrera sur le résultat, à savoir l'incapacité à continuer à bénéficier d'un financement bancaire, le surcoût que cela génère et le refus de la banque A de trouver une solution de compromis. Ce refus est d'ailleurs accentué en creux par la simple existence d'une proposition concurrente, qui souligne encore plus son manque de flexibilité.

À l'inverse, la banque B peut profiter de cette occasion pour enfoncer un coin dans la relation historique entre l'investisseur et la banque A et espérer ainsi pouvoir se positionner dans le futur comme la nouvelle banque de référence de l'investisseur. Il s'agit dans ce contexte d'un gain potentiel de part de marché qui ne se paie pas sous la forme de conditions financières plus attractives, mais par une prise de risque supplémentaire. On peut d'ailleurs noter que les gains de part de marché dans l'activité bancaire s'opèrent sur les trois principaux leviers que sont la prise d'un risque plus élevé, l'acceptation d'une marge plus faible ou une meilleure qualité de service.

Dans notre exemple, c'est sur la prise de risque que se fait la différence, à la réserve près que la banque B obtient pour cela une rémunération supérieure. C'est donc un gain de part de marché qui est relativement neutre si on l'analyse en termes de couple rendement/risque, et donc probablement une opération intéressante pour la banque B au plan purement financier. Quant à savoir si au final la banque B aura eu raison de proposer de prendre ce risque, seul l'avenir de l'opération peut en juger.

Commentaire

1. Les avantages et inconvénients stratégiques du recours à l'endettement

Nous avons vu dans cette étude de cas que le recours à l'endettement bancaire peut permettre d'améliorer la rentabilité des fonds propres investis, par le simple jeu de l'effet de levier pour autant que le coût total de la dette reste inférieur à la rentabilité moyenne de l'actif. Vu sous cet angle, une simple mathématique financière devrait permettre de prendre cette décision. Dans la pratique, ce n'est pas aussi simple car d'autres facteurs vont entrer en jeu.

Il existe ainsi différents freins – pas uniquement financiers – au recours à l'endettement.

– Tout d'abord, laisser entrer une banque dans un investissement, c'est accepter de partager toute une série d'informations au caractère plus ou moins confidentiel. Bien entendu les banques sont réglementairement soumises à une obligation de confidentialité, mais certains investisseurs seront réticents par principe à ce partage d'informations.

– Ensuite, le coût de mise en place d'une dette, notamment dans les montages sans recours, ne se limite pas aux frais financiers et aux commissions de montage. Par exemple, il faudra que l'investisseur rémunère ses avocats pour la rédaction de la documentation de crédit ainsi que – c'est la pratique de place – les avocats de la banque. D'ailleurs, pour éviter que l'investisseur subventionne en quelque sorte d'interminables discussions où les avocats de la banque argumenteraient à loisir avec les avocats de l'emprunteur, un plafonnement du remboursement des honoraires des avocats de la banque est systématiquement demandé par les investisseurs.

– Mais cette question des coûts ne se limite pas à la seule période de mise en place de la dette : la gestion du crédit demandera aussi la mobilisation de ressources supplémentaires chez l'emprunteur, notamment au sein de sa Direction Financière en charge du reporting périodique à la banque. Ce temps passé aura nécessairement un coût chez l'emprunteur, sans compter celui des prestataires externes qui fourniront l'information nécessaire au reporting. Par exemple, la plupart des banques demanderont qu'une expertise en valeur soit effectuée par un expert indépendant de l'emprunteur, cet expert étant formellement mandaté par la banque mais ses honoraires restant à la charge de l'emprunteur. De même, si la vie de l'opération nécessite une modification du schéma des sûretés (par exemple, acquisition d'un actif supplémentaire par la même société emprunteuse), les frais de modification de ces sûretés resteront à la charge de l'emprunteur, même si cette acquisition est entièrement financée sur fonds propres et qu'au final cela améliore la couverture du risque de la banque.

– En termes de gestion quotidienne, la banque pourra par exemple avoir demandé que l'emprunteur lui soumette les nouveaux baux les plus importants lorsque ceux-ci sont négociés après la mise en place du financement. La latitude de la banque reste néanmoins limitée dans ce domaine car elle ne peut pas non plus s'ingérer dans la gestion courante de l'emprunteur. Mais elle pourra par exemple avoir défini des critères de qualité minimale de signature (notation d'agence de rating) pour les futurs locataires, conduisant le cas échéant l'investisseur à refuser certains locataires alors qu'ils pouvaient générer un flux de revenus supplémentaires. En quelque sorte, avoir invité une banque implique que l'emprunteur n'est plus tout à fait maître de sa stratégie de gestion de l'actif, ou tout au moins qu'il doit rembourser la banque s'il souhaite retrouver une complète liberté. Cela peut se révéler compliqué si par exemple la stratégie de la banque évolue au cours du temps et que la flexibilité dont elle pouvait faire preuve initialement disparaît par la suite, avant même que le financement arrive à échéance.

– Enfin, n'oublions pas qu'un financement a nécessairement une maturité, et que l'effet de levier qui était bénéfique au début de l'opération reste une arme à double tranchant : que se passe-t-il si le marché a évolué défavorablement lorsque la maturité de la dette survient, et que l'emprunteur ne trouve pas de dette aux mêmes conditions que précédemment, voire pas de dette du tout ? S'il ne dispose pas d'un matelas de fonds propres suffisant pour remplacer la dette à ce moment, l'ensemble de son investissement risque de se retrouver compromis.

Mais le tableau n'est pas nécessairement aussi noir. L'utilisation de l'effet de levier n'a pas uniquement des contreparties négatives en termes de coûts ou de contraintes de gestion. Il a également des effets positifs dans des domaines autres que la simple optimisation financière.

– Le partage de l'information avec une banque permet tout d'abord de valider une stratégie d'investissement et un business plan avec un tiers preneur de risque. Cela peut être intéressant pour un investisseur de bénéficier de cette seconde analyse, surtout s'il se repose essentiellement sur son gestionnaire d'actifs – rémunéré sous forme de commissions – pour l'identification et l'analyse des opportunités d'investissement. Par exemple, le fait qu'aucune banque ne veuille financer une opération particulière peut constituer un premier facteur d'alerte pour un investisseur. Cela est d'autant plus notable que la banque, prioritaire dans l'attribution des flux locatifs, et disposant d'un matelas de sécurité correspondant aux fonds propres investis en cas de baisse de valeur de l'actif, devrait en principe être prête à financer des opérations relativement risquées si l'investisseur y met suffisamment de fonds propres. Ainsi, la quantité de fonds propres que demande la banque à l'investisseur – ou son corollaire le montant de prêt que la banque est disposée à financer – reste le meilleur indicateur de sa confiance dans une opération.

– Un autre élément positif pour l'investisseur est la reconnaissance institutionnelle que procure la présence d'une banque dans la structure de financement. Cela permet notamment de donner des gages de respectabilité au marché, parce que la banque doit avoir réalisé elle-même une due diligence complète sur l'investisseur et la structure emprunteuse (procédure « Know Your Customer »). Cela peut par exemple rassurer les acquéreurs futurs de l'immeuble.

– Pour les investisseurs qui bénéficient déjà de cette reconnaissance institutionnelle, la mise en place d'un financement sur une nouvelle opération constitue aussi l'opportunité de développer une relation avec une nouvelle banque, et ainsi diversifier leurs sources de financement. Il pourra être utile d'avoir une relation existante avec d'autres banques si l'une d'entre elles se montre moins coopérative comme illustré dans notre étude de cas.

– Enfin, dernier avantage mais pas le moindre, la mise en place d'une dette bancaire permet d'optimiser la fiscalité de l'opération : d'une part, pendant la durée de l'opération, les intérêts payés par la structure emprunteuse à la banque seront déductibles du compte de résultats ; d'autre part, à la sortie en cas de cession des parts de la structure emprunteuse au lieu de cession directe de l'actif, les droits de mutation à acquitter par le futur acquéreur seront assis sur la valeur nette des parts sociales (valeur de l'actif dont on déduit la dette) au lieu de la valeur pleine de l'immeuble.

Pour conclure, il faut rappeler que l'effet de levier ne crée pas de valeur. Il consiste simplement à augmenter la rentabilité des fonds propres investis en les remplaçant partiellement par une dette qui viendra se positionner comme créancier prioritaire et par conséquent augmenter le risque des fonds propres qui restent dans l'opération. Seule la gestion de l'actif peut créer de la valeur, que ce soit de façon active (engager des travaux pour louer des surfaces vacantes, renégocier au mieux les loyers), de façon plus passive (profiter d'une compression des taux de rendement immobiliers) ou par une combinaison des deux (repositionner un actif dans l'optique de bénéficier d'une amélioration du marché dans lequel il est situé).

2. Les éléments financiers et les éléments purement relationnels dans la relation bancaire

Nous avons analysé dans les précédents chapitres de cet ouvrage la nature de la relation financière qui lie l'emprunteur au prêteur dans les montages de financement immobilier « sans recours ». Dans la présente étude de cas, nous avons également approfondi la question des éléments non commerciaux dans cette relation.

Tout d'abord, la première question qui vient à l'esprit est de savoir si la banque doit être considérée comme un partenaire financier, quasiment au même titre qu'un investisseur mais avec une plus forte aversion au risque que ce dernier, ou bien comme un simple fournisseur de liquidité.

Au-delà du caractère binaire et peut-être provocateur de cette question, il faut savoir que la relation entre le prêteur et l'investisseur est toujours marquée par une certaine ambivalence : en effet l'objectif affiché de l'investisseur est que son investissement soit suffisamment profitable pour que lui-même en tire un bénéfice ; le profit de la banque, en revanche, reste par définition limité à ses commissions et à sa marge, que l'investissement soit extrêmement profitable ou qu'il ne délivre qu'une rentabilité médiocre. Cette situation pourra amener à un certain cynisme de part et d'autre, en raison principalement du désalignement d'intérêts entre prêteur et investisseur lorsque la valeur de l'immeuble diminue et commence à consommer les fonds propres de l'investisseur, ou bien lorsque le cash-flow locatif ne permet plus d'assurer le service de la dette. La banque devient alors bien plus qu'un simple fournisseur de liquidité, en prenant le statut de quasi-associé dans l'opération avec des objectifs différents (récupérer son crédit) de ceux de l'investisseur (réaliser un profit sur l'opération).

Pour tenter néanmoins de répondre à cette première question de façon plus générique, il convient de considérer les circonstances dans lesquelles la relation se déroule. Nous venons de voir que la survenance d'un cas de défaut faisait passer le curseur d'une relation de fournisseur à celle de partenaire, au grand regret de l'investisseur d'ailleurs puisque ce glissement de statut s'opère à son détriment. Mais plus généralement il y a deux facteurs qui influencent la nature de cette relation.

Le premier facteur est le niveau de liquidité bancaire dans le marché : en période de liquidité surabondante, les banques se livrent une concurrence exacerbée et sont donc considérées comme de simples prestataires de services interchangeables. En revanche, en période de faible liquidité, le pouvoir bascule dans le camp des banques qui disposent de cette liquidité. Les rôles de courtisans et courtisés s'inversent alors.

Le second facteur est le niveau d'effet de levier requis par l'investisseur : pour des effets de levier de l'ordre de 30 % ou 40 % de la valeur de l'immeuble, il y a toujours profusion d'établissements bancaires susceptibles de prêter. Le choix de l'investisseur se porte alors sur la banque qui lui offre les meilleures conditions financières, voire même le meilleur service car, à ces niveaux d'effet de levier, les marges et commissions tendent à être uniformes pour toutes les banques. On se trouve bien alors dans une situation d'appel d'offres à des prestataires de services plutôt que dans la conclusion d'un véritable partenariat sur le long terme.

À l'inverse, pour les effets de levier élevés – au-delà de 70 % en général – la liquidité est plus difficile à trouver et la concurrence entre banques est plus restreinte. La dimension de partenaire financier prévaut alors, et ce d'autant plus que la prise de risque plus élevée de la banque la rapproche d'un statut d'investisseur.

On retrouvera d'ailleurs une corrélation entre ces deux facteurs : nous venons d'indiquer que lorsque l'effet de levier augmente, la liquidité disponible diminue dans un marché donné. Mais lorsque la liquidité de marché diminue, le seuil du ratio d'effet de levier à partir duquel la liquidité a tendance à se raréfier diminue lui-même. Ainsi, en période de faible liquidité, il est difficile de trouver des prêteurs seniors au-delà de 60 % d'effet de levier, alors qu'en période de liquidité abondante, c'est à partir de 80 % d'effet de levier que les prêteurs seniors se raréfient.

Si nous reprenons le fil de notre réflexion, la seconde question que l'on peut se poser est de nature plus spécifique et circonstancielle : comment la banque réagit-elle aux circonstances imprévues, et comment interprète-t-elle l'esprit du contrat par rapport à sa lettre ?

L'actif immobilier est par nature spécifique et non fongible, donc imparfaitement modélisable tandis que les concepts financiers restent extrêmement normés. Dans ces conditions, il est impossible qu'un contrat de crédit puisse refléter toute la complexité et la spécificité d'un immeuble. Dans l'hypothèse d'un cas de défaut, la banque aura alors le choix entre une lecture stricte du contrat et une éventuelle interprétation sur la base de la situation effective de l'immeuble et de son marché. Par exemple, si un covenant d'ICR est rompu – sans pour autant que le service de la dette soit en péril – du fait d'une stratégie de libération provisoire de surfaces pour les restructurer et les relouer sur la base d'un loyer plus élevé, quelle sera la réaction de la banque ? Si elle se limite à la lettre du contrat, elle demandera à l'investisseur d'ajouter des fonds propres. En revanche, si elle adhère à la stratégie de création de valeur, elle pourra avoir une attitude plus souple, tout en utilisant la rupture du covenant comme levier de négociation. C'est cette attitude face à l'imprévu, ou tout au moins face à des situations pouvant être analysées sous différents angles, qui permet d'apprécier le degré effectif de coopération entre la banque et l'investisseur.

Cela nous entraîne vers le concept de volonté et de degré de liberté effectif de la banque pour négocier des avenants au contrat initial.

Dans les situations où les équipes commerciales disposent de ce degré de liberté et adhèrent aux vues de l'investisseur, elles pourront alors mener ces négociations. En revanche, si les équipes commerciales n'ont que très peu de latitude (par exemple dans une banque obéissant à de fortes contraintes du régulateur, ou une banque dans laquelle le département des risques de crédit a beaucoup de pouvoir, ou alors la succursale d'une banque étrangère où toutes les décisions remontent au siège), cette capacité de négociation sera faible. On voit que l'on touche ici à l'organisation stratégique d'une banque et à son système de gestion des risques, qui peut être marqué par plus ou moins de délégation locale, ce système pouvant de surcroît évoluer au cours du temps ou des marchés pour une même banque en fonction des circonstances.

3. Quelques réflexions supplémentaires sur les structures senior/junior

Nous avons abordé dans cet ouvrage les structurations entre dette senior et dette junior à l'occasion de plusieurs études de cas, dont la présente. Quelques remarques complémentaires peuvent être faites afin d'approfondir cette réflexion.

Tout d'abord nous avions indiqué dans les chapitres consacrés au financement de la promotion que l'entrée et la sortie des capitaux relatifs aux tranches de financement (fonds propres et dette) devaient se faire selon la logique LIFO (Last In First Out) en fonction de la séniorité de ces tranches : ainsi, dans les montages de promotion immobilière, les fonds propres doivent être intégralement versés avant la contribution de la dette afin de garantir à la dette que tous les fonds propres seront effectivement apportés. Ce processus est lié au fait que, mis à part l'acquisition initiale du terrain, toutes les autres dépenses sont étalées dans le temps. Il y a donc un risque pour le créancier senior que tous les fonds propres ne soient pas apportés s'il commence à libérer sa dette avant que le promoteur ait mis au point l'intégralité de sa contribution. De même, lorsqu'il s'agit de rembourser les capitaux, c'est la dette qui doit sortir en premier, avant les fonds propres. Pour résumer, la logique est que la partie la plus subordonnée des capitaux – en l'occurrence les fonds propres – entre en premier et sort en dernier par rapport à la partie la plus senior, la dette.

On pourrait étendre cette logique aux financements senior et junior mais la situation n'est pas toujours tout à fait comparable. En effet, s'agissant du versement initial des capitaux, les structures junior/senior sont plus courantes dans les montages de financement d'investissement existants que dans les immeubles à construire. Ainsi, pour l'acquisition d'un immeuble déjà construit – sauf si la stratégie prévoit des débours futurs liés par exemple à des travaux –, le versement des fonds propres et des différentes tranches de dette est traditionnellement simultané. En effet, la tranche la plus senior reste protégée car si, à l'acquisition, l'une quelconque des tranches que sont les fonds propres, la dette junior et la dette senior n'est pas présente, l'acquisition ne peut pas avoir lieu faute de capitaux nécessaires.

La question devient plus technique concernant la sortie des différentes tranches entre les dettes junior et senior. On pourrait imaginer que ce soit aussi la logique LIFO qui prévale entre ces tranches, c'est-à-dire le remboursement de la dette senior avant la dette junior. Mais, là encore, une logique différente peut s'appliquer. En effet, de la même façon que les fonds propres peuvent faire l'objet d'une distribution de dividendes pour autant que certaines conditions soient remplies, on peut tout à fait envisager un remboursement de la dette junior sans pour autant que la dette senior s'amortisse concomitamment. La raison est tout simplement que la dette senior va davantage se concentrer sur le respect des covenants d'ICR et de LTV pour autoriser une remontée de capitaux. Que cette remontée serve à rémunérer des fonds propres ou à rembourser le capital de la dette junior, cela importe peu au prêteur senior.

Par ailleurs, une remarque peut être formulée sur ce qui se passe en cas de remboursement partiel de la dette senior. Ce cas est doublement avantageux pour la dette junior : d'une part, le ratio de LTV global diminue, ce qui diminue le risque du prêteur junior. Si par exemple une structure de financement comporte initialement une dette senior avec une LTV de 60 % puis une tranche junior de 20 % entre la LTV de 60 % et la LTV de 80 %, supposons que la dette senior soit amortie pour un montant de 10 % de LTV. Son ratio de LTV n'est plus que de 50 % et la LTV globale passe de 80 % à 70 %. Le risque de la tranche junior diminue. Mais dans le même temps, sauf à ce que la documentation du prêt le prévoie – cas assez rare – la marge facturée sur la tranche junior ne sera pas modifiée. Le couple rendement/risque de la tranche junior s'améliore donc mécaniquement.

Pour finir, nous parlerons des règles de sous-capitalisation (« *thin capitalisation rules* ») qui ont été mises en place au fil du temps dans la plupart des juridictions afin d'éviter que les sociétés emprunteuses soient sous-capitalisées. En effet, l'une des méthodes les plus simples pour limiter le résultat (et donc l'impôt) au niveau des structures qui portent les immeubles, sans pour autant obérer la capacité distributive, consiste à mettre en place des dettes d'actionnaires subordonnées à la dette bancaire, pour des montants importants et qui portent intérêt à des taux élevés. Ces dettes d'actionnaires sont alors considérées comme des tranches juniors dans le cas d'une structure senior/junior. Le taux d'intérêt élevé de ces tranches permet de faire remonter l'excédent de liquidité en franchise d'impôt vers les sociétés mères situées dans des juridictions où les produits financiers sont moins taxés.

Afin d'éviter cette optimisation fiscale, le législateur a mis en place, dans la plupart des juridictions, des limites sur la déductibilité des intérêts. Ces limites prennent différentes formes, comme une limitation du taux d'intérêt des dettes intragroupe à un niveau de marché. On demandera ainsi à l'emprunteur de pouvoir justifier auprès des autorités fiscales d'une évaluation comparative (« *benchmarking* ») permettant d'attester que le taux d'intérêt sur ces tranches subordonnées correspond bien à un niveau de marché. Dans d'autres juridictions, il y aura une limitation de la déductibilité des intérêts, toutes dettes confondues, par rapport au montant de l'EBITDA de la société concernée, avec le cas échéant une limite en absolu pour les sociétés immobilières.

Cas n° 23
Approche transactionnelle contre approche relationnelle

Énoncé

Un investisseur professionnel a acquis à 12 mois d'intervalle un immeuble de bureaux puis un entrepôt logistique pour 40 millions d'euros chacun. Il a fait appel à la même banque pour financer les deux acquisitions successives, dans le cadre de montages « sans recours » et avec des sociétés *ad hoc* totalement indépendantes l'une de l'autre.

Chaque prêt a été octroyé sur la base d'une Loan to Value initiale de 75 %. Pour ce calcul, on considère que les valeurs des immeubles sont équivalentes aux coûts d'acquisition. La durée du premier prêt, qui finance l'immeuble de bureaux, est de 6 ans. La durée du second prêt, qui finance l'entrepôt, est de 3 ans. Chaque prêt est sans amortissement jusqu'à son échéance (amortissement *in fine*).

1. Indiquez sur un diagramme l'évolution annuelle de l'exposition de la banque depuis la mise en place du financement de l'acquisition du premier immeuble jusqu'au remboursement complet des deux prêts, en supposant que chaque prêt soit remboursé à son échéance contractuelle. Cette agrégation des encours obéit-elle à une quelconque logique ?

Le premier prêt, qui finance l'immeuble de bureaux, est assorti d'une condition de maintien dans les lieux du principal locataire qui représente 50 % du revenu locatif pour une durée ferme de 9 ans. Cette clause permet à la banque de demander le remboursement anticipé du prêt si le bail est résilié. Il faut cependant noter que le loyer de ce locataire est inférieur de 20 % au loyer de marché.

2. Expliquez ce qui a pu motiver la banque à demander une telle condition malgré un loyer inférieur au marché.

Cependant, 3 ans après l'acquisition et la mise en place du premier financement bancaire, le locataire en question se manifeste auprès de l'investisseur en vue de quitter l'immeuble. Il est prêt à s'acquitter à l'amiable d'une indemnité de résiliation du bail.

3. Listez les éléments qui peuvent être pris en compte pour fixer le montant de l'indemnité dans le cadre de cette résiliation amiable à l'initiative du locataire.

Dès le début de la négociation sur le montant de l'indemnité de résiliation, le propriétaire se met à la recherche d'un autre occupant. Un nouveau locataire est rapidement trouvé. Le propriétaire s'accorde avec lui sur un loyer à un niveau de marché, 20 % plus élevé que celui du précédent. Il n'y a cependant pas de période ferme comme précédemment, ce qui laisse au nouveau locataire la possibilité de partir sans pénalité tous les 3 ans. En outre, la qualité de crédit du nouveau locataire est moins bonne que celle du précédent. L'accord de la banque sur la résiliation du bail est de toute façon nécessaire si le propriétaire souhaite conserver le financement en place.

4. Listez les facteurs, endogènes ou exogènes à l'opération, qui jouent positivement ou négativement sur la décision de la banque.

5. Si la banque ne donne pas son accord, quelles sont les options à la disposition de l'investisseur pour sortir de cette impasse et comment la liquidité de marché peut-elle jouer sur ses marges de manœuvre et sur son choix ?

6. Le financement par la même banque d'un second immeuble peut-il avoir une influence sur les négociations relatives au premier immeuble ? Quelles leçons en tirer ?

Corrigé

1. Indiquez sur un diagramme l'évolution annuelle de l'exposition de la banque depuis la mise en place du financement de l'acquisition du premier immeuble jusqu'au remboursement complet des deux prêts, en supposant que chaque prêt soit remboursé à son échéance contractuelle. Cette agrégation des encours obéit-elle à une quelconque logique ?

Chacun des deux prêts finance un investissement de 40 millions d'euros avec une quotité de 75 % en Loan to Value. On suppose que la valeur marchande des immeubles est équivalente à leur coût d'acquisition, en ce compris les droits de mutation et autres frais. L'application du ratio de 75 % à un investissement de 40 millions d'euros donne un montant de 30 millions d'euros pour chaque prêt. L'investisseur aura ainsi contribué à hauteur de 10 millions d'euros de fonds propres à chacune de ces deux opérations.

Le premier prêt a une durée de 6 ans. Il ne s'amortit pas avant l'échéance. Son montant restera donc inchangé jusqu'à sa maturité, date à laquelle il faudra le rembourser intégralement. Le second prêt, d'une durée de 3 ans est mis en place 12 mois après le premier et ne s'amortit pas non plus avant l'échéance. On en déduit le diagramme d'évolution ci-dessous. L'encours cumulé des deux prêts passe de 0 à 30 millions d'euros au début de la première année, puis de 30 à 60 millions d'euros à la mise en place du second prêt en début d'année 2, pour revenir ensuite à 30 millions d'euros lors du remboursement du second prêt à la fin de l'année 4 et finir à 0 lors du remboursement du premier prêt à la fin de l'année 6.

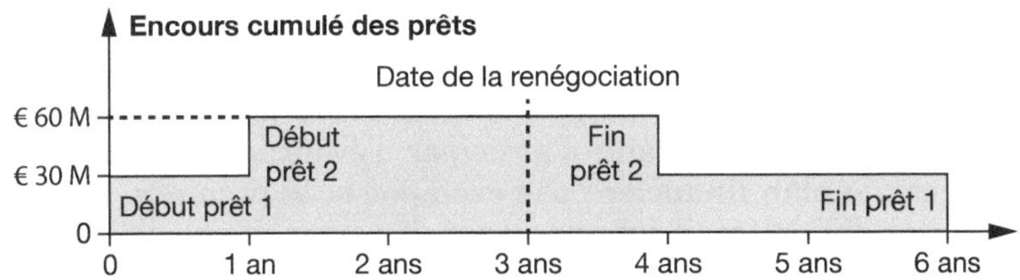

Pour mémoire, nous avons également indiqué sur ce diagramme la date de renégociation du premier prêt qui est traitée aux points 3 et suivants de cette étude de cas.

La question qui se pose, c'est si cette agrégation des deux prêts a véritablement un sens : en effet, les deux immeubles sont distincts et ne sont pas positionnés sur les mêmes marchés ; les deux sociétés emprunteuses n'ont rien en commun, à l'exception d'un même actionnaire ; celui-ci n'a donné aucune caution personnelle ou garantie externe à la banque pour aucun des deux prêts ; enfin, en l'absence d'une indication de l'énoncé à ce propos, nous pouvons considérer que les deux prêts sont totalement indépendants l'un de l'autre et qu'aucune clause de défaut croisé (*cross-collateralisation*) ne les lie l'un à l'autre. Nous sommes donc en présence de deux opérations parfaitement distinctes.

Pourtant, il existe plusieurs raisons à l'agrégation des encours des deux prêts. La première est à la fois réglementaire et relationnelle : pour chaque projet qu'elle finance, la banque se doit de vérifier l'origine des fonds apportés par l'investisseur dans le cadre de la lutte contre le blanchiment des capitaux et contre le financement du terrorisme. L'investisseur, même si sa responsabilité est limitée aux capitaux apportés, est le point commun de ces deux opérations sur le plan réglementaire.

En outre, afin de suivre et maîtriser les risques, le régulateur demandera à la banque d'être capable de connaître l'ensemble des encours sur un client ou un groupe de clients donné. Pour cet exercice, les notions de client et de groupe de clients vont au-delà de la société emprunteuse. Elles englobent aussi l'investisseur ou le décisionnaire final (cela peut être la société qui gère les capitaux, par exemple en cas de fonds discrétionnaire avec une multitude de porteurs de parts). La notion de contrôle est alors le principal critère d'analyse pour définir si des clients sont liés ou non.

Il y a aussi une logique à consolider tous les encours par investisseur malgré l'absence d'une quelconque solidarité entre les opérations : cela peut être crucial dans le cas où la réputation de cet investisseur serait ternie par un scandale. La banque qui finance un grand nombre d'opérations pour ce client risquerait de voir son nom associé à l'opprobre, alors que ce risque sera moindre que si elle finance uniquement une opération isolée.

Plus généralement, la banque souhaitera connaître son exposition sur cet investisseur afin d'anticiper d'éventuelles situations de tension sur le plan financier : par exemple, si la première opération connaît des difficultés, il est important de savoir dans quelle mesure l'investisseur aura ou non les moyens de renflouer le projet en injectant des fonds propres supplémentaires. Cela pourrait être par le biais de la vente du second immeuble, en supposant que celle-ci permette de dégager une plus-value.

La décision de renflouer la première opération avec le profit de la seconde restera du ressort de l'investisseur : s'il considère que la première opération est définitivement compromise, il préférera laisser la banque exercer ses sûretés plutôt qu'injecter des capitaux supplémentaires en pure perte. En revanche, il peut exister des situations où cet investisseur souhaitera renflouer la première opération mais ne le pourra pas, par exemple si la seconde opération est également perdante.

Consolider les risques et connaître les marges de manœuvre effectives de l'investisseur est donc crucial pour la banque si les négociations se révèlent difficiles. La dernière question de cette étude de cas en est une illustration.

2. Expliquez ce qui a pu motiver la banque à demander une telle condition malgré un loyer inférieur au marché.

Le principal objectif d'une banque, lorsqu'elle prête, est de s'assurer que son prêt sera remboursé. Certains considèrent que les banques sont là pour prendre des risques et que les pertes sont les conséquences normales de leur activité. Mais tout est question d'équilibre et de modération : le premier rôle d'une banque n'est pas d'assumer les risques de perte à la place de ses clients mais plutôt de leur fournir temporairement une liquidité quand ils en ont besoin et qu'ils offrent une bonne probabilité de rembourser les montants empruntés.

Les marges de quelques pourcents que réalisent les banques sur leurs prêts sont sans commune mesure avec les montants qu'elles peuvent perdre lorsqu'une opération tourne mal, en dépit des garanties qui sont prises.

En outre, les banques doivent être d'autant plus prudentes que la majorité de l'argent qu'elles prêtent ne leur appartient pas : ce sont des capitaux qu'elles ont elles-mêmes empruntés, sur les marchés financiers ou auprès des déposants, assurant ainsi leur rôle d'intermédiaire entre les agents économiques qui ont de la liquidité en excès et ceux qui en manquent. Que les prêts octroyés par une banque soient remboursés ou non, elle restera redevable des sommes qu'elle a elle-même reçues.

Ce préambule explique pourquoi les banques sont prudentes et pourquoi elles doivent s'assurer que leurs emprunteurs ont bien les moyens de servir la dette. Or, dans cette opération, c'est uniquement le revenu locatif de l'immeuble qui génère les flux permettant de payer les intérêts sur le prêt jusqu'à sa maturité. La banque ne peut *a priori* pas compter sur un apport de capitaux externes puisqu'il s'agit d'un montage « sans recours » qui doit être autosuffisant.

De même, au-delà du paiement des intérêts, l'emprunteur devra aussi rembourser le prêt à l'échéance. Si l'immeuble est vide à ce moment-là (par exemple, si le nouveau locataire a fait jouer la clause de sortie à l'année 3 du nouveau bail, donc à l'année 6 du prêt), il y a un risque que la valeur du bien subisse une forte décote et que le produit d'une vente éventuelle ne soit pas suffisant pour rembourser l'intégralité du prêt. Il est donc normal que la banque souhaite conserver le locataire en place car il lui offre une visibilité sur les revenus allant jusqu'à 3 ans au-delà de la maturité contractuelle du prêt.

Dans le cas présent, il pourrait néanmoins paraître surprenant que la banque se satisfasse d'un locataire dont le loyer est inférieur de 20 % à la valeur locative de marché, alors même qu'un nouveau locataire se présente au loyer de marché. Le paradoxe n'est qu'apparent : le bon déroulement du prêt sera compromis si le nouvel occupant fait défaut ou quitte l'immeuble au bout de 3 ans seulement. À l'inverse, le maintien dans les lieux du locataire initial permet d'assurer une valeur plancher à l'immeuble, même si cela empêche l'investisseur d'en augmenter la valeur en le louant à de meilleures conditions.

La clause de maintien dans les lieux de ce locataire peut être assimilée à une forme très rudimentaire de covenant financier d'ICR (*Interest Coverage Ratio* ou ratio de couverture des intérêts par les revenus de l'immeuble) que nous avons vu dans des études de cas précédentes : si le locataire part ou fait défaut en cours de bail, c'est la moitié du revenu locatif qui disparaît, dégradant immédiatement ce ratio de couverture des intérêts par le revenu locatif.

3. Listez les éléments qui peuvent être pris en compte pour fixer le montant de l'indemnité dans le cadre de cette résiliation amiable à l'initiative du locataire.

Dans l'hypothèse où le contrat de bail ne prévoit pas un calcul mathématique de la pénalité en cas de départ anticipé du locataire, plusieurs analyses sont possibles. La première, la plus simple, est que l'ensemble des loyers sont dus jusqu'à la fin de la période ferme du bail. Le locataire devra donc s'acquitter des loyers jusqu'à la fin de la 9e année, indépendamment de son occupation effective de l'immeuble.

La seconde interprétation est celle de l'estimation du préjudice effectif pour le propriétaire : si le loyer du locataire sortant était supérieur à la valeur locative de marché, il y aurait un manque à gagner pour le propriétaire, ce qui militerait pour une indemnité de résiliation élevée. En revanche, si le loyer en place est sous-évalué par rapport au marché comme c'est le cas ici, le préjudice lié au départ du locataire est minime, surtout si un nouveau locataire a été identifié pour un loyer supérieur.

Dans une négociation à l'amiable entre propriétaire et locataire pour fixer l'indemnité de résiliation anticipée, ces deux lectures possibles se combineront. Dans le cas présent, elles permettront vraisemblablement d'aboutir à un accord négocié puisque l'objectif opérationnel du locataire de quitter l'immeuble représente une opportunité financière pour le propriétaire. Ce dernier n'en essaiera pas moins de maximiser l'indemnité, mais il gardera aussi à l'esprit le gain qu'il peut réaliser au travers d'une négociation rapide afin de ne pas laisser échapper le futur locataire.

Plus généralement, les critères d'appréciation pour négocier l'indemnité de résiliation seront :

– la durée de la période ferme restant à courir sur le bail : plus celle-ci est longue, plus l'indemnité sera élevée ;
– l'écart, positif ou négatif, entre le loyer contractuel en place et la valeur locative de marché : plus le loyer contractuel est inférieur au loyer de marché, plus l'indemnité sera faible ;
– la profondeur estimée du marché locatif : si le propriétaire anticipe une longue période de vacance des locaux, il sera d'autant plus exigeant sur le montant de l'indemnité de résiliation ; à l'inverse, l'éventuelle imminence d'un bail avec un nouveau locataire militera pour une indemnité réduite ;
– enfin, les dernières décisions jurisprudentielles dans ce domaine si jamais l'absence d'accord avec le locataire sortant devait se traduire par un contentieux et une décision laissée à un tribunal.

4. Listez les facteurs, endogènes ou exogènes à l'opération, qui jouent positivement ou négativement sur la décision de la banque.

En analysant le changement de locataire du point de vue de la banque, les critères sont légèrement différents de ceux de l'investisseur : l'enjeu pour elle est de disposer d'une bonne visibilité sur le service de la dette jusqu'à la maturité du prêt, et de d'assurer que la valeur de l'immeuble sera suffisante pour couvrir le montant de prêt en principal qui doit être remboursé à l'échéance. Nous retrouvons ici les deux principales caractéristiques financières de l'actif immobilier, à savoir la capacité à générer des flux monétaires pendant une certaine période, puis une certaine protection de la valeur de l'actif à la revente (on notera que la possibilité d'un gain en capital concerne plutôt l'investisseur).

Ces deux notions liées respectivement aux flux et aux stocks sont présentes dans les covenants financiers que demandent les banques lorsqu'elles négocient les contrats des financements structurés : d'une part, les covenants de DSCR ou d'ICR pour les flux locatifs ; d'autre part, les covenants de LTV ou de LTC pour le stock de valeur ou de capital investi, c'est-à-dire pour la couverture de l'encours de dette par la valeur ou par le montant de l'investissement.

Les facteurs qui joueront sur la décision de la banque de donner ou non son accord à la résiliation du bail en place pour en conclure un nouveau suivront cette logique :

– plus la durée ferme du bail est longue, plus la banque peut considérer que les flux locatifs qui permettent de payer les intérêts sont assurés pour longtemps, à condition que le locataire ne fasse pas défaut ;
– meilleure est la qualité de signature du locataire, plus grandes sont les chances de le voir honorer son loyer jusqu'à la fin de la période ferme du bail ;
– plus le loyer est modéré par rapport à la valeur locative de marché, plus il est probable que le locataire restera au-delà de la période ferme de son bail, améliorant ainsi la visibilité de la banque sur les flux futurs ;
– plus l'effet de levier est faible, plus la banque pourra être flexible sur une éventuelle dérogation, dans la mesure où la probabilité est alors plus grande que le prêt soit remboursé à l'échéance par la vente de l'immeuble ou qu'il soit refinancé grâce à une autre banque venant la remplacer.

Tous ces critères peuvent être qualifiés d'endogènes à l'opération et à son financement. Or, dans le cas présent, le nouveau bail aboutirait à une dégradation sur tous les plans par rapport à la situation initiale : le nouveau locataire offre une moins bonne qualité de crédit ; la durée ferme de son bail est plus courte ; le loyer plus élevé constitue, certes, une bonne nouvelle pour l'investisseur, mais il n'est pas forcément synonyme d'amélioration du risque pour la banque car il accroît la probabilité de départ inopiné du nouveau locataire s'il trouve un loyer moins élevé ailleurs par la suite ; enfin, l'effet de levier du financement est élevé, à 75 % de *Loan to Value*, ce qui rend la banque plus sensible à toute dégradation potentielle de son risque.

Si nous considérons les facteurs exogènes à l'immeuble et au montage, il s'agira principalement du marché de l'investissement immobilier. La situation peut avoir évolué de façon favorable ou défavorable entre le moment où le prêt a été mis en place et celui où la demande de dérogation est formulée par l'emprunteur. L'évolution du marché peut ainsi faire pencher la balance dans un sens ou dans l'autre : par exemple, dans le cas proposé, si la liquidité diminue, les taux d'intérêt augmentent, et les taux de capitalisation servant à valoriser les actifs augmentent aussi, le coussin de 25 % entre le montant du prêt et la valeur marchande de l'immeuble risque de se réduire. Et ceci, indépendamment des bonnes nouvelles sur le marché locatif. La banque aura alors tendance à adopter une position moins flexible quant à la demande de dérogation.

De même, quel que soit le contexte de marché, la stratégie de financement de la banque peut avoir changé entretemps : si elle ne souhaite plus financer de nouvelles opérations immobilières, voire réduire ses encours, la demande de l'emprunteur sonne pour elle comme une opportunité de sortir de cette opération. En ne faisant preuve d'aucune flexibilité, la banque va naturellement le pousser à chercher un refinancement auprès d'un autre établissement, surtout si le marché de la dette continue à bien se porter.

Accepter ou non la résiliation du bail n'est donc pas une décision anodine : le fait que l'emprunteur sollicite un accord dérogatoire redonne la main à la banque et lui offre la possibilité d'ajuster son niveau de risque aux évolutions du marché immobilier ou de sa propre stratégie. La banque pourra moduler sa réponse en fonction de sa stratégie : par exemple, n'offrir à l'emprunteur aucune possibilité de négocier si elle souhaite sortir à tout prix et que le marché de la dette permet de trouver d'autres prêteurs ; ou, le cas échéant, proposer un remboursement partiel du prêt qui viendra diminuer l'exposition de la banque et rendra le risque plus acceptable ; ou même, si la banque est prête à conserver le risque tout en améliorant les conditions de sa rémunération, accepter l'accord dérogatoire contre une augmentation de la marge bancaire sur le financement.

Il y a ainsi un continuum dans les réponses possibles de la banque, avec finalement les deux grandes questions qu'elle doit se poser : tout d'abord est-ce que le risque initial reste acceptable compte tenu de l'évolution du marché ou de sa propre stratégie de financement ?

Et, si c'est le cas, la rémunération de ce risque correspond-elle aux seuils minimaux requis par la banque ?

5. Si la banque ne donne pas son accord, quelles sont les options à la disposition de l'investisseur pour sortir de cette impasse et comment la liquidité de marché peut-elle jouer sur ses marges de manœuvre et sur son choix ?

La difficulté pour l'investisseur est qu'il doit mener plusieurs discussions de front, qui ont une influence les unes sur les autres : sur le plan locatif, il doit négocier avec le locataire en place afin de maximiser l'indemnité de résiliation, mais aussi avec le futur locataire afin d'obtenir les meilleurs termes possibles sans pour autant s'éloigner des conditions de marché en cas de concurrence avec d'autres immeubles ; sur le plan du financement, il va essayer de proposer un nouvel arrangement à la banque en place qui vient de refuser sa première demande, tout en cherchant un financement auprès d'autres banques ; enfin, de façon ultime, il pourra interroger ses propres actionnaires sur l'éventualité d'ajouter des fonds propres dans l'opération dans le cas où aucun financement bancaire ne pourrait être trouvé.

Pour donner un exemple de situation d'interaction entre ces négociations : dans l'hypothèse où la banque maintiendrait une position inflexible sur la possibilité de résilier le bail, il faudrait obtenir une indemnité de résiliation élevée avec le locataire en place. Une possibilité de traiter avec la banque serait alors de lui proposer d'affecter à l'amortissement du prêt l'intégralité de l'indemnité du locataire, ainsi qu'une partie des loyers du nouveau locataire. Ce serait une proposition très attractive pour la banque. Cependant, si celle-ci souhaite sortir de l'opération quoi qu'il arrive, l'investisseur devra trouver un refinancement auprès d'autres établissements.

Dans le même ordre d'idée, l'emprunteur pourrait proposer au premier locataire de conclure un bail de sous-location avec le second locataire afin de laisser le premier bail en place et ne pas offrir à la banque un prétexte pour dénoncer le contrat de prêt. Mais encore faudrait-il que les deux locataires acceptent : cela obligerait le premier à rester tenu des obligations du bail en tant que locataire principal ; quant au second, ses droits seraient moindres que s'il était directement titulaire du bail principal. Il est donc probable que le second locataire refuse de payer un loyer de marché équivalent à celui d'une location classique, ce qui nous ramène au point de départ de la négociation. Et quand bien même il accepterait un loyer supérieur, il faudrait alors que le loyer principal soit réévalué, ce qui ne serait probablement pas accepté par le premier locataire.

En définitive, si la liquidité de marché est insuffisante, que ce soit pour un refinancement bancaire ou pour une vente de l'immeuble afin de rembourser la banque en place, la seule option viable pour l'investisseur sera d'injecter des fonds propres supplémentaires dans l'opération afin de remplacer le financement bancaire.

Des situations plus complexes et plus tendues sont également possibles, par exemple si la valeur de l'actif diminue au point de se rapprocher de l'encours de la banque. Dans ce cas, la banque sera paradoxalement plus souple avec l'emprunteur que s'il restait un coussin de fonds propres plus épais : en effet, en maintenant une position trop dure, il y a fort à parier que l'investisseur, en l'absence de solution alternative, préférera jeter l'éponge et rendre les clés de l'immeuble à la banque plutôt qu'investir des fonds propres supplémentaires en pure perte. Face à cette éventualité, la banque aura tout intérêt à rester flexible afin de maintenir l'investisseur dans le jeu et ne pas récupérer un actif qu'elle devrait alors gérer elle-même. Sa position vis-à-vis de l'investisseur pourra donc être plus souple pendant un certain temps alors que, paradoxalement, la probabilité de défaut s'accroît.

Pour résumer la position de l'investisseur, en supposant que la résiliation du bail initial et la conclusion d'un nouveau bail aient bien lieu, il y aura en définitive trois voies possibles : trouver un accord avec la banque ; trouver un refinancement avec un autre établissement prêteur ; ou ajouter des fonds propres dans l'opération pour refinancer partiellement ou totalement la dette. Mais cette dernière option ne sera envisageable que si l'investisseur est convaincu que l'effort financier supplémentaire a des chances de se révéler payant.

Plus généralement, maintenir une dette bancaire dans l'opération est une décision stratégique pour l'investisseur. Elle est fonction de ses objectifs en termes de montant, d'horizon d'investissement et de rentabilité visée. La dette est un facteur d'amélioration de la performance financière, qui a cependant pour contrepartie des marges de manœuvre plus limitées dans la gestion de l'immeuble puisqu'il faut rendre des comptes à un tiers. Mais encore faut-il avoir ce choix !

6. Le financement par la même banque d'un second immeuble peut-il avoir une influence sur les négociations relatives au premier immeuble ? Quelles leçons en tirer ?

Nous abordons une problématique très différente des points précédents, qui étaient centrés sur le premier immeuble et sur le premier financement. La question ici est celle de l'interaction entre deux opérations qui ne sont pas censées être liées sur le plan juridique et financier. Nous avons néanmoins vu, dans la réponse à la première question, que la banque pouvait être amenée à agréger les deux financements pour des besoins réglementaires ou d'analyse de risque. Cette agrégation a aussi une traduction plus opérationnelle, par exemple lorsque l'existence d'un second prêt a des conséquences sur les négociations relatives au premier prêt.

Il faut d'abord garder à l'esprit que, pour l'investisseur, le choix de recourir à un même prêteur pour deux opérations distinctes présente des avantages : il bénéficie d'un certain confort quant à la capacité de la banque à mettre en place un second prêt après une première expérience positive, l'existence d'une documentation contractuelle déjà négociée pouvant servir de modèle pour le second prêt ; par ailleurs, avec les deux opérations, l'investisseur pourra être considéré comme un client important de la banque, bénéficiant alors de meilleures conditions sur les services annexes ; enfin, les procédures de gestion administrative sont déjà rodées, ce qui permet un traitement plus fluide de l'opération par les services de back office de l'emprunteur.

Mais ces avantages ont une contrepartie : il y a toujours un risque que l'une des deux opérations vienne polluer l'autre. Par exemple, dans le cas où l'une de ces deux opérations se porte mal, que la banque fasse pression pour une injection de fonds propres supplémentaires tandis que l'autre opération se porte bien mais arrive à échéance l'année suivante ; dans ce cas de figure, l'investisseur devra traiter son créancier avec ménagement sur la première opération s'il espère que le crédit soit renouvelé sur la seconde.

C'est la situation qui se présente ici : la tentative de renégociation des conditions du premier prêt intervient à la fin de l'année 3, c'est-à-dire 1 an avant l'échéance du second prêt. La capacité de négociation de l'investisseur dans la première opération est donc fragilisée par l'existence du second financement s'il souhaite que ce dernier soit prorogé avec la même banque.

La situation serait différente si l'investisseur avait choisi de financer chaque opération avec une banque distincte. Ce n'est que l'application de la règle ancestrale du « diviser pour régner ». La moindre liberté dont il dispose dans le cas d'une seule banque pour les deux projets n'est que la contrepartie du confort opérationnel et relationnel dont il profite en ayant fait le choix d'un établissement unique.

Commentaire

1. La stratégie d'investissement *Super-Core* des prêteurs en dette senior

Les stratégies d'investissement des opérateurs immobiliers sont traditionnellement classées en fonction de leur degré de risque : des plus sécurisées, appelées « Core » jusqu'aux plus risquées, appelées « Opportunistes », en passant par les stades intermédiaires du « Core+ » et du « Value-Add ».

Les financements obéissent habituellement à une classification différente, qui reflète en partie le degré de risque, mais correspond surtout aux caractéristiques du montage juridique : dette senior bénéficiant de sûretés de premier rang ; dette junior passant en second rang ; dette mezzanine passant après les deux précédentes et bénéficiant généralement d'un intéressement au résultat de l'opération.

Cette classification de la dette ne traduit qu'imparfaitement le risque financier : s'il est vrai que, dans un montage donné, une dette senior sera moins risquée qu'une dette junior ou mezzanine, comment comparer le risque d'une dette senior avec un levier de 75 % à celui d'une dette junior qui correspondrait à la tranche comprise entre 40 % et 60 % de levier ? De façon similaire, est-il plus risqué de prêter à hauteur de 70 % avec pour garantie un immeuble loué pour 12 ans fermes à une multinationale ou de financer à hauteur de 50 % une opération de promotion spéculative sans locataire identifié ?

Les limites de la dénomination usuelle des prêts pour traduire le degré de risque d'une dette ayant été posées, nous pouvons tenter de formuler quelques principes afin d'inscrire la dette, en particulier la dette senior, dans la même échelle de risque que celle des investissements en capital :

– pour une opération donnée, la dette aura toujours un degré de risque inférieur aux fonds propres car elle bénéficie de sûretés sur l'actif financé et de la priorité du remboursement ;
– la dette senior, dans les montages « sans recours », est marquée par l'asymétrie de la répartition des gains et des risques par rapport aux fonds propres : la rémunération de la dette est limitée aux intérêts et aux commissions, éléments déterminés à l'avance ; à l'inverse, l'espérance de gain des fonds propres, au travers de la plus-value, est théoriquement illimitée. La contrepartie de cette asymétrie est que la banque dispose d'une priorité sur la valeur de revente de l'actif ;
– l'une des conséquences est que la banque ne touchera pas une rémunération supérieure si le projet se déroule mieux que prévu. C'est même d'ailleurs souvent le contraire puisqu'une opération gagnante pour l'investisseur a des chances d'être remboursée avant l'échéance du prêt, écornant alors le montant des intérêts que la banque espérait percevoir sur la durée initiale du financement ;
– tout cela implique que, s'il faut choisir entre un locataire de bonne qualité offrant un bail long mais un loyer faible et un locataire de médiocre qualité sur la base d'un bail court mais avec un loyer élevé, le prêteur se portera immanquablement sur le premier, source de revenus récurrents qui limitent le risque de perte en contrepartie d'une perspective de gain plus faible ;

– plus généralement, le prêteur préférera des flux longs sécurisés sur le long terme plutôt que des flux courts, même si ces derniers sont plus importants, pour autant que la dette puisse être servie avec une marge de sécurité suffisante ;

– cette dernière règle peut aussi s'exprimer sous la forme d'une nette préférence du prêteur pour le rendement locatif par rapport à la plus-value, similaire à celle d'une stratégie de long terme et à faible risque, de type « Core » ou « Core+ » fondée sur le rendement courant, par rapport à une stratégie de plus court terme à risque plus élevé, de type « Value-Add » ou « Opportuniste ».

En synthétisant ces principes, nous arrivons à la conclusion que la stratégie d'un prêteur senior sur la base d'un effet de levier ne dépassant pas 50 % pourrait être qualifiée de « Super Core » afin de marquer la préférence pour le rendement, le long terme et le faible risque, le tout à un degré encore supérieur aux stratégies « Core » des investissements en fonds propres.

L'une des conséquences est que les périodes de crise immobilière et de faible liquidité sont favorables au lancement de stratégies de dette senior. En effet, dans ces périodes, les décisions pour investir en capital sont plus difficiles car le contexte est marqué par une forte volatilité des prix, avec de nombreuses opérations immobilières qui peuvent perdre beaucoup de valeur en peu de temps. Au contraire, la rentabilité de la dette senior n'est pas assise sur la composante de plus-value de l'actif sous-jacent mais essentiellement sur le rendement de cet actif, gage du service de la dette. La valeur de l'immeuble peut, certes, baisser mais la dette bénéficie alors du coussin amortisseur représenté par les fonds propres de l'investisseur.

Le risque du prêteur sur les nouvelles opérations en période de crise sera équivalent, voire meilleur : certes, l'incertitude de marché est plus grande mais les nouvelles opérations se caractériseront par des prix d'acquisition plus faibles qu'auparavant et des rendements courants plus élevés. En outre, les nouveaux financements se feront sur la base de leviers plus faibles compte tenu du rapport de force plus favorable aux nouveaux prêteurs.

En face d'un risque équivalent ou meilleur, et de toute façon moins sensible que le capital aux aléas conjoncturels, la dette senior présente alors des conditions de rémunération attractives : en effet, le manque de liquidité dans le marché, renforcé par le retrait de certaines banques qui commencent à enregistrer des défauts chez leurs emprunteurs, permet de facturer des marges plus élevées en raison de la concurrence réduite. En définitive, la rémunération de la dette senior aura augmenté tandis que son risque sera identique ou meilleur. Son couple rendement-risque s'améliore donc significativement. On notera aussi dans le graphique ci-dessous le resserrement ou l'écartement de l'échelle des risques, selon que le marché est plus ou moins liquide, ainsi que la translation de l'ensemble de la courbe vers des rémunérations plus élevées quand le marché est moins porteur.

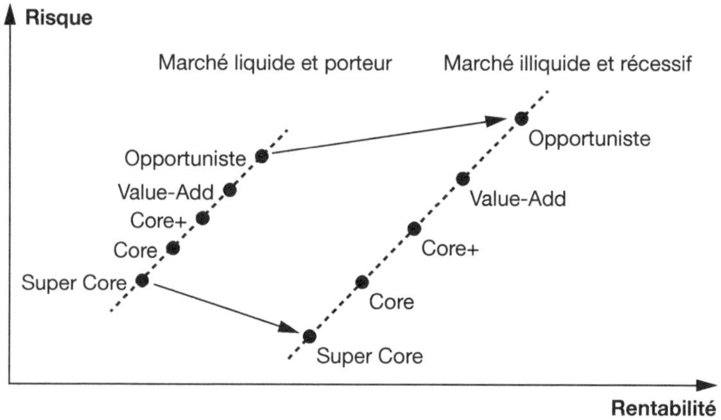

2. Le rapport de force relationnel dans les montages transactionnels

Nous avons distingué, dans l'introduction de cet ouvrage ainsi que dans plusieurs commentaires d'études de cas, les notions de financement « avec recours » et de financement « sans recours ». L'élément clé de cette distinction correspond à la possibilité ou non d'appeler l'investisseur en garantie de l'opération si celle-ci connaît des difficultés.

Dans les montages « avec recours », cela signifie que la banque qui finance un actif immobilier dispose d'un lien juridique et financier direct avec l'investisseur en capital. Elle pourra lui demander d'assurer le service de la dette sur ses ressources propres si l'actif financé ne génère pas suffisamment de revenus. Dans le cas où la banque finance plusieurs opérations immobilières sur la base de montages « avec recours » pour le compte d'un même investisseur, l'ensemble des crédits seront logiquement consolidés sur celui-ci pour les besoins de l'analyse du risque.

Dans les montages « sans recours », le lien juridique et financier entre la banque et l'investisseur s'exprime différemment : il y a d'abord un rapport de force juridique spécifique qui se matérialise par les sûretés mises en place. L'hypothèque, par exemple, offre à la banque la certitude de percevoir le produit de la vente de l'immeuble en priorité par rapport aux autres créanciers dits « créanciers chirographaires » (c'est-à-dire sans sûreté). Mais elle interdit aussi à l'investisseur de vendre l'immeuble sans le consentement de la banque.

Le rapport de force juridique s'exprimera également par le biais du contrat de prêt : l'existence de clauses telles que les covenants financiers ou les multiples engagements que prend l'emprunteur vis-à-vis de la banque encadrent sa liberté de gestion qui, sans cela, serait totale. En levant une dette auprès d'une banque, l'emprunteur troque une partie de sa liberté contre les avantages de la dette : une plus grande capacité financière ou un effet de levier relutif grâce au faible taux d'intérêt.

Il y a aussi un rapport de force financier dans les montages « sans recours » : en cas de difficulté, sauf à remettre des fonds propres dans l'opération pour réduire ou rembourser totalement l'encours de la banque, l'investisseur risque de perdre l'intégralité des capitaux initialement investis si la société emprunteuse est déclarée en cessation de paiement.

Ce rapport de force financier se manifeste sous la forme des montants apportés respectivement par chacun des deux protagonistes : plus l'effet de levier est important, plus la banque est financièrement engagée dans l'opération et plus son risque est élevé ; du point de vue de l'investisseur, plus il bénéficie d'un levier bancaire important, moins il est lui-même impliqué financièrement puisque le montant des fonds propres qu'il a engagés est proportionnellement faible. Si l'opération tourne mal, il aura donc tendance à s'en désintéresser d'autant plus rapidement et à laisser la banque gérer seule le dossier.

C'est la raison pour laquelle une forte implication financière de la banque, matérialisée par un ratio de *Loan to Cost* élevé, se traduit par un contrat de prêt très strict qui laisse peu de marge de manœuvre à l'emprunteur. Inversement, si la quotité de financement est faible, ce qui signifie que la quote-part de fonds propres est importante, l'emprunteur bénéficiera d'une plus grande liberté de manœuvre.

Vient alors le sujet du rapport de force relationnel entre l'investisseur et la banque, y compris dans les montages structurés avec financement « sans recours ». Il s'exprime au travers de l'agrégation des différentes opérations financées par la banque pour le compte d'un même investisseur. Il y a en effet une logique réglementaire et prudentielle dans l'agrégation des prêts, même s'ils sont indépendants les uns des autres. Nous avons vu ce point dans les réponses à l'étude de cas.

Mais il y a aussi une logique plus opérationnelle, qui consiste à segmenter les clients de la banque par volume d'activité. Dans cette optique, un investisseur qui a des encours élevés au sein d'une banque sera traité avec égard et pourra bénéficier de remises commerciales aussi longtemps que les opérations se déroulent sans accroc. En revanche, en cas de difficultés, cette concentration des encours pourra jouer en sa défaveur, comme nous l'avons vu dans l'étude de cas.

Il y a donc un intérêt pour l'investisseur à trouver un juste équilibre entre la concentration des financements sur un seul établissement, source d'efficacité opérationnelle quand tout se passe bien, et la multiplication des banques pourvoyeuses de crédit, gage d'une plus grande flexibilité quand les vents sont contraires ou quand les stratégies de ces établissements changent.

En résumé, la notion de relation bancaire est importante, y compris dans des financements « sans recours » qui sont par nature transactionnels. Au-delà du rapport de force financier que définit la répartition entre fonds propres et dette, au-delà du rapport de force juridique que créent le contrat de prêt et les sûretés, il existe aussi un rapport de force relationnel qui résulte des tailles respectives de la banque et de l'investisseur ainsi que de l'étendue des liens commerciaux entre eux.

Mais il faut noter qu'avec le développement des fonds de dette immobilière, la notion de rapport de force relationnel s'efface devant la logique purement transactionnelle pour ces prêteurs : en raison de leur taille plus faible et de leur spécialisation, les fonds de dette sont plus limités que les banques dans le nombre et le montant des financements qu'ils peuvent mettre en place pour le compte d'un même investisseur ; et surtout, ils ne proposent pas de produits ou de services annexes à leurs emprunteurs, tels que les opérations de couverture de taux ou la gestion des flux financiers. Il y a probablement là l'ébauche d'une dissociation grandissante entre l'activité de financement, synonyme de prise de risque et d'individualisation de la relation, et celle de prestation de services, génératrice de commissions et marquée par la recherche d'économies d'échelle avec le plus grand nombre possible de clients.

Cas n° 24
Les risques cachés du financement participatif dans le crowdfunding immobilier

Énoncé

Un marchand de biens fait appel à un financement participatif pour boucler le budget d'une opération portant sur une maison de ville : il s'agit d'un investissement initial de 1,5 million d'euros, réalisé au travers d'une société *ad hoc*, auquel s'ajoute un complément de 500 000 euros de travaux, frais divers et frais financiers, soit un budget total de 2 millions d'euros. L'opérateur espère revendre la maison pour 2,5 millions d'euros après 12 mois de travaux et de commercialisation, matérialisant ainsi une plus-value de 500 000 euros.

Son plan de financement est initialement constitué d'une dette hypothécaire à hauteur de 1,5 million d'euros, à un taux annuel de 3 %, octroyée par une banque à la société *ad hoc* qui porte le projet, et de fonds propres pour le complément de 500 000 euros. Le marchand de biens décide néanmoins de n'investir que 100 000 euros de sa poche. Il fait lever par la société *ad hoc* un financement participatif, *via* une plateforme de *crowdfunding*, sous la forme d'une émission obligataire de 400 000 euros. Il arrive à réunir rapidement cette somme auprès de 500 investisseurs. Le rendement proposé pour cette obligation est de 10 % par an. On notera que les 500 000 euros de travaux, frais divers et frais financiers incluent tous les intérêts à payer, que ce soit sur la dette hypothécaire ou sur l'émission obligataire.

Le marchand de biens demande également à l'agent immobilier qui commercialise la maison pour son compte de lui fournir un avis de valeur. L'agent lui confirme que, compte tenu de l'état du marché, il peut effectivement espérer revendre la maison pour 2,5 millions d'euros après rénovation. Cet avis de valeur est communiqué à titre indicatif aux futurs investisseurs obligataires dans le prêt participatif.

1. Donnez les différents seuils de prix de vente de la maison à partir desquels (i) le marchand de biens ne fait plus de profit, (ii) le marchand de biens perd l'intégralité de ses fonds propres, (iii) les investisseurs obligataires recouvrent tout juste les montants prêtés, (iv) les investisseurs obligataires perdent l'intégralité des montants prêtés, et (v) la banque hypothécaire recouvre tout juste le montant qu'elle a prêté.

2. Calculez le taux de rendement interne (i) que le marchand de biens aurait réalisé s'il n'avait levé aucune dette, (ii) s'il avait levé uniquement une dette hypothécaire et pas de financement participatif, et (iii) qu'il réalise grâce à ces deux financements. Pour simplifier les calculs, on considérera que l'enveloppe de 500 000 euros incluant les frais financiers est la même dans tous les cas de figure.

3. Commentez les résultats aux deux questions précédentes sous l'angle des couples rendement-risque.

Quelques mois après l'acquisition, la mise en place du financement bancaire et l'émission obligataire, les nuages s'amoncèlent sur l'opération : le coût des travaux a augmenté de 60 000 euros et, dans le même temps, le marché immobilier a enregistré une baisse de 30 % des valeurs. La maison après travaux ne vaut plus que 1,8 million d'euros. Par ailleurs, la banque hypothécaire met le crédit en défaut. En effet, l'augmentation du coût des travaux a asséché la trésorerie de la société *ad hoc*. Elle ne peut plus assurer le paiement des intérêts de la dette obligataire (40 000 euros) ainsi que d'une partie des intérêts dus à la banque (à hauteur de 20 000 euros). Les investisseurs obligataires se réunissent. Certains sont prêts à renflouer le projet, d'autres non.

4. Expliquez les raisons qui peuvent aboutir à des dissensions entre les investisseurs obligataires.

5. Analysez les enjeux juridiques et financiers pour chacun des protagonistes (investisseur, banque et souscripteurs obligataires).

6. Étendez l'analyse au rôle de l'agent immobilier et à l'utilisation de son avis de valeur vis-à-vis des souscripteurs obligataires.

Corrigé

1. Donnez les différents seuils de prix de vente de la maison à partir desquels (i) le marchand de biens ne fait plus de profit, (ii) le marchand de biens perd l'intégralité de ses fonds propres, (iii) les investisseurs obligataires recouvrent tout juste les montants prêtés, (iv) les investisseurs obligataires perdent l'intégralité des montants prêtés, et (v) la banque hypothécaire recouvre tout juste le montant qu'elle a prêté.

Le meilleur moyen pour répondre à cette question consiste à faire figurer sur un diagramme synthétique l'ensemble des éléments de la structure d'investissement et de financement.

L'investissement est matérialisé par le coût d'acquisition de la maison pour 1,5 million d'euros, les travaux pour 500 000 euros, auxquels il est possible d'ajouter la plus-value visée de 500 000 euros.

Dans une colonne parallèle figureront le financement hypothécaire de la banque pour 1,5 million d'euros, le financement participatif à hauteur de 400 000 euros et les fonds propres apportés par le marchand de biens pour 100 000 euros. Il est possible d'y ajouter l'espérance de gain du marchand de biens, à hauteur de 500 000 euros si l'opération se déroule comme prévu.

Le diagramme obtenu revient à formaliser le bilan actif-passif de la société *ad hoc* constituée pour l'opération. Il met aussi en évidence le rang de priorité des éléments du passif : d'abord la banque hypothécaire comme créancier prioritaire, puis les investisseurs obligataires comme créanciers subordonnés, et enfin le marchand de biens comme actionnaire. Il sera le dernier servi en cas de liquidation de la société *ad hoc* mais, en contrepartie, le seul bénéficiaire de la plus-value éventuelle.

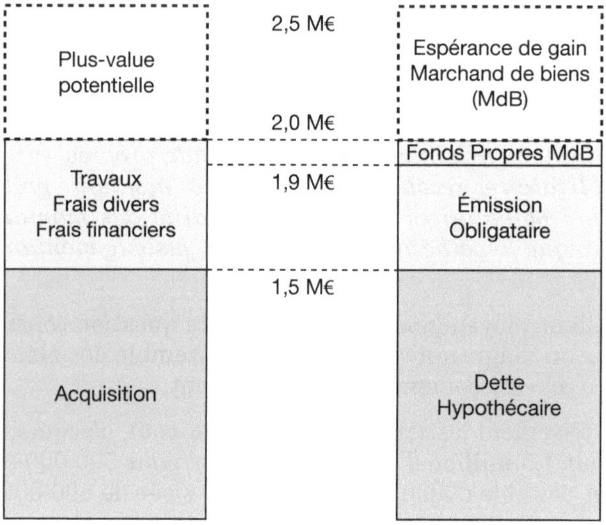

Les réponses aux questions posées découlent du diagramme :

(i) le marchand de biens ne fait aucun profit, mais récupère sa mise, si la maison est vendue pour **2 millions d'euros** après travaux ;

(ii) le marchand de biens perd l'intégralité de ses fonds propres si la maison est vendue pour **1,9 million d'euros** ;

(iii) ce seuil de **1,9 million d'euros** correspond aussi à celui qui permet de rembourser tout juste les investisseurs obligataires ;

(iv) ceux-ci perdent l'intégralité du financement participatif mis en place si la maison ne vaut plus que **1,5 million d'euros** ;

(v) ce dernier seuil de **1,5 million d'euros** est celui qui permet de rembourser tout juste le prêt hypothécaire.

2. Calculez le taux de rendement interne (i) que le marchand de biens aurait réalisé s'il n'avait levé aucune dette, (ii) s'il avait levé uniquement une dette hypothécaire et pas de financement participatif, et (iii) qu'il réalise grâce à ces deux financements. Pour simplifier les calculs, on considérera que l'enveloppe de 500 000 euros incluant les frais financiers est la même dans tous les cas de figure.

Le calcul du Taux de Rendement Interne (TRI) annualisé est simplifié par le fait que l'opération ne comporte pas de revenu locatif et qu'elle doit se dérouler sur 12 mois exactement. On notera aussi que l'enveloppe de frais financiers reste la même dans les trois calculs qu'il nous est demandé de réaliser. C'est une approximation car, dans la réalité, il n'y aurait pas de frais financiers en cas de financement à 100 % sur fonds propres et il n'y aurait des frais financiers que sur la dette hypothécaire dans le cas où aucun financement participatif n'aurait été levé. Cependant, les résultats que nous allons obtenir sont suffisamment éloignés les uns des autres pour considérer que l'impact des frais financiers reste minime dans ces calculs.

(i) Si le marchand de biens n'avait levé aucune dette, il aurait dû investir sur ses fonds propres l'intégralité du coût de l'opération, soit 2 millions d'euros. Il aurait réalisé une marge de 500 000 euros en revendant la maison pour 2,5 millions d'euros. Cette marge de 500 000 euros représente 25 % de la mise initiale de 2 millions d'euros. Comme l'opération dure exactement un an et ne comporte aucun autre revenu que la vente du bien immobilier, ce taux de **25 %** représente le TRI avec financement intégral sur fonds propres.

(ii) Si le marchand de biens avait levé uniquement une dette hypothécaire, il aurait investi 500 000 euros en fonds propres. La marge réalisée est de 500 000 euros aussi, soit 100 % des fonds propres investis. Le TRI avec une dette hypothécaire est donc de **100 %**.

(iii) Avec la structure complète du financement, le marchand de biens n'investit plus que 100 000 euros. Il conserve néanmoins l'intégralité de la marge de l'opération, soit 500 000 euros. Son TRI sur la base de la structure de financement proposée est donc de **500 %** si l'opération délivre bien le gain en capital espéré sur 12 mois.

3. Commentez les résultats aux deux questions précédentes sous l'angle des couples rendement-risque.

Nous pouvons analyser l'évolution des couples rendement-risque pour le marchand de biens dans les trois cas de figure envisagés, mais aussi les comparer à ceux de la dette hypothécaire et du financement participatif dans la situation proposée.

La mise en place des crédits est particulièrement relutive pour le marchand de biens. Elle lui permet de multiplier par 4 son TRI avec une dette hypothécaire (de 25 % à 100 % de TRI), puis encore par 5 avec un financement participatif (de 100 % à 500 % de TRI), soit un facteur 20 au total.

Mais, plus intéressant encore, l'effet de levier limite le montant des capitaux que le marchand de biens met en jeu et qui sont à risque. On peut, certes, supposer que la valeur de la maison ne va pas être réduite à néant du jour au lendemain. Il est en effet peu probable que la maison ait une valeur inférieure à son prix d'acquisition de 1,5 million d'euros après y avoir investi 500 000 euros supplémentaires. Le risque véritable du projet est donc de l'ordre des 500 000 euros à investir en complément de l'acquisition de la maison. C'est d'ailleurs le raisonnement que fait la banque en acceptant de financer l'opération pour un montant équivalent au prix d'acquisition avant travaux, sous réserve que les travaux soient effectivement réalisés.

L'une des conséquences de cette analyse est que, lorsque l'on compare les 3 % de taux d'intérêt sur la dette hypothécaire aux 100 % de

TRI pour le marchand de biens après effet de levier bancaire sans financement participatif, il y a une certaine logique à la hiérarchie des rendements : la banque ne risque réellement que la tranche très supérieure de son prêt, celle qui est la plus proche de la valeur de 1,5 million d'euros. D'autant qu'elle dispose d'une priorité de remboursement, concrétisée sur le plan juridique par la sûreté hypothécaire.

En revanche, la mise en place du financement participatif pose une vraie question de hiérarchie des rendements et des rémunérations : même si le marchand de biens est toujours en première ligne face au risque de perte, son exposition n'est plus que de 100 000 euros. Ce sont en réalité les porteurs obligataires qui encourent la majeure partie du risque, si l'on prend en compte à la fois les volumes et l'intensité du risque. Face à cette répartition, on peut s'étonner que la rémunération des obligations soit limitée à un rendement annuel de 10 % quand celle du marchand de biens atteindra 500 %. D'ailleurs, dans ce cas de figure, si l'opération n'est gagnante que de 100 000 euros au lieu des 500 000 euros escomptés, le TRI pour l'opérateur sera quand même de 100 %, c'est-à-dire 10 fois plus que celui des porteurs obligataires !

Certes, personne ne force les investisseurs obligataires à souscrire à ce produit. On peut néanmoins s'interroger sur leur compréhension effective de la répartition des risques et des rémunérations, surtout si le placement obligataire s'adresse prioritairement à une clientèle de particuliers sans le statut de « clients professionnels » et avec une expérience limitée des marchés immobiliers.

4. Expliquez les raisons qui peuvent aboutir à des dissensions entre les investisseurs obligataires.

Le bien immobilier, en passant de 2,5 millions d'euros à 1,8 million d'euros de prix de sortie, a perdu 700 000 euros de valeur dont 500 000 euros correspondant à l'espérance de gain. En rapportant la nouvelle valeur à la structure de coût de 2 millions d'euros, cela représente une perte de 200 000 euros sur les montants investis. Et même de 260 000 euros si l'on intègre le surcoût de 60 000 euros dans le budget des travaux qui laisse un trou dans la trésorerie de l'opération sous forme d'intérêts impayés.

Si l'actif est vendu pour 1,8 million d'euros, le marchand de biens aura perdu l'intégralité de ses fonds propres de 100 000 euros. De façon similaire, les investisseurs obligataires auront perdu 100 000 euros sur les 400 000 euros qu'ils avaient souscrits (*cf.* diagramme dans la réponse à la première question), voire 160 000 euros au total en intégrant le surcoût des travaux.

Pour les prêteurs obligataires, avoir perdu 40 % des 400 000 euros initialement prêtés n'est évidemment pas une bonne nouvelle (si l'on inclut le surcoût, une perte potentielle de 160 000 euros correspond à 40 % du montant de l'émission obligataire). Mais ils risquent de perdre la totalité de leur investissement si aucune action n'est entreprise. En effet, sous la pression de la banque hypothécaire, le bien immobilier va probablement être vendu rapidement, sans nécessairement chercher la meilleure offre sur le long terme, pour autant que la banque soit intégralement remboursée. Ou, alternativement, il sera vendu par adjudication à la suite d'une longue et coûteuse procédure judiciaire dont les frais viendront réduire à néant ce qu'il reste de valeur dans l'émission obligataire.

Combler le déficit de trésorerie est la seule option possible pour les souscripteurs obligataires s'ils ne souhaitent pas que l'actif soit vendu sous contrainte et à un prix décoté. Une telle initiative est celle que l'on attendrait en premier lieu du marchand de biens. Mais celui-ci a déjà perdu l'intégralité de sa mise initiale de 100 000 euros et il faudrait que la maison reprenne au moins 160 000 euros de valeur pour qu'il espère récupérer ne serait-ce que le premier euro. Il est très improbable qu'il réinvestisse le moindre centime dans cette opération.

Les prêteurs obligataires se retrouvent donc confrontés au dilemme suivant : remettre de l'argent au pot pour espérer sauver leur mise initiale, c'est prendre le risque d'avoir réinvesti en pure perte si la valeur de la maison continue à baisser ; ne pas remettre au pot, c'est la quasi-certitude de perdre l'intégralité de la mise initiale. La question revient pour eux à avoir ou pas une conviction sur l'amélioration du marché immobilier et, plus spécifiquement, sur les perspectives de revalorisation de la maison.

Mais au-delà de la résolution de ce dilemme, la masse des souscripteurs obligataire va aussi se répartir en deux catégories supplémentaires : ceux qui ont les moyens de réinvestir et ceux qui ne les ont pas. Il y aura donc un partage des 500 porteurs d'obligations en 3 groupes : ceux qui ne veulent pas réinvestir, qu'ils en aient les moyens ou non ; ceux qui souhaitent réinvestir mais qui n'en ont pas les moyens ; et ceux qui sont prêts à réinvestir et qui en ont la capacité financière. Il est peu probable que l'on arrive à un accord à l'amiable entre 500 individus répartis en 3 groupes aux stratégies si divergentes.

5. Analysez les enjeux juridiques et financiers pour chacun des protagonistes (investisseur, banque et souscripteurs obligataires).

Le déséquilibre de la structure de financement a été souligné dans les trois premières réponses de cette étude de cas. Le marchand de biens se trouve dans une position particulièrement favorable : il n'investit qu'un montant minime dans le projet, tout en conservant la maîtrise de sa conduite et en gardant pour lui seul le profit qui sera réalisé si l'opération se déroule conformément aux prévisions.

Le faible montant qu'il investit en proportion des autres protagonistes le place en réalité dans la position équivalente à celle d'un consultant ou d'un agent, à la différence près que le gain en capital sera intégralement pour lui ! Certains analystes financiers compareraient sa position à celle d'un acquéreur de « Put » (option de vente) sur l'actif. Si tout se passe bien, il n'exerce pas son option et garde le profit pour lui. En revanche, si l'opération connaît des difficultés, l'actif sera transféré aux investisseurs obligataires ou, en dernier ressort, à la banque. Dans cette interprétation, le montant de 100 000 euros investi par l'opérateur correspondrait à la prime payée pour cette option de vente.

S'agissant de la banque hypothécaire, elle reste dans un rôle relativement passif tant que les intérêts sont payés et qu'aucun cas de défaut n'est enregistré. En revanche, dès que le défaut de paiement intervient, elle se positionne comme créancier privilégié grâce à son hypothèque. Dès lors, sa seule préoccupation consiste à s'assurer que le montant de sa créance reste couvert par la valeur de l'actif et qu'une solution est trouvée rapidement, en priorité par la vente du bien à un tiers. Mais dans le cas ultime où aucune vente n'a pu avoir lieu avant la liquidation judiciaire de la société, la banque sera prioritaire pour percevoir le prix de l'adjudication du bien aux enchères.

Si l'on en vient maintenant aux créanciers obligataires, ceux-ci n'ont pas la maîtrise du projet tant que les conditions des prêts sont respectées. Et ils ne l'ont pas non plus lorsque la cessation de paiement est prononcée puisque la conduite de la société *ad hoc* passe alors du marchand de biens au mandataire judiciaire. Leur seul moyen d'action est de prendre les rênes de l'opération avant la cessation de paiement, au stade de la conciliation.

Mais pour ce faire, ils doivent combler le déficit de trésorerie et faire jouer les éventuelles garanties dont ils bénéficient (par exemple, un droit contractuel de rachat du capital de la société *ad hoc* en cas de défaut sur l'un des prêts). S'ils restent passifs, c'est un mandataire qui sera chargé de défendre leur intérêt collectif dans la procédure de liquidation judiciaire. Encore faudra-t-il que ce dernier ne croule pas sous la masse des tâches administratives et des sollicitations qu'implique la présence de 500 créanciers pour une créance de 400 000 euros.

6. Étendez l'analyse au rôle de l'agent immobilier et à l'utilisation de son avis de valeur vis-à-vis des souscripteurs obligataires.

En principe, l'agent immobilier en charge de la commercialisation de la maison n'a aucune interaction avec les investisseurs obligataires : son seul client est la société *ad hoc* qui le mandate afin de trouver un acquéreur pour la maison après la réalisation des travaux.

Pourtant, l'avis de valeur qu'il délivre à cette société est communiqué aux investisseurs préalablement à l'émission obligataire. Bien entendu, ceux-ci doivent être en mesure de former leur propre opinion par eux-mêmes, sans se reposer sur l'avis d'un tiers qui n'est d'ailleurs pas leur conseil.

Comment ne pas être influencé par cet avis de valeur qui augure d'un profit substantiel pour le marchand de biens, et par conséquent d'une bonne marge de sécurité pour les porteurs obligataires ?

Combien d'entre eux se seront rendus sur place pour inspecter le bien et comprendre la dynamique du marché immobilier local quand l'investissement individuel moyen est de 800 euros (400 000 euros d'obligations émises divisés par 500 souscripteurs) ?

Cette situation soulève deux points : d'une part, il ne s'agit que d'un avis de valeur indicatif mais que bon nombre de souscripteurs, non avertis de la terminologie immobilière, auront assimilé à une expertise ; d'autre part, l'agent immobilier n'est pas indépendant du marchand de biens puisque celui-ci, aux commandes de la société *ad hoc*, a par ailleurs mandaté l'agence pour la vente de la maison. Dans un schéma plus traditionnel, les investisseurs obligataires auraient dû mandater un expert immobilier indépendant du marchand de biens et agissant pour leur propre compte. C'est d'ailleurs très probablement ce qu'a fait la banque hypothécaire de son côté.

Commentaire

1. Les problèmes d'alignement d'intérêts dans les opérations de *crowdfunding* immobilier

La souscription à une émission obligataire proposée par les sites de *crowdfunding* immobilier est simple et facile : en quelques clics, il est possible de devenir investisseur dans un financement participatif à hauteur de quelques centaines d'euros. La perspective de rendements de l'ordre de 10 % est attirante, surtout lorsque l'on lit les présentations des plateformes de *crowdfunding* qui mettent en avant tous les aspects positifs de ces opérations.

Pourtant, il y a des questions très basiques que les souscripteurs ne se posent pas nécessairement à ce moment-là mais qui sont le lot commun de tous les financiers professionnels de l'immobilier : par exemple, si le rendement du produit proposé est élevé, n'est-ce pas le signe d'un risque élevé ? Si le promoteur ou le marchand de biens sollicite un financement à un taux d'intérêt prohibitif, n'est-ce pas parce que lui-même y trouve un intérêt financier encore plus important ? Si aucune banque n'a accepté de lui prêter l'argent qu'il lève par ce moyen, n'y a-t-il pas une bonne raison à cela ?

Ces questions n'ont pas besoin de réponses quand l'environnement est porteur, que les taux d'intérêt bancaires restent bas et que la progression du marché immobilier efface toutes les approximations initiales : les intérêts seront payés et l'émission obligataire sera remboursée. En revanche, elles trouvent tout leur sens lorsque les difficultés apparaissent.

Au premier rang des points à vérifier, il y a l'implication effective de l'opérateur, sur le plan financier, dans le projet pour lequel un prêt participatif est sollicité : en effet, un marchand de biens qui ne conserve à risque que 5 % d'un investissement sera probablement aux abonnés absents si l'actif immobilier perd 20 % de sa valeur. Face à ce risque, d'aucuns feront référence aux éventuelles garanties et cautions que l'opérateur propose aux porteurs obligataires.

Il faut cependant vérifier que la mise en jeu de ces garanties est possible dans un délai raisonnable et qu'elle constitue une véritable menace pour le marchand de biens : par exemple, s'il a donné sa caution personnelle, à combien d'autres projets l'a-t-il donnée ? Possède-t-il un patrimoine en propre, ou tous ses actifs financiers sont-ils au nom des autres membres de sa famille ? Si une société s'est portée caution, quelle est sa surface financière ? Etc. Tous ces points visent à s'assurer que le promoteur ou le marchand de biens risque plus que les 5 % qu'il a laissés dans l'opération et dont une partie lui a probablement été remboursée par ailleurs sous forme de frais d'étude...

Dans ce contexte, les souscripteurs obligataires sont-ils vraiment conscients qu'en l'absence d'une strate suffisante de fonds propres laissés par l'opérateur dans le projet, ce sont eux les véritables investisseurs ? Le libellé de prêt participatif, qui est tout à fait juste sur le plan juridique, ne se vérifie pas nécessairement sur le plan économique. Ou, pour être tout à fait exact, les souscripteurs obligataires ne sont pas associés à la plus-value éventuelle mais ils supportent en revanche la majorité du risque en capital. Certes, ils bénéficient d'un taux d'intérêt attractif en contrepartie du risque qu'ils prennent. Mais, en finance, la question n'est pas seulement celle de l'ampleur de la rémunération. C'est plutôt celle de l'adéquation relative entre le risque pris et la rémunération proposée, ainsi que de l'acceptation du niveau de risque encouru dans l'absolu. Autant de questions que l'investisseur particulier ne se pose pas nécessairement au moment de sa prise de décision.

Les problèmes de désalignement des intérêts ne concernent pas uniquement la relation entre le marchand de biens et les investisseurs obligataires. De façon plus générale, les plateformes de *crowdfunding* incluent parfois dans leur dossier de présentation les expertises ou les avis de valeur délivrés par les agences immobilières mandatées par les promoteurs et marchands de biens. Il est possible de s'interroger sur le rôle de prescripteur de ces agences vis-à-vis des investisseurs obligataires et sur la crédibilité qui leur est *a priori* accordée par ces derniers. Bien entendu, les sites de *crowdfunding* rappellent que ces avis de valeur ou ces expertises ne sont qu'indicatifs, mais ils emploient aussi parfois dans le même temps des terminologies qui prêtent à confusion, disant que l'avis de valeur « conforte » ou « sécurise » l'opération.

En outre, il est parfois indiqué sur certaines plateformes que l'agence ayant fourni l'expertise est « indépendante ». Alors que quelques lignes plus loin, il est mentionné que la même agence a été mandatée par l'emprunteur pour commercialiser le bien. En quoi l'expert est-il indépendant dans ces conditions ? Surtout si son rapport d'expertise est utilisé pour permettre au marchand de biens qui l'a mandaté de se rembourser les fonds propres initialement investis.

2. Le risque de partenariat dans les opérations de *crowdfunding* immobilier

Il est un risque qui n'est pas immédiatement apparent aux souscripteurs obligataires lorsqu'ils investissent dans un financement participatif, mais qui peut se manifester par la suite en cas de difficultés dans la conduite du projet. Ce n'est pas un risque financier à proprement parler, même s'il peut se traduire par des conséquences financières. Ce risque, c'est celui du partenariat que l'on appelle aussi risque d'association. Il correspond à un éventuel désaccord stratégique entre des partenaires dont le sort est lié et qui doivent prendre des décisions en commun.

Les prêts participatifs sous forme de *crowdfunding* immobilier ont ceci de particulier qu'ils agrègent plusieurs centaines d'investisseurs personnes physiques, pour des montants unitaires de quelques centaines d'euros, et que tous ces souscripteurs n'ont pas vocation à prendre un rôle actif dans la gestion du projet, ni même à se rencontrer si le projet se déroule comme prévu.

En revanche, en cas de difficulté, il pourra être utile de prendre des décisions en commun. Par exemple, avant que la société *ad hoc* qui porte le projet entre en cessation de paiement, il pourrait être opportun pour les investisseurs obligataires de prendre la conduite des opérations à la place du marchand de biens et de réinjecter des capitaux s'ils ont une conviction commune que le projet peut être sauvé. Mais comment prendre une décision rapide et consensuelle entre des investisseurs qui ne se connaissent pas ? En outre, les objectifs et les moyens financiers des uns et des autres pourront différer à ce moment-là. À ce jeu, c'est souvent la force d'inertie qui est la plus forte. C'est ainsi que se matérialise le risque de partenariat, source de frustration pour ceux qui souhaitent et peuvent prendre l'initiative. Leurs seuls interlocuteurs seront la plateforme de *crowdfunding* et le mandataire judiciaire désigné par le tribunal, qui sera l'interlocuteur de plusieurs centaines de souscripteurs présentant une forte disparité d'objectifs, de moyens et de culture juridique et financière.

Il est intéressant de noter que les investisseurs institutionnels, lorsqu'ils doivent s'associer à plusieurs dans un projet, passent beaucoup de temps à comprendre leurs stratégies respectives et à négocier des accords de partenariat listant de façon la plus exhaustive possible les différents cas de figure qui peuvent se présenter si le projet ne se déroule pas comme prévu. Un luxe ou une nécessité auxquels les investisseurs particuliers n'ont pas accès dans les financements participatifs.

Prospective

« Plus vous saurez regarder loin dans le passé,
plus vous verrez loin dans le futur. »

Winston Churchill

La confiance au cœur du débat

Nous sommes passés au fil de cet ouvrage de la pure technique immobilière et financière à des considérations plus générales sur l'appréciation des rapports de force et des leviers de négociation entre prêteur et emprunteur. Ces derniers aspects nous invitent à ne pas oublier une donnée essentielle de la relation bancaire, déjà évoquée à plusieurs reprises mais sur laquelle il convient de revenir : la confiance.

S'agissant des financements immobiliers structurés « sans recours », on pourrait penser que l'identité de l'investisseur ou du promoteur importe peu et que l'opération s'analyse uniquement en fonction de la qualité de l'immeuble, de ses locataires, de la structure financière proposée et de l'état du marché immobilier. Ce serait faire là une double méprise.

En premier lieu, si la banque doit rester vigilante quant à la qualité de l'actif et du montage, elle doit aussi être attentive à la surface financière et à la réputation des actionnaires de l'emprunteur, même s'ils ne sont pas financièrement garants de l'opération. En effet, il n'y a rien de plus frustrant pour une banque que de constater, lorsqu'une opération connaît des difficultés, que l'actionnaire souhaiterait injecter des fonds propres supplémentaires mais qu'il ne le fait pas parce qu'il n'en a plus les moyens.

Il en va de même pour l'honorabilité des actionnaires, la réputation de la banque étant associée autant à l'investisseur qu'à l'opération immobilière elle-même. Dans ce domaine, les procédures de contrôle interne de type « KYC » (*Know Your Customer*) ou anti-blanchiment « AML » (*Anti Money Laundering*) constituent un cadre d'analyse indispensable, mais elles ne remplaceront jamais totalement l'appréciation humaine.

Par ailleurs, la confiance ne concerne pas uniquement les actionnaires de l'emprunteur mais aussi l'équipe en charge de la gestion du projet. L'immobilier est un secteur à forte intensité capitalistique dans lequel les décisions d'investissement et de gestion engagent des montants importants et reposent souvent sur quelques personnes seulement. La qualité du management, tant pour son aptitude à négocier de bons contrats avec ses contreparties que pour sa faculté à réagir en cas de difficulté dans le déroulement du projet, sera un élément crucial de l'appréciation de la banque. Là encore, le facteur humain restera prépondérant.

La confiance, élément clé de la relation bancaire dans les opérations immobilières, repose donc non seulement sur la structure financière de l'opération mais aussi sur le jugement que porte le banquier sur les actionnaires de l'emprunteur et sur l'équipe en charge de la gestion du projet.

Les limites de la taylorisation du crédit

Nous touchons d'ailleurs ici à l'une des causes de la crise financière de 2008. La multiplication des intervenants dans la chaîne d'intermédiation des capitaux, la parcellisation des tâches dans les décisions de crédit et la dépersonnalisation de la relation entre l'emprunteur et le souscripteur final du risque sont autant de facteurs qui ont contribué au délitement progressif de la relation de confiance. Entendons-nous bien, l'objet de notre propos n'est pas de prôner le retour à un âge où les affaires se traitaient exclusivement dans un cercle restreint mêlant relations professionnelles et personnelles. Cela ne permettrait en aucun cas d'éviter les crises qui font intrinsèquement partie d'un métier cyclique comme l'immobilier. Il s'agit plutôt de poser les principes du maintien de la confiance dans le système financier qui permet la libre circulation des capitaux et le développement de l'épargne collective.

En particulier, le processus d'octroi du crédit est allé très loin dans la taylorisation sans que soit menée en parallèle une véritable réflexion sur le rôle de chacun de ses acteurs. Dans le domaine de la titrisation des créances immobilières, le trio formé par la banque originatrice du crédit, l'agence de notation et le souscripteur final du risque ne fonctionnait plus de façon satisfaisante depuis déjà plusieurs années avant la survenance de la crise financière : la banque originatrice accordait moins d'attention à la qualité intrinsèque du crédit compte tenu de l'offre importante de capitaux souhaitant s'investir dans ce secteur ; l'agence de notation appliquait à une activité caractérisée par le sur-mesure des modèles statistiques élaborés selon la loi des grands nombres ou bien avait une estimation erronée du risque de crise systémique ; enfin le souscripteur du risque se reposait entièrement sur l'analyse des deux acteurs précédents sans pouvoir ou même vouloir effectuer sa propre investigation, alors que la banque originatrice était le vendeur du risque et que l'agence de notation était mandatée par cette dernière.

Faut-il pour autant vouer aux gémonies la technique de titrisation des créances immobilières ? Ce n'est pas notre avis pour deux raisons. La première est qu'une technique n'est jamais intrinsèquement responsable d'une crise. C'est plutôt l'utilisation qui en est faite. La seconde est que le principe de la transformation d'une créance en titres a fait ses preuves depuis très longtemps au travers des obligations foncières, *Pfandbriefe* et autres *Covered bonds*.

Certes, dans ces schémas plus anciens, le risque de crédit continue à être porté par l'émetteur du titre. Mais notre propos est précisément de contribuer à la réflexion sur la nature et sur l'étendue de la garantie que pourrait donner la banque originatrice aux souscripteurs de titres. Entre la garantie totale de l'émetteur dans les *Pfandbriefe* et l'absence de garantie dans les CMBS, de nombreux schémas intermédiaires sont possibles : par exemple, obliger ou inciter fortement la banque originatrice à conserver dans ses livres un pourcentage minimum du risque, en pari passu ou comme créancier subordonné.

Dans tous les cas de figure, la question centrale reste celle de la responsabilité et de la délégation dans la prise de risque. Les accidents financiers ont existé de tout temps, qu'ils soient liés à des comportements individuels ou collectifs : une direction générale qui prend des paris trop importants par rapport à la taille de bilan de la banque, des traders qui échappent aux procédures de contrôle, ou plus généralement tous les comportements liés à une asymétrie dans le partage du risque et de la rémunération.

La délégation de la prise de risque reste inévitable dans le système financier moderne : elle existe soit au niveau de l'institution financière elle-même, du simple fait que les dirigeants d'une banque sont rarement ses actionnaires, soit entre le gestionnaire de capitaux et ses mandants quand ces derniers ne disposent pas de la compétence technique ou de l'accès direct au marché visé. La situation actuelle est d'ailleurs probablement meilleure qu'il y a plusieurs décennies car la transparence de l'information financière permet de limiter les cas de dérapage. Cela dit, c'est un débat éternel que celui de la nature et de l'étendue de la délégation, qui peut aller de la gestion par un tiers unique en qui le souscripteur a confiance, jusqu'à la chaîne complète des prestataires de services qui segmente les responsabilités et interpose des structures de contrôle à l'efficacité plus ou moins éprouvée. Aucun système n'est parfait.

Un nouveau modèle économique et ses limites

Tout au long de la décennie 2010-2020, le régulateur européen a poursuivi sa démarche de renforcement des exigences de fonds propres pour les institutions financières, tant pour les banques au travers de la réglementation « Bâle III » que pour les compagnies d'assurance avec « Solvabilité II ».

La réforme « Bâle III » conduit à un renchérissement global du coût du crédit pour les banques en termes de mobilisation de fonds propres ainsi qu'à une diminution de la maturité moyenne des prêts.

Dans le même temps, « Solvabilité II » a offert une pondération du risque plus avantageuse pour les actifs obligataires que pour les actifs immobiliers.

Ces deux réformes combinées, ainsi que le très faible niveau des rendements obligataires, ont conduit les assureurs et autres investisseurs institutionnels à se positionner comme prêteurs du secteur immobilier, en occupant la place libérée par les banques. Pendant toute la décennie 2010-2020, les fonds de dette immobilière ont ainsi gagné progressivement des parts de marché au détriment des banques traditionnelles, mais aussi avec la bénédiction de certaines qui se sont recentrées sur des activités d'arrangeur à plus forte valeur ajoutée et à moindre risque financier.

Nous avions souligné dans la précédente édition de cet ouvrage qu'il s'agissait d'une transformation majeure du secteur du financement immobilier en Europe, évoluant vers le modèle économique en vigueur aux États-Unis, avec une répartition de l'offre de crédit immobilier structuré entre banques, assureurs et fonds d'investissement.

Cette évolution s'accélère en 2022 et 2023 avec la diminution de la liquidité bancaire consécutive à la hausse des taux d'intérêt. La nouvelle phase qui s'ouvre pour le cycle immobilier et financier est marquée par la levée d'un plus grand nombre de fonds institutionnels de dette immobilière sur le marché européen. Ces fonds tirent parti du retrait des banques et de la hausse des marges sur les financements dans les montages « sans recours ».

Il y aura probablement quelques accidents quand la correction des valeurs immobilières va se matérialiser, surtout pour les fonds qui ont déployé des financements en fin de cycle, entre 2018 et 2020. Il sera alors intéressant d'observer la réaction – ou, le cas échéant, l'absence de réaction – de la part des États et des banques centrales face aux difficultés à venir dans ce secteur moins régulé qui fait partie de ce que l'on appelle le *shadow banking*.

Dans ce contexte, il est un sous-secteur pour lequel le réveil s'annonce plus difficile : c'est celui du *crowdfunding* immobilier, qui a atteint plusieurs milliards d'euros d'encours en France. Ce mode de financement s'est adressé essentiellement aux promoteurs et aux marchands de biens. Ceux-ci ont bénéficié pendant la décennie passée d'une conjoncture favorable, mais les vents porteurs se sont désormais inversés. Les souscripteurs d'émissions obligataires en *crowdfunding* (qui est, en réalité, du crowdlending mais le terme de *crowdfunding* est utilisé plus couramment et de façon générique) vont voir les défauts se multiplier chez leurs emprunteurs.

Nous pouvons dresser ici un parallèle avec la dynamique qui a porté les *subprimes* avant leur chute en 2007 : une conjoncture favorable et des taux d'intérêt faibles ; la perspective de gains élevés, faciles et rapides ; des souscripteurs qui n'analysent pas toujours les risques qu'ils prennent ; le rôle d'autorité morale et technique confié aux agences de notation pour les uns, aux experts immobiliers pour les autres ; etc.

Mais il y a une différence importante avec les *subprimes* : la désintermédiation financière est allée jusqu'à son stade ultime dans le *crowdfunding* immobilier puisque ce sont les particuliers eux-mêmes qui prennent les décisions d'investir. Il leur sera donc difficile de faire porter à des tiers la responsabilité de leurs propres erreurs.

Le risque de chaque opération est néanmoins réparti sur un grand nombre de particuliers souscripteurs qui ne perdront que quelques centaines d'euros à chaque fois. Certains ont cependant multiplié les prises de participations, en oubliant qu'une stratégie de diversification passe d'abord par une bonne analyse des risques individuels.

Il existe cependant un moyen pour que la technique du *crowdfunding* immobilier survive à la crise immobilière : faire en sorte que les plateformes investissent leur propre argent au côté des particuliers dans les projets qu'elles proposent, et ce pour un pourcentage non négligeable des capitaux levés. Cela permettrait un meilleur alignement des intérêts entre le prescripteur et l'investisseur.

Les évolutions du métier à plus long terme

Nous ne prévoyons pas nécessairement le retour massif des banques dans le financement immobilier, mais il faut bien comprendre l'origine de la désintermédiation bancaire : si la mise en relation des emprunteurs et des épargnants ne nécessite plus comme avant de faire systématiquement appel aux banques, elle le doit pour beaucoup à l'essor de la libre circulation de l'information et des capitaux. Ces tendances des 30 dernières années pourraient fléchir ou s'inverser, notamment dans un monde où le modèle libéral perd du terrain. La direction n'est certaine ni dans un sens ni dans l'autre.

Mais le cadre politique et économique n'est pas le seul qui puisse faire évoluer la pratique du financement immobilier : l'un des grands enjeux du métier est la possibilité de modéliser sous forme d'algorithmes le processus qui aboutit à une prise de décision d'investissement ou de financement. Chaque banque, chaque fonds a développé sa propre méthodologie. La principale difficulté est la singularité des actifs immobiliers, tous distincts les uns des autres. Cela complique fortement la tâche même si le développement de l'intelligence artificielle devrait permettre de franchir quelques étapes supplémentaires dans la modélisation. À quand une finance de l'immobilier qui pourra se passer du facteur humain ?

Tableau de référence des thèmes abordés

Thème	Étude de cas et commentaire[1] n°
ALA (Allocated Loan Amount)	**6,** 12
Amortissement	1, 2, **3**, 5, 6, 8, 9, **12**, **13**, 17, 19, 22
Arbitrage entre marchés	**8, 12,** 14
Cap	1, **2**, 3, **6**, 12, 14
Cas de défaut	1, 2, 3, 4, 5, 6, 7, 11, 12, **16, 17, 18, 19**, 20, 22, 23, 24
Cash sweep	17, 19
Cash trap	4
Cession Dailly	4, 6, 9
Collar	**2**, 7
Courbe des taux	2, **3**, 13, 14
Couverture de taux	1, **2**, 3, 4, 5, **6**, 7, 9, 12, **13**, 18, 19
Covenant	**1, 2**, 3, **7**, 9, 12, 17, 18, **19**, 22
Crowdfunding immobilier	16, **24**
Dette junior	**6**, **16**, 22
Dette mezzanine	6
Dette senior	**6**, **16**, 22
Dimensionnement d'un crédit	**5**, 6, **10,** 11
Diversification du risque	5, 22
DSCR	**1**, 2, 9, 17
Due diligence	4, **17**
Effet de levier	**2, 3, 5**, 6, 12, 17, 21, 22, **23,** 24
EURIBOR	**1**, 2, 6, 7, 9, 12, 13, 14, 16, 18, 19

1. Les études de cas référencées en gras fournissent une analyse détaillée du thème concerné.

Thème	Étude de cas et commentaire n°
Garantie financière d'achèvement	10, **11**
Garantie de paiement	10, **11**
Hypothèque	**4**, **6**, 9, 12, 13, 16, **23**, **24**
ICR	**1**, 2, 6, **7**, 9, 12, 19
Immobilier : les cliniques	2, 9
Immobilier : l'hôtellerie	9
Immobilier : la logistique	5
Intercreditor agreement	6, 16
LTC	**8,** 10, 11, 12, **17**, 18, 23, 24
LTV	**2, 5, 6**, 8, 12, 17, **19**
Nantissement	**4,** 6, 9
Rapport de force	4, 6, **8,** 11, **17**, **18**, **23**, **24**
Ratios financiers	**1, 2, 6, 12**
Release price	**6,** 12
Remboursement anticipé	2, **3**, 13
Rémunération de la banque	**3, 10, 14, 16**, 18, 22
Rendement d'un actif immobilier	**1**, 9, 21
Rendement sur fonds propres	3, 21, 24
Risque de liquidité	15
Risque de taux	15
Risque d'underwriting	14, **15, 16**
Sale and lease back	8
Share deal	**4**, 17
Stratégie locative	18, 23
Sûretés	3**, 4**, **6**, 9, **13**, 18
Swap	**2**, 3, 7, **13**, 14, **15**, 17, 19
Syndication	13**, 16**
TVA	11
Valeur d'un immeuble	7
Vente à la découpe	**12, 13**, 20
Waterfall	**6**, 7, 13

Liste des commentaires

Étude de cas n° 1

– Taux d'intérêt : quelques rappels sur l'EURIBOR et sur le concept de taux variable

– Rendement d'un actif immobilier

– Ratios et covenants financiers d'ICR et de DSCR : usage et méthodes de calcul

– Ratios financiers d'ICR et de DSCR : redondance ou complémentarité ?

Étude de cas n° 2

– Ratio et covenant de LTV

– Choix d'une couverture de taux

– Couverture par *cap*

– Couverture par *swap*

– Couverture par *collar* / tunnel

– Tableau de synthèse des couvertures de taux

Étude de cas n° 3

– La courbe des taux

– Le choix d'un financement

Étude de cas n° 4

– Les sûretés : généralités

– L'hypothèque

– Le nantissement des parts ou actions de l'emprunteur

– Le cas particulier des acquisitions de sociétés

Étude de cas n° 5

– Calcul d'effet de levier

– Diversification du risque

– Immobilier logistique

Étude de cas n° 6

– ALA – *Allocated Loan Amount*
– Release price
– Les structures senior-junior : sûretés, allocation des cash-flows, ratios financiers
– Couverture de taux : primes de souscription des *caps*

Étude de cas n° 7

– Valeur et prix de revient d'acquisition
– Quelques notions complémentaires concernant les ratios et covenants *look-forward*

Étude de cas n° 8

– Les arbitrages entre marchés
– Le rapport de force entre l'investisseur et la banque

Étude de cas n° 9

– L'hôtellerie, une classe d'actif immobilier à part
– Le financement des cliniques

Étude de cas n° 10

– Le dimensionnement du financement bancaire dans les opérations de promotion
– La rémunération de la banque dans une opération de promotion

Étude de cas n° 11

– Le financement des promoteurs : une affaire de garanties
– Le financement de la TVA dans les opérations de promotion immobilière
– Le calcul du ratio de LTC dans les opérations de promotion

Étude de cas n° 12

– Les ventes à la découpe
– Les calculs de ratios financiers dans les ventes à la découpe

Étude de cas n° 13

– La double exposition au risque de taux dans les ventes à la découpe
– Les sûretés de la banque de couverture dans les contrats de *swap*

Étude de cas n° 14

– Aspects méthodologiques relatifs aux calculs de rentabilité bancaire
– La rentabilité dans les activités de financement

Étude de cas n° 15

– Le risque de liquidité
– Le risque de taux
– Les autres grands risques de l'activité bancaire

Étude de cas n° 16

– Implications d'une syndication senior-junior
– Syndication : les stratégies possibles
– Syndication : la mise en œuvre

Étude de cas n° 17

– Le rôle et le déroulement de la *due diligence*
– Le processus d'octroi de crédit dans les établissements bancaires
– Le rapport de force entre la banque et l'emprunteur

Étude de cas n° 18

– Stratégie locative
– Le rapport de force entre la banque et le promoteur

Étude de cas n° 19

– La prévention des cas de défaut
– La gestion des cas de défaut
– L'organisation du traitement des situations critiques au sein des établissements de crédit

Étude de cas n° 20

– Pourquoi les banques se dessaisissent-elles de leurs portefeuilles de créances ?
– Comment se déroule la négociation du niveau de décote du portefeuille ?
– Comment sont ensuite gérées ces créances ?

Étude de cas n° 21

– Les indicateurs de performance financière de l'immobilier
– La relation entre stratégie d'investissement et utilisation de l'effet de levier

Étude de cas n° 22

– Les avantages et inconvénients stratégiques du recours à l'endettement

– Les éléments financiers et les éléments purement relationnels dans la relation bancaire

– Quelques réflexions supplémentaires sur les structures senior junior

Étude de cas n° 23

– La stratégie d'investissement *Super-Core* des prêteurs en dette senior

– Le rapport de force relationnel dans les montages transactionnels

Étude de cas n° 24

– Les problèmes d'alignement d'intérêts dans les opérations de *crowdfunding* immobilier

– Le risque de partenariat dans les opérations de *crowdfunding* immobilier

Lexique de termes anglais fréquemment utilisés

Amortisation (ou repayment)
Amortissement d'un prêt.
Remboursement en principal
Annuité de remboursement.

À ne pas confondre avec l'amortissement comptable des constructions qui se dit *depreciation* en anglais.

Asset deal
Acquisition directe d'un immeuble, sans passer par l'acquisition des actions ou des parts de la société qui le détient.

Voir *share deal.*

Assignment
Cession.
Délégation (dans le cadre d'une sûreté).

Par exemple, *assignment of rents* correspond à une cession de loyers à titre de garantie.

Bad debt
Créance douteuse.

Dette faisant l'objet d'un défaut de paiement ou d'un risque significatif de défaut de paiement de la part de l'emprunteur.

Basis point (bp)
Point de base.

Un point de base équivaut à un centième de pourcentage soit 0,01 %.

Cette unité est couramment utilisée pour exprimer les marges et les commissions bancaires. Une marge de 1,20 % l'an équivaut ainsi à 120 bp et une commission de 0,60 % équivaut à 60 bp.

Break option (abrév. : break)
Option de sortie dans un bail, généralement à la main du locataire.

Un bail 3/6/9 est ainsi un bail d'une durée de 9 ans avec des *breaks* tous les 3 ans à la main du locataire.

Break-up sale program
Opération de vente à la découpe.

Bullet repayment (abrév. : bullet)

In fine.
Amortissement *in fine.*

Se dit d'un prêt dont la totalité du montant en principal est remboursable à l'échéance finale ; en conséquence, les annuités du prêt ne comportent que le paiement d'intérêts, à l'exception de la toute dernière annuité qui comporte à la fois le paiement de la dernière échéance d'intérêts et le remboursement de l'intégralité du principal.

Business Plan (abrév. : BP)

Plan d'affaires

Document présentant l'ensemble des hypothèses d'acquisition et de gestion d'un investissement, en ce compris les hypothèses de marché, et leur traduction sous forme de cash-flow prévisionnel.

On élabore généralement un business plan avant l'acquisition, puis l'on suit l'évolution de la situation effective chaque trimestre ou chaque année par rapport au business plan initial.

Cap

Cap,
Garantie de taux plafond.

Contrat de couverture de taux d'intérêt, à base d'une succession d'options, permettant à son souscripteur d'avoir l'assurance que son taux d'intérêt ne dépassera pas un seuil déterminé à l'avance (le *strike*).

Par exemple, la souscription d'un *cap* à 4 % permet d'avoir l'assurance que l'on ne paiera pas plus de 4 % de taux d'intérêt sur la période et le montant couverts.

La souscription d'un *cap* auprès de la banque est assortie du paiement d'une prime qui est fonction du montant et de la durée de la période couverte, du taux limite (*strike*) souhaité et de la volatilité des taux au moment de la souscription.

Voir *collar*, *floor*, *strike*, *swap*.

Capital Expenditure (abrév. : capex)

Littéralement « dépense en capitaux ».

On désigne par ce terme l'ensemble des travaux réalisés ou à réaliser sur un immeuble.

Capital gain

Plus-value.

Cash on cash return

Rendement courant ou rentabilité courante sur fonds propres.

Correspond aux revenus nets annuels d'un investissement (après déduction des charges d'intérêt notamment, ainsi que des coûts de gestion le cas échéant) rapportés au montant net de fonds propres investis. Cette grandeur permet notamment de distinguer la composante « revenus » d'un investissement par rapport à la composante « plus-value » lors de la sortie.

Cash sweep

Littéralement « balayage/ramassage de la liquidité ».

Clause permettant à la banque d'affecter dans certains cas (par exemple, le non-respect d'un covenant) tout ou partie du cash-flow disponible (après paiement des intérêts et de l'amortissement contractuel) à un remboursement additionnel de la dette ou à la constitution et l'alimentation d'un compte de réserve nanti à son profit.

Collar

Collar.

Tunnel.

Contrat de couverture de taux d'intérêt, à base d'une succession d'options achetées et vendues, permettant à son souscripteur d'avoir l'assurance que son taux d'intérêt ne sortira pas d'une bande passante déterminée à l'avance.

Par exemple, la souscription d'un *collar* à 2 %-4 % permet d'avoir l'assurance que l'on ne paiera pas plus de 4 % et pas moins de 2 % de taux d'intérêt sur la période et le montant couverts.

Un *collar* 2 %-4 % est la juxtaposition d'un *cap* à *strike* de 4 % souscrit par le client auprès de la banque et d'un *floor* à *strike* de 2 % vendu par le client à la banque ; la prime que le client doit payer à la banque pour le *cap* est diminuée de la prime que lui verse la banque au titre du *floor* qu'elle lui achète.

Un *collar* dont le *strike* du *cap* serait égal à celui du *floor* et pour lequel le montant de la prime nette (prime du *cap* – prime du *floor*) serait nul ne serait rien d'autre qu'un *swap*.

Voir *cap*, *floor*, *strike*, *swap*.

Commercial Mortgage-Backed Security (CMBS)

Titrisation de crédits hypothécaires commerciaux.

Le terme « commercial » se rapporte à l'immobilier d'entreprise, par opposition à l'immobilier d'habitation.

Voir *RMBS*.

Commercial Property

Immobilier d'entreprise.

Ce terme englobe l'ensemble de l'immobilier d'entreprise (bureaux, commerce, logistique, immobilier d'exploitation) et s'oppose par définition à l'immobilier résidentiel ; il ne faut pas le comprendre comme étant restreint au seul immobilier de commerce.

Commitment

Engagement (bancaire).

Peut recouvrir à la fois les engagements financés (prêts, facilités de caisse, etc.) et les engagements non financés (garanties, cautions) ; parfois employé pour ne concerner que les engagements non financés.

Co-ownership

Copropriété.

Core

Stratégie d'investissement la plus sécurisée, ciblant prioritairement les immeubles situés en centre-ville ou dans les meilleures zones correspondant à la classe d'actifs envisagée, loués à des locataires de bonne qualité dans le cadre de baux à long terme. Par extension, le terme Core peut aussi désigner les immeubles de ce type.

Par ailleurs, cette stratégie peut aussi être satisfaite par des investissements comportant quelques immeubles plus risqués, pour autant que l'effet de diversification du portefeuille vienne contrebalancer ce risque.

Core+

Stratégie d'investissement légèrement plus risquée que la stratégie Core, pouvant notamment cibler des immeubles un peu moins bien situés que les immeubles Core, ou avec des locataires de qualité légèrement inférieure ou des baux plus courts, ou bien des immeubles présentant un taux de vacance modéré.

Une stratégie Core+ pourra également être mise en œuvre de façon synthétique en agrégeant des investissements dans des immeubles Core, des immeubles Core+ et des immeubles à stratégie Value-Add.

Covenant

Littéralement « obligation », « contrat ».

Dans la pratique, ce terme fait référence aux ratios financiers qui sont présents dans les contrats de financements structurés et qui doivent être respectés par l'emprunteur, faute de quoi le crédit passe en défaut.

Voir *LTV*, *LTC*, *ICR*, *DSCR*.

Cross-collateralisation

Littéralement « croisement de garanties ».

Mécanisme de mutualisation des sûretés entre sociétés co-emprunteuses dans le cas d'un finan cement de portefeuille d'immeubles qui sont logés dans plusieurs sociétés distinctes. Cette mutualisation est généralement permise par la mise en évidence d'un intérêt de groupe pour l'ensemble des sociétés concernées.

Cross-default

Littéralement « défaut croisé ».

Mécanisme par lequel, dans le cas de plusieurs dettes théoriquement indépendantes – dette junior et dette senior pour un même emprunteur ou bien série de dettes senior accordées à des sociétés sœurs – un défaut constaté sur l'une de ces dettes entraîne automatiquement un défaut sur les autres dettes.

Crowdfunding/ Crowdlending

Investissement/Financement participatif

Mode de financement des projets immobiliers faisant appel à un grand nombre d'investisseurs particuliers sollicités au travers d'une plateforme internet. En principe, le *crowdfunding* désigne un financement en capital et le *crowdlending*, un financement en dette. Cependant, par extension, le terme de *crowdfunding* désigne souvent les montages de dette quand celle-ci est levée sous forme d'émission obligataire.

Cure period

Dans un contrat de crédit, désigne la période pendant laquelle l'emprunteur a la possibilité de remédier à un cas de défaut, par exemple à une rupture de covenant en apportant des fonds propres supplémentaires, avant que le prêteur ne prononce l'exigibilité anticipée du crédit. Cette période est contractualisée dans la documentation juridique sous la forme d'un *cure right – cf. infra*.

Voir *cure right*, *cross default*, *intercreditor agreement*, *standstill period*.

Cure right

Désigne le droit pour l'emprunteur de remédier à un cas de défaut pendant une certaine période – la *cure period* – avant que le prêteur ne prononce l'exigibilité anticipé du crédit.

Par extension désigne également, dans une convention de subordination, le droit du créancier junior de rechercher une solution directement avec l'emprunteur en cas de défaut de ce dernier, avant que le créancier senior puisse effectivement prononcer l'exigibilité de sa dette.

Voir *cure period*, *cross default*, *intercreditor agreement*, *standstill period*.

Data room

Ensemble de documents mis à la disposition de l'acquéreur par le vendeur d'un immeuble (ou le vendeur d'une société détenant un immeuble) afin que l'acquéreur puisse réaliser les vérifications préalables à l'acquisition. Cela comprend notamment les baux, les certificats de propriété et de constructibilité, le permis de construire, les certificats d'achèvement de la construction, les contentieux en cours, les certificats d'assurance, etc.

Voir *due diligence.*

Debt Service Coverage Ratio (DSCR)

Ratio de Couverture du Service de la Dette (RCSD).

Ratio correspondant au revenu locatif, net des charges non récupérables, divisé par le montant des intérêts et de l'amortissement de la dette sur la période considérée.

Si le DSCR est supérieur à 100 %, la dette peut être intégralement servie par le revenu locatif de l'immeuble. Dans le cas contraire, il y a un risque important de défaut de paiement de la part de l'emprunteur.

Voir *covenant, ICR.*

Debt yield

Rendement sur dette.

Taux de rendement théorique obtenu en divisant le revenu locatif de l'immeuble par le montant de la dette.

Depreciation

Amortissement au sens comptable du terme, c'est-à-dire fraction annuelle du coût de construction ou d'acquisition de l'immeuble qu'il convient de passer en charges dans les comptes de la société qui le détient afin de refléter la vétusté et l'obsolescence progressives de la construction.

Voir *amortisation.*

Discount

Décote.

Due Diligence

Ensemble des vérifications réalisées par un investisseur avant l'acquisition d'un actif, afin de s'assurer que les hypothèses faites dans le cadre du business plan d'acquisition ne seront pas remises en cause par des éléments déjà existants avant l'acquisition.

Pour un investisseur immobilier, la *due diligence* d'acquisition comporte traditionnellement les volets suivants :

- marché locatif et marché d'investissement (tous deux généralement couverts par une expertise de valeur vénale),
- juridique,
- technique,
- environnemental,
- financier (qualité des locataires),
- comptable et fiscal (notamment en cas d'acquisition de société).

Voir *data room.*

Duty of care Engagement de bonne gestion.

Ce terme fait référence à l'engagement d'un prestataire de service (par exemple, le gestionnaire de l'immeuble) de remplir sa mission avec le professionnalisme et le soin nécessaires. Cet engagement généralement formalisé dans une lettre (*duty of care letter*) permet, le cas échéant, au bénéficiaire (l'emprunteur) ou à son délégataire (la banque) d'actionner la garantie professionnelle du prestataire.

EBITDA Acronyme de « Earnings Before Interest, Taxes, Depreciation and Amortisation », ce qui correspond à l'Excédent Brut d'Exploitation (EBE).

Equity Fonds propres.

Ce terme est employé pour désigner les fonds propres apportés par l'investisseur dans le cadre d'une opération d'investissement immobilier, que ceux-ci prennent la forme de capital social ou de prêt d'actionnaire.

Equity Multiple (EM) L'*Equity Multiple* ou EM correspond au ratio entre, d'une part, l'ensemble des revenus nets générés par l'investissement, en ce compris les revenus de cession, et, d'autre part, les fonds propres investis.

EURIBOR EURo InterBank Offered Rate, littéralement Taux Interbancaire offert en euro.

C'est l'un des principaux taux de référence du marché interbancaire de la zone euro. Ce taux fait l'objet d'un *fixing* (fixation) chaque jour pour ses différentes maturités (de 1 semaine à 1 an, la plus usitée étant la maturité 3 mois) à partir de la moyenne constatée des taux des prêts entre les principales banques de la place (échantillon de 57 banques).

Fixed rate Taux fixe.

Un taux fixe se définit par le fait que le taux d'intérêt du prêt reste le même pendant toute la durée du prêt.

Voir v*ariable rate.*

Floor

Floor.

Garantie de taux plancher.

Contrat de couverture de taux d'intérêt, à base d'une succession d'options, permettant à son souscripteur (la banque) d'avoir l'assurance que son taux d'intérêt ne descendra pas en deçà d'un seuil déterminé à l'avance (le *strike*).

Par exemple, la vente à la banque d'un *floor* à 2 % garantit à celle-ci que l'on ne lui paiera pas moins de 2 % de taux d'intérêt sur la période et le montant couverts. Le vendeur du *floor* paiera donc à la banque la différence, si positive, entre 2 % et le taux du marché.

La vente d'un *floor* à la banque est assortie du paiement par celle-ci d'une prime qui est fonction du montant et de la durée de la période couverte, du seuil de protection souhaité et de la volatilité des taux au moment de la souscription.

Voir *cap*, *floor*, *strike*, *swap*.

Ground Lease

Contrat de location d'un terrain.

Voir *leasehold*.

Hedging

Couverture.

Fait habituellement référence à la couverture du risque de variation des taux d'intérêt.

Voir *fixed rate*, *variable rate*, *cap*, *collar*, *floor*, *swap*.

Intercreditor Agreement

Convention entre créanciers.

Convention de Subordination (par extension).

Contrat permettant de définir les règles de fonctionnement des diverses tranches de dette (senior, junior, mezzanine) les unes par rapport aux autres, en régime normal du prêt ainsi qu'en situation de défaut.

Voir *senior debt*, *junior debt*, *mezzanine debt*, *cure right*, *standstill period* et *waterfall*.

Interest Coverage Ratio (ICR)

Ratio de Couverture des Intérêts (RCI).

Ratio correspondant au revenu locatif, net des charges non récupérables, divisé par le montant des intérêts de la dette sur la période considérée (que le prêt fasse ou non l'objet d'un amortissement contractuel).

Si l'ICR est supérieur à 100 %, les intérêts de la dette peuvent être intégralement servis par le revenu locatif. Dans le cas contraire, il y a un risque important de défaut de paiement de la part de l'emprunteur, et ce d'autant plus que les annuités de la dette peuvent également comporter des remboursements en principal (amortissement).

Le respect de l'ICR ne signifie pas que la dette est intégralement servie, en particulier si les annuités comportent une part de remboursement en principal. En revanche, cela indique que l'emprunteur devrait pouvoir payer au moins ses intérêts dans le cas d'un rééchelonnement du plan de remboursement de la dette.

Voir *covenant*, *DSCR*.

Internal Rate of Return (IRR)

TRI (Taux de Rendement Interne).

Taux de rendement d'un investissement calculé sur la base des flux nets qu'il génère. Il correspond au taux d'actualisation pour lequel la somme de tous les flux de cet investissement (flux sortants comme le coût d'acquisition et flux entrants comme les loyers et le prix net de cession) actualisés à ce taux est égale à zéro.

International Swaps and Derivatives Association (ISDA)

Association regroupant les principaux intervenants sur les produits dérivés.

On désigne usuellement par « contrat ISDA » les conventions cadres relatives aux conditions générales des opérations sur produits dérivés.

Junior debt

Dette junior.

Dette subordonnée.

Qualifiée ainsi car sa priorité de paiement et son accès aux sûretés sont subordonnés à la dette senior. Une dette junior est rémunérée par un taux d'intérêt supérieur à celui de la dette senior car elle comporte un degré de risque plus élevé.

Voir *senior debt*, *mezzanine debt*, *intercreditor agreement* et *waterfall*.

Landlord

Propriétaire.

Voir *lessor*.

Leasehold

Contrat de location d'un terrain.

Couvre, dans la traduction française, à la fois la notion de bail emphytéotique et celle de bail à construction.

Voir *ground lease.*

Lessee

Locataire.

Voir *tenant.*

Lessor

Bailleur.

Voir *landlord.*

Leverage Buy Out (LBO)

Désigne une technique d'acquisition d'entreprise en ayant recours de façon importante à l'endettement. Par extension et par opposition à la dette hypothécaire, on appelle dette LBO les dettes logées au niveau des structures d'acquisition qui ne bénéficient pas de sûretés sur les actifs immobiliers.

Loan Market Association (LMA)

Association regroupant des cabinets d'avocats, des banques et quelques investisseurs institutionnels dont l'objectif commun est de standardiser les clauses des contrats de financement afin d'en faciliter la négociation et la syndication.

En cas de désaccord persistant entre les parties lors de la négociation d'une clause d'un prêt, il n'est pas rare que soit proposée la version « LMA » de la clause, celle-ci offrant généralement un bon équilibre entre les intérêts du prêteur et ceux de l'emprunteur.

Loan To Cost (LTC)

Ratio financier correspondant au montant de dette levé pour un investissement immobilier divisé par le coût total de cet investissement.

Ce ratio permet d'estimer le degré d'implication financière de la banque et, par déduction, celui de l'investisseur. Habituellement, il n'est calculé qu'au début de l'investissement.

Si le ratio de LTC est égal à 100 %, cela signifie que la banque finance l'intégralité des coûts liés à l'actif (prix d'acquisition de l'immeuble ou du terrain + coût de construction, droits de mutation, frais divers, etc.).

Voir *covenant, LTV.*

Loan To Value (LTV) Ratio financier correspondant au montant (encours) de dette d'un financement immobilier divisé par la valeur de l'immeuble financé.

Ce ratio est calculé périodiquement afin de vérifier la bonne couverture de la dette par la valeur de l'actif sur lequel la banque détient des sûretés.

Lorsque le ratio de LTV est supérieur à 100 %, cela signifie que la dette n'est plus intégralement couverte par la valeur de l'immeuble.

Voir *covenant*, *LTC*.

Mezzanine debt Dette mezzanine.

Qualifiée ainsi car sa priorité de paiement et son accès aux sûretés sont subordonnés à la dette senior et le cas échéant à la dette junior. Une dette mezzanine se différencie d'une dette junior par son mode de rémunération qui comporte généralement un intéressement à la performance de l'opération. Elle est bien entendu rétribuée par un taux d'intérêt supérieur à celui de la dette senior et de la dette junior car elle comporte un degré de risque plus élevé.

Voir *senior debt*, *junior debt*, *intercreditor agreement* et *waterfall*.

Mismatch Littéralement « discordance ».

Terme utilisé dans le cadre de l'analyse du risque de taux et du risque de liquidité afin de quantifier l'adossement imparfait entre les actifs et les passifs de la banque, que ce soit en termes de maturité ou de référence de taux.

Mortgage Hypothèque.

Mortgage Lending Value Valeur hypothécaire d'un immeuble, correspondant à une valeur établie suivant les critères d'un prêteur hypothécaire, qui applique en général une décote sur les flux futurs les plus incertains.

Non-recourse Sans recours.

Se dit des financements qui ne permettent pas un recours sur les associés ou actionnaires de la société emprunteuse et dont les seules sûretés sont les actifs détenus par cette société.

Désigne par extension un financement hypothécaire.

Off balance sheet structure Structuration financière permettant de sortir un actif du bilan d'un groupe dans le cadre de l'établissement de ses comptes consolidés.

Open Market Value	Valeur de marché d'un immeuble, correspondant à la valeur qui peut être obtenue à l'occasion de sa vente dans un contexte de marché équilibré (notamment un délai de commercialisation de l'immeuble suffisamment long pour qu'une véritable mise en concurrence des offres d'achat puisse être réalisée).
Opportunistic	Opportuniste. Stratégie d'investissement la plus risquée qui correspond notamment au développement d'immeubles « en blanc » (sans locataire ou acquéreur identifié).
Overdraft	Découvert bancaire.
Pledge (ou share pledge)	Nantissement (d'actions ou de parts sociales).
Pool	Syndicat (de banques ou d'investisseurs). Ensemble de banques (ou d'investisseurs) intervenant conjointement dans une opération afin d'en partager les risques et les profits.
Prime	Catégorie regroupant les meilleurs immeubles dans un marché donné ou une classe d'actifs donnée.
Property	Immobilier. Voir *real estate.*
Quantitative Easing	Politique monétaire accommodante des banques centrales se traduisant par un apport massif de liquidité sur les marchés financiers, principalement au moyen de rachat d'obligations publiques ou privées, accompagné souvent du maintien de taux directeurs à un niveau très bas.
Rating	Notation.
Real Estate	Immobilier. Voir *property.*
Rent	Loyer.
Rental income	Revenu locatif.
Residential Mortgage-Backed Security (RMBS)	Titrisation de crédits hypothécaires résidentiels. Voir *CMBS.*

Retail
Commerce.

À ne pas confondre avec les activités dites de *retail* dans les banques, qui correspondent aux activités grand public par opposition aux activités *corporate* (clientèle entreprises).

Return
Rendement.

Return on Asset (ROA)
Rendement de l'actif.

Pour un investisseur, le ROA correspond au revenu locatif, net des charges non récupérables, divisé par le coût total d'acquisition de l'immeuble dans les livres de la société qui le détient.

Le concept de ROA peut aussi être utilisé comme indicateur de rentabilité dans une activité bancaire. Les actifs de la banque étant ses prêts, le ROA se calcule alors comme la rémunération nette moyenne pondérée des prêts divisée par le montant total des prêts. Ainsi, si l'on ne prend pas en compte l'impact des commissions, le ROA correspond à la marge moyenne pondérée perçue sur l'ensemble des prêts de la banque.

Voir *ROE*, *ROS*.

Return on Equity (ROE)
Rendement sur fonds propres.

S'agissant d'un investisseur, le ROE correspond au revenu locatif, net des charges non récupérables, divisé par le montant des fonds propres alloués par l'investisseur à l'acquisition de l'immeuble. Par rapport au ROA, il permet de mesurer la rentabilité de l'investissement en intégrant l'impact éventuel de la dette mise en place pour financer l'investissement.

Voir *ROA*, *ROS*.

Return on Spending (ROS)
Rendement sur charges d'exploitation.

Utilisé pour mesurer l'efficacité d'une activité bancaire, le ROS correspond à la rémunération nette d'un portefeuille de prêts divisée par le montant des charges d'exploitation (salaires, loyers, frais divers) générés par l'équipe en charge de l'origination et de la gestion de ce portefeuille.

Le ratio inverse du ROS, également utilisé couramment, s'appelle le Coefficient d'Exploitation.

Voir *ROA*, *ROE*.

Royal Institution of Chartered Surveyors (RICS)

Institution d'origine britannique créée en 1868. La RICS est aujourd'hui présente dans plus de 140 pays et compte plus de 100 000 membres dans le monde. Elle constitue une institution de référence dans les domaines de l'urbanisme, de la construction et de l'immobilier au travers notamment de ses prescriptions concernant la déontologie et les méthodologies de travail. La RICS compte parmi ses publications le *Red Book* qui fait autorité en matière de méthodologie d'évaluation des immeubles. Les membres qualifiés de la RICS sont appelés des *chartered surveyors* et sont autorisés à apposer le suffixe MRICS (*member*) ou FRICS (*fellow*) après leur nom.

Plus de détails sur le site internet www.rics.org.

Sale and lease back

Opération de cession bail, par laquelle un propriétaire occupant cède l'immeuble qu'il occupe en concluant simultanément un bail avec l'acquéreur de l'immeuble. Le bail conclu est généralement de longue durée.

Sale and Purchase Agreement (SPA)

Promesse synallagmatique de vente.

Sale and Purchase Deed

Acte de vente.

Security

Sûreté.

Garantie (donnée pour un financement).

À noter que le terme *Securities* peut aussi désigner des titres de sociétés.

Security deposit

Dépôt de garantie.

Senior debt

Dette senior.

Dette prioritaire.

Qualifiée ainsi dans une structuration financière car elle bénéficie du meilleur rang de paiement et d'un accès prioritaire aux sûretés par rapport aux autres dettes (junior et mezzanine).

La dette senior bénéficie généralement d'une hypothèque de premier rang sur l'immeuble financé. Elle est rémunérée par un taux d'intérêt inférieur à celui des autres dettes car c'est elle qui comporte le degré de risque le moins élevé de l'ensemble de la structure.

Voir *junior debt*, *mezzanine debt*, *intercreditor agreement* et *waterfall*.

Share deal

Acquisition d'un immeuble au travers de l'acquisition des parts ou des actions de la société qui le détient.

La réalisation d'une acquisition sous la forme d'un *share deal* au lieu d'un *asset deal* se justifie habituellement par des considérations fiscales : possibilité pour l'acquéreur de diminuer l'assiette des droits de mutation, possibilité pour le vendeur de ne pas être imposé sur la plus-value de cession de l'immeuble.

Voir *asset deal.*

Special Purpose Vehicle (SPV)

Véhicule *ad hoc*.

Société créée spécifiquement pour la détention directe ou indirecte d'un immeuble.

Standstill period

Il s'agit, dans une convention de subordination, de la durée pendant laquelle le créancier senior s'interdit d'engager une action contre l'emprunteur en cas de défaut de celui-ci, afin de laisser le temps au créancier junior de trouver une solution directement avec l'emprunteur afin de remédier à ce cas de défaut.

Voir *intercreditor agreement*, *cross-default*, *cure period*, *cure right.*

Strike

Prix d'exercice.

Dans le cas des contrats optionnels, c'est le seuil limite à partir duquel l'option est exerçable ou exercée. Pour les contrats de couverture de taux, le *strike* est le taux limite correspondant à la protection à la hausse (dans le cas d'un *cap* acheté par l'emprunteur à sa banque) ou à l'engagement de prendre en charge la baisse des taux (dans le cas d'un *floor* vendu par l'emprunteur à sa banque).

Par exemple, dans un *cap* à 4 % le *strike* du *cap* est de 4 % et dans un *floor* à 2 %, le *strike* du *floor* est à 2 %.

Voir *cap*, *collar*, *floor.*

Swap

Contrat d'échange de taux d'intérêt par lequel un emprunteur transforme généralement un taux variable en taux fixe afin de se couvrir contre le risque de variation des taux d'intérêt.

Voir *cap*, *collar*, *floor.*

Term Sheet

Principaux Termes et Conditions.

Document de synthèse des principales conditions (conditions bancaires ou conditions de l'acquisition selon le cas), qui peut être ferme et engageant (on parle alors de *binding term sheet*) ou pas (on parle alors de *non-binding term sheet*).

Le *term sheet* permet aux deux parties de finaliser la rédaction et la négociation de la documentation juridique (acte de prêt et sûretés ou acte de vente) sur la base d'un socle commun agréé préalablement.

Thin capitalisation rules

Ensemble des règles mises en place dans la plupart des pays afin d'éviter que les sociétés emprunteuses soient sous-capitalisées. En effet, l'une des méthodes les plus simples pour limiter le résultat (et donc l'impôt) au niveau des structures qui portent les immeubles, sans pour autant obérer la capacité distributive, consiste à mettre en place des dettes d'actionnaires subordonnées à la dette bancaire, pour des montants importants et qui portent intérêt à des taux élevés. L'excédent de liquidité peut donc remonter en franchise d'impôt vers les sociétés mères situées dans des juridictions où les produits financiers sont moins taxés.

Afin d'éviter cette optimisation fiscale, le législateur a donc, dans la plupart des juridictions, mis en place des limites sur la déductibilité des intérêts. Ces limites prennent différentes formes, comme par exemple une limitation du taux d'intérêt des dettes intragroupe, ou tout simplement une limitation de la déductibilité des intérêts, toutes dettes confondues, par rapport au montant de l'EBITDA de la société concernée, avec le cas échéant une limite en absolu pour les sociétés immobilières.

Underwriting

Souscription d'un risque de syndication.

On parle dans ce cadre de *sole underwriter* lorsque la banque arrangeuse du financement prend seule le risque de syndication et de *co-underwriter* lorsqu'elles sont plusieurs.

Vacant Possession Value (VPV)

Valeur d'immeuble vacant.

C'est, pour un immeuble généralement occupé, la valeur de marché de l'immeuble estimée en faisant l'hypothèse qu'il serait complètement vide de tout locataire et ne produirait aucun revenu. Cette valeur permet notamment au créancier de déterminer la couverture qu'il peut espérer a minima pour son risque.

Value-Add Stratégie d'investissement relativement risquée ciblant prioritairement les immeubles qui nécessitent une injection de capitaux en vue d'un repositionnement et d'une adaptation au marché.

Variable rate Taux variable.

Un taux variable se définit par le fait que le taux d'intérêt du prêt varie pendant la durée de ce prêt. Ainsi, un prêt d'une durée de 10 ans avec fixation du taux chaque année sur EURIBOR 12 mois est à taux variable, alors qu'un prêt d'une durée de 3 mois avec fixation unique du taux sur EURIBOR 3 mois est à taux fixe.

Voir *fixed rate*, *EURIBOR*.

Waiver Dérogation.

Il s'agit d'une dérogation accordée par la banque à l'emprunteur dans le cas d'un défaut imminent ou avéré de celui-ci à ses obligations définies dans le contrat de prêt. L'octroi d'un *waiver* par la banque s'accompagne généralement de contreparties financières (augmentation de la marge, perception d'une commission, augmentation du rythme d'amortissement si les cash-flows le permettent, etc.) et d'engagements de l'emprunteur ou de l'investisseur, définis en fonction de la nature du défaut.

Par exemple, un emprunteur qui ne respecte pas un ratio de LTV pourra bénéficier d'une dérogation temporaire contre le paiement d'une commission à la banque et l'engagement d'allouer l'ensemble du cash-flow excédentaire à l'amortissement anticipé de la dette jusqu'au rétablissement du ratio.

Waterfall

Cascade des paiements.

Correspond, dans un schéma de financement structuré, à l'ordre de priorité dans lequel les paiements doivent être effectués auprès des différents créanciers de la société qui détient l'immeuble. La dette senior est ainsi payée en priorité par rapport aux dettes subordonnées (junior et mezzanine), notamment lorsque le flux généré par l'immeuble est insuffisant pour servir l'ensemble de la dette.

On distingue deux grands types de priorités de paiement, définis en fonction de la négociation entre les créanciers :

priorité totale : on paie dans l'ordre (i) les intérêts sur la dette senior, (ii) l'amortissement de la dette senior, (iii) les intérêts sur la dette junior et enfin (iv) l'amortissement de la dette junior ;

priorité partielle : on paie dans l'ordre (i) les intérêts sur la dette senior, (ii) les intérêts sur la dette junior, (iii) l'amortissement de la dette senior et enfin (iv) l'amortissement de la dette junior.

Voir *senior debt*, *junior debt*, *mezzanine debt* et *intercreditor agreement.*

Weighted Average Lease Length (WALL)

Durée moyenne pondérée restant à courir sur les baux en cours au sein d'un actif immobilier ou d'un portefeuille d'immeubles.

Est utilisée dans le cadre d'immeubles multi-locataires ou de portefeuilles d'actifs. La pondération se fait par rapport au montant de loyer de chaque locataire.

Imprimé en France. - DUPLIPRINT, 733, rue Saint-Léonard, 53100 MAYENNE
N° 2984466L - Dépôt légal : août 2023